融合教育对话

RONGHE JIAOYU DUIHUA

雷江华　朱　楠/主编

華中师範大学出版社

新出图证（鄂）字 10 号

图书在版编目（CIP）数据

融合教育对话 / 雷江华，朱楠主编. --武汉：华中师范大学出版社，2025.6. -- ISBN 978-7-5769-1096-4

Ⅰ. G76

中国国家版本馆 CIP 数据核字第 2025PD7136 号

编 辑 室：教师教育分社
电　　话：027-67867370
责任编辑：陈良军
责任校对：肖　霞
封面设计：胡　灿
出版发行：华中师范大学出版社有限责任公司
社　　址：湖北省武汉市洪山区珞喻路 152 号
电　　话：027-67863426（发行部）
邮　　编：430079
网　　址：https://press.ccnu.edu.cn
印　　刷：武汉市籍缘印刷厂
督　　印：刘　敏
开　　本：710mm×1000mm　1/16
印　　张：17.25
字　　数：205 千字
版　　次：2025 年 6 月第 1 版
印　　次：2025 年 6 月第 1 次印刷
定　　价：86.00 元

目　录

主旨报告

分会场一：　融合教育课程与教学的理论发展前沿

分会场二：基于评估的融合教育课程与教学研究

分会场三：融合教育课程与教学的实践经验探索

分会场四：融合教育实践基地圆桌论坛

分会场五：家校合作视域下的融合教育经验与困境探讨

主旨报告

主持人：王红霞

大家好，我是海淀区特殊教育研究与指导中心的王红霞。很荣幸，我能作为本次大会的主持人，同时也是承办方之一来主持本次第三届融合教育发展国际研讨会，我也非常高兴能够和来自国内外的专家、学者、一线教师、领导们一起见证这场融合教育专家的盛会。党的二十大报告明确提出，强化特殊教育普惠发展，意味着要将特殊教育的普惠惠及到每一个学生，刚才我们从田祖荫司长的讲话中也能够深切体会到党和国家领导人已经在教育制度的建设、相关政策的落地等方面做了很多的探索与实践。今天，我们大家齐聚一堂，共同来研究融合教育课程与教学的相关问题。可以说，课程是融合教育高质量发展的一个灵魂，也是一个关键着力点，随着融合教育的快速发展，如何让特殊学生平等地接受教育的核心抓手已经从学生“有学上、进得来、留得住”转变为“学得好、跟得上、高质量”。本次研讨会就是顺应“教育强国、特教何为”的重要使命而举行的。今天上午的主旨报告一共有四位专家发言，第一位发言的是邓猛教授，邓教授是华东师范大学融合教育学院院长、教育部长江学者特聘教授，他将围绕“如何切实提高融合教育质量，如何定位融合教育课程”等问题为我们带来“融合教育课程建设的基本思考”。下面，请大家以热烈的掌声欢迎邓猛教授。

主旨报告1：融合教育课程建设的基本思考

主讲人：邓　猛　教授（华东师范大学）

谢谢红霞主任的支持与介绍，也非常感谢华中师范大学雷江华教授团队邀请我回到我曾经工作20年的地方。我想因为这个原因，所以他请我做第一个发言人，也是因为第一个发言人可以随便讲，讲错了以后大家可以继续去批评。关于课程，真正懂的是我们郭元祥教授和陈佑清教授，他们一辈子都是在研究课程和教学，我们只是客串一下。今天见到这么多老朋友是一件非常开心的事情，那么更加令人鼓舞的是通过融合教育这样一个话题，我们能够相聚在一起，合力推动融合教育的发展，我想主要是从这个角度来做我的简短的报告。

我在接下来的四十分钟，会讲以下三个问题：一是我们对于融合教育的一些误解；二是我们如何看待融合教育课程；三是我们如何去建设融合教育课程。

首先是对于融合教育的一些误解。我们对于融合教育有很多误解，但是，其中有三个误解可以说是最根深蒂固的。

误解一：融合教育课程是单为残疾学生设计的特殊课程。为什么会有这样的误解呢？这是因为，第一，融合教育确实是在特殊教育领域中发起并且发展的，融合教育的概念是“回归主流”等定义的逻辑延伸，而这些概念主要是特殊教育范畴的概念；第二，融合教育最初及最核心的对象依然是残疾儿童，并由残疾儿童扩展至所有儿童。残疾这一观念根深蒂固。第三，特殊教育领域中的专业人员是推进融合教育的主力军，他们的理念与方法受传统特殊教育影响较深，身份认同及印象也归属于特殊教育范畴；第四，我国随班就读一直以来以残疾儿童上学为主要目标，其对象及服务范围仍然有限。但是，我们要认识到，融合教育课程不是单为残疾学生设计的特殊课程，它的服务对象是非常广泛的。从联合国教科文组织的角度来看，几乎面向所有处境不利的儿童；从中国实际情况出发，则有所不同，最初是指盲、聋、弱智三类残疾儿童，然后扩展到七类残疾，近些年范围更加广泛，关注到了过去被忽视的有学习障碍的学生，这些都是融合教育需要关注的对象。因此，融合教育应是面向所有学生的，它早已超出了特殊教育的范畴，其视野逐渐扩展到所有儿童，“包括残疾儿童和天才儿童，流浪儿与童工，边远地区及游牧民族的儿童，少数民族儿童及其他处境不利的儿童”在内的所有儿童。因此，这就引发了一个争议——融合教育的发展是基于残障还是多样性呢？目前，我们的政策是趋向于后者的，例如《关于构建优质均衡的基本公共教育服务体系的意见》对于融合教育对象的规定和国际上的非常接近。

误解二：融合教育课程是生活技能的课程。有的学者认为融合教育课程就是学习生活技能的课程，为此，我们形成了“生活化课程体系”，这样的课程体系本身没有问题，但是，如果仅仅是生活化课程的话，就太过局限了。生活化课程似乎是我国本土的概念，在国际文献中似乎找不到对应的术语。但是，从生活化课程的理念与内容来看，遵循了国际智力落后教育中的“功能性课程”体系。强调生活化带有一种功能性的意味，事实上，我们并不能完全区分何为有用，何为无用。每个人看似学习了一些没有用的东西，这些东西在将来却可能会起到很大的作用，相反，一些大家都认为有用的知识却无法起到期待的作用。所以，我们的课程模式要突破“功能模式”的局限，走向“社会模式”。

误解三：融合教育课程是资源教师来实施的。正因如此，各个地方开始重视资源教师的配备，这是一个好的现象，但是，如果把所有任务都交给资源教师完成，这对他们来说，是一个不公平的事情。我们面临的一个问题是，如何协调好随班就读、特殊班、资源班之间的关系。更多的学生可能被送进特殊班、资源班，结果是越来越隔离了。资源教师孤军奋战，独立承担责任，这都是很可怕的。

其次，是关于融合教育课程的基本认识。

认识一：融合教育课程首先是权利。这是我最重视的一条，如果说融合是儿童的权利的话，首先就应该落实在课程上。大量文献证明，课程融合是融合教育中最为困难也是最为关键的部分。但是，保证每个学生参与学校所有的课程与教学活动是融合教育的基本目标。融合教育课程无他，首先在于“权利”二字，教育的权利必然会体现在课程身上，全面参与同等优质的课程是每个孩子的基本权利。融合教育课程必须首先保证儿童的平等参与的权利和全面参与的权利。

认识二：融合教育课程其次是调整。融合教育课程的核心在于“调整”二字。我们要从共同课程出发，针对每个儿童的独特性进行因材施教，这是融合教育课程的基本实践方式。这和普通学校一直提倡的并没有什么不同，有没有特殊学生，普通学校的课程都需要因人因地进行调整。只不过有特殊教育需要的学生需要的调整可能更多、更复杂、更具专业性。因此，我们还是要强调，从共性着手，展现特性，而不是相反，这就是融合教育课程的本质。

认识三：融合教育课程是共同课程。因为传统的普通学校课程不能满足教室内多样的学习需要，所以需要融合教育课程。融合教育要实现“所有儿童都能获得成功”（Success for All）的目标，其课程必须针对所有儿童，这种课程应该基于学生的共同性，我们称之为“共同课程”，即供所有儿童学习的课程，如英国 1988 年教育法确立的“国家课程”（National curriculum）。这种共同课程以儿童生理心理一般发展阶段的特点为基础，确定某一年龄阶段儿童应该达到的基本技能与学业水平，从而确定学校课程目标与内容，为儿童将来顺利地过渡到成人生活奠定基础。它既重视学生的学业发展领域，还包括学生的行为、情感、社会交往、人际关系等目标。因此，融合教育课程是全面发展的课程，是高质量的课程，是终身教育的课程。融合教育也是共同课程，共同课程满足学生发展的共性，一方面，融合教育强调课程的共同性，即提供同样的、高质量的课程给所有儿童，要求那些有特殊教育需要的学生最终也要达到和正常儿童一样课程目标。因此，融合教育课程应以国家规定的共同课程为基础。融合教育课程内容还应该包括普通学校的基本课程、学科。共同课程反映儿童发展的共同规律、年龄发展阶段特点，它以儿童一般身心发展规律为基础。共同课程反映特定的社会文化、历史、政治等对教育的基本要求。

认识四：融合教育课程是弹性的课程。融合课程应该具备弹性，应该体现学生学习能力的多样性，反映不同学生的不同特点与学习需要，因此，它应该是一个个别化的课程。如残疾学生到高年级以后，学校必须提供过渡课程与服务以帮助他们适应成人生活及发展相关职业能力、独立生活技能。总体来看，弹性从完全一样到有差异到完全不同，有一个系列的变化，需要完全不同的课程的学生是极少数。弹性、动态是融合教育课程的特征，调试与调整是发展课程的主要措施，通过差异化、个别化设计满足学生的独特需求。融合课程比传统的特殊学校以及普通学校课程的内容都更丰富、范围更广。这种扩张是教育改革的需求，是满足所有学生需要的，不仅仅对残疾学生有利。因此，融合教育课程不等于特殊学校课程，融合教育课程也不等同于普通学校课程，融合教育课程是回应学生的多样性需求的课程。

认识五：融合教育课程是一种重新设计。这种重新设计需要基于通用学习设计。通用学习设计是根据建筑学中通用设计的理念来设计融合教育课程，满足学生多样化需求的一种努力和尝试，以满足学生多样化需求为基础的课程设计框架，包括课程的目标、方法、材料和评估等方面。它将数字媒体技术渗透于课程的各要素设计之中，通过提供多样化的内容呈现表达与参与方式，从教和学两个方面出发增强课程的灵活性和适应性。通用学习设计强调教师应该根据学生的学习风格、偏好和能力设计和调整课程与教学，立足于课程与教学的改变来适应学生，而不是强制性地要求学生适应统一的课程与单一的教学，本质上体现了特殊教育的组织学范式。组织学范式认为，学生之所以出现学习问题不是学生本人内在能力的问题，而是由于学校与课堂组织的缺陷所导致的。它倡导以课程与教学的重构来消除学生的学习障碍，充分体现了组织学范式中“以学生为中心”的课程与教学观，强调设计课程而非“修理”学生，重新设计而非事后修补。

最后是关于融合教育课程实施的看法。

第一是课程的全面准入。学校确保每个学生都能全面、平等地参与学校课堂内外的各种教学与活动，不能因为学生具有残疾或相关服务的需求而将他们拒绝于某项教学活动之外。避免基于爱心和保护的拒绝与隔离，比如有的老师为了保护坐轮椅的学生，不让学生上体育课，这就是以爱为名的拒绝。学校应该消除障碍，创设融合文化与环境，改进教学策略，使融合教育课程真正成为所有学生都能够学习的、高质量的课程。要坚持以下几条原则：均等可及，合理便利，通用设计，及时调整。

第二是相关资源与服务的提供。对于那些具有肢体残疾和感官残疾（如盲聋）的学生来说，最重要的是他们能否以适当的方式“准入”其他学生学习的课程。学校能否提供斜坡、扶手等残疾人辅助建筑设施，能否提供盲文材料、助听设备、音像教材等将决定这些学生能否有效地接受与其他正常学生一样的课程与教学，只要提供了适当的设备与服务，他们是可以与正常儿童一样接受普通学校的学科教学的。因此，要重视辅助科技、数字化技术、人工智能等技术的运用。

第三是差异化设计。我们的学校、教师、学生都有差异，因此，要坚持差异化设计。差异化教学是指教师要从学生的实际情况，个别差异出发，有的放矢地进行有差别的教学，使每个学生都能扬长避短，获得最佳发展。差异化教学是教育体系中根据兴趣导向以及天赋差别的不同所组织的人才培养教学活动。根据这一理念，形成了不同区分梯度的课程，包括替代性课程、交叉性课程、多重性课程、同样的课程和扩展性课程。我们需要做的是，根据学生的实际情况，判断他们优先需要的课程是什么，根据学生的需求，对课程进行调整。在这个过程中，要注意差异与分层的区别，分层是纵向的，差异是横向的；分层是单维的，差异是多元的；分层是等级的，差异是平等的；分层是两极的，差异是多向的。在分层中加上多元与平等，差异就有了。

第四要有反哺和联动效应。融合教育如果只是给普通学校的老师和学生带来麻烦，这些麻烦最后会落到所有孩子身上。它带来的不应该是麻烦，相反，应该是资源。如果带来了麻烦，说明我们的方式有问题。因此，我们要从学校整体发展的思路来发展融合教育。没有学生会喜欢僵化、低质的课程，如果融合教育带来学校课程的整体变革与质量提升，能够给所有学生带来好处，那么哪一个学生会不喜欢融合教育呢？因此，我们要重视反哺和联动效应，探索通过融合教育推动整个学校持续发展的路径，可参考“十佳融合学校”玉泉小学的案例，这是北京市的一个案例，欲知上海有何案例，且听下回分解。

主旨报告2：社会文化视角下的课程、教学与评估：对参与、归属感和融合学校与班级建设的启示 (Sociocultural Perspectives on Curriculum, Pedagogy and Assessment: Implications for Inclusive Education)

主讲人：Missy Morton 教授（新西兰奥克兰大学）

Thank you, thank you to the conference organizers for the invitation to present at this proseminar. And I tend to visit your beautiful city. My presentation "is about the way social cultural theory shapes curriculum pedagogy and assessment." The way I present to you today is also guided by social cultural theory. Social cultural theory is at its heart about relationships. About connections between people, places, and things, and that phrase "people, places, and things" sits within our curriculum documents. In New Zealand, we talk about relational pedagogy—pedagogy that is premised on strong relationships of value, trust, and shared humanity. And we talk about relational pedagogy from early childhood education all the way through to university education. I'll talk a little more about that later.

Let me start with talking about connections and relationships. This photo is part of the harbor in front of Auckland city. These islands are surrounded by water. In the background is Rangitoto Island. Rangitoto Island is one of fifty-three volcanoes that make up the city of Auckland. We are a very hilly city, and the volcanoes are all dormant now. In the foreground is where the water touches the shore. In Māori, the indigenous language of New Zealand, when the water touches the shore and connects to other waterways, it is called "Waitemata". So, the name "Waipapa Taumata Rau" is the Māori name for our University of Auckland. It's a name gifted to us from the indigenous people of Auckland. "Waipapa" means where the city touches the shore with many waterways, and "Taumata" means many hills or mountains, and it also signifies the endeavor and achievement of climbing a mountain, sharing excellence with the many waterways and means of travel. So, I bring you greetings from friends and colleagues at Waipapa Taumata Rau, the University of Auckland, to friends and colleagues here at Wuhan, Central China Normal University, and also to the esteemed guests of this conference. This is my introduction and what I plan to talk about. I will explain the context of my work using social cultural theory. So, social cultural theory emphasizes the importance of people, places, and things. People, places, and things are the context for shared learning. I will conclude with some brief reflections on ongoing challenges in New Zealand. I'm very grateful to Professor Deng for his presentation, which described many similar challenges, aspirations, and hopes for how we might do a better job of inclusive education.

Let me share a little bit about my own background because this shapes who I am as a researcher and as a teacher, as a teacher for children with disabilities and as a teacher for teachers at the university level. New Zealand is a small country at the far edge of the Pacific Ocean. We have two larger islands—the North Island and the South Island—and over seven hundred smaller islands spread across these two. Despite being a small country, there are often long distances between some parts due to our long coastline. New Zealand is the largest landmass settled most recently; the first people arrived between 1250 and 1300, making it much younger than China. Europeans came later and were the main colonizing force. Chinese immigrants began to arrive in the 1860s. We have a very small population compared to China—just 5.3 million people, with over 1.5 million living in Auckland. Thus, Auckland has a fifth of the population and is the third or fourth largest multicultural city in the world, with many languages, cultures, and customs among a relatively small group of people in a small place.

The New Zealand education system is free and compulsory. Early childhood education is available from when children are as young as six months old to five years old. Primary school is from five to twelve years old, and secondary school is from twelve to seventeen. The last three years of secondary school is when students prepare for their National Certificate of Educational Achievement (NCEA). This assessment system is spread out over three years and includes some examinations, but most of it is based on portfolios of students' work. The reason I mention this is that it provides many opportunities for disabled students to not only attend secondary school but also to achieve within the NCEA. Initial teacher education, where I work, includes early childhood, primary, and secondary education, largely conducted in a three-year program at universities. We have only one system of teacher education, meaning there is no separate special education degree. All of our programs are inclusive education programs. This doesn't mean it's perfect; there are many challenges. But our teacher education programs and standards assume that all teachers should be able to teach all children. We don't have separate teacher education programs for teachers who work in special schools. Like you, we have a history of legislation that proudly states education is for all children. Our implementation is a little uneven, but since 1989, we've said that all children are entitled to enroll at their local school. Our policy document states that we are committed to providing quality and inclusive education for all children and young people. We also refer to what is called our Disability Strategy, which aims to make New Zealand a non-disabled society. This is quite an important piece. It aims to make New Zealand a society where disability is not a barrier. Professor Deng mentioned briefly the social model. As you know, the social model says that the problem with disability is not what's wrong or different with an individual; the problem with disability is the way we organize our spaces and our beliefs and values, creating barriers to access for all. These barriers can be physical, emotional, or implicit in our curriculum pedagogy and assessment.

We have approximately ten percent of students identified as having disabilities. Students that are called Ongoing Resourcing Scheme ("ORS", a system of applying for funding) is a very difficult system for parents because you have to describe all the things your child can't do in order to get access to this funding. However, not many children have that, as you can see, only eighty-three thousand in ten thousand students are funded with this individualized funding. Of children who are not in special schools, it's a little under four and a half thousand. This means the vast majority, the overwhelming majority of children, even with the most significant disabilities and multiple issues in their lives, are in fact in regular schools and regular classrooms. Are they having a good time? Not all of them. Are they really learning and feeling like they belong? Some very much so, others are not happy. But as Professor Deng was saying earlier, inclusive education in New Zealand means for all children, although my focus today is on kids with disabilities or special education needs.

When I first started working, I was a psychologist working with some of the very large institutions, so this was before the Special Education Act, before the deinstitutionalization. New Zealand began closing the large institutions for disabled children in 1980. Quite a number of children of those institutions didn't go to any kind of school. They didn't get on a bus and go to a special school in the city. They didn't go to the training units which were functional skills kind of training units within the hospitals. Many children even didn't go to those units and these were the children and young people who seemed to me when I was working there were the most left out, the most forgotten, the least valued. Working with another university in the far south of New Zealand, we set up a special school on the university campus. And we brought the children from the friendly institution on the bus 25 kilometers, 45 minutes travel on a bus and a wheelchair with no ramps, which is very difficult for them. But we wanted them to come. And our main goal at the time was to close our school down. Why did we just set it up, why did you want to close it down? Because we wanted to enroll all of our students in local high schools in the city of DAA. But first, we needed to move them out of the institution into the city so they could be local students who were legally entitled to go to the local school. At the time, I was also working for a national voluntary organization that had been started by parents initially for children with intellectual disabilities. The organization had been involved in working with families, schools, and communities to build and support new relationships so that children and their families would be welcomed and safe in their communities. And going to the local school was a central part of becoming a member of your local community. We talked about schools socializing children for life, giving them life skills. If you don't go to school with other members of your community, how are we going to do that? So, the kids loved our school, they were learning, we loved being with them, we loved going out to the community. But it was a very slow process of educating the community. If we had all the children separated in our setting, I found that in some communities, children with disabilities had never been sent away to an institution. And the local schools in those communities already enrolled all children, even those children with very significant and multiple disabilities, before the law had changed. They enrolled all children in, even those with very significant and multiple disabilities. I noticed that in some places, some people were already welcomed. And in other places, disability, especially intellectual disability, was barely tolerated. I wondered, what is the difference in those communities? What is the way of thinking that makes some communities welcome all and some communities far less welcoming?

To understand that better, I went back to university and then I did a PhD in special education, focusing on the sociology of special education. This was at Syracuse University in New York. It challenged me in many ways, especially in learning to change the focus of my curiosity. Rather than thinking about the characteristics of individual children that needed to be changed so that they might fit into our normal society, or thinking about their families, I learned to ask questions about what else might be going on. Working in disability studies and education, we were asked to look beyond the traditional disciplines focusing on exceptionality and psychopathology—those were the words that dominated the textbooks when I was a student. Then we learned to ask questions that were grounded in disciplines in the humanities and philosophical understandings. A key question became: What are the views of curriculum, pedagogy, and assessment that perpetuate exclusion? How are the ways that we think about curriculum, pedagogy, and assessment perpetuating exclusion? Are there different views of curriculum, pedagogy, and assessment that might support the inclusion of all children and help us to see all children as learners?

So, this brings us to key thinkers in cultural theory. As I said earlier, it means a change in focus. Rather than focusing on the individual and their behavior, the focus now is on the social, cultural, and historical activities in which the child participates. This is a significant change in focus. The unit of analysis, to use that language, is the social, cultural, and historical activities that the child participates in. For example, being in an institution is a social, cultural, and historical activity that you participate in, and it produces the very behaviors we then say are inappropriate.

Vygotsky says that individuals can only be understood in relation to social and cultural context. There are also connections here, though I won't talk about them much, with Bronfenbrenner's ecological model of development, which is a series of nested environments, similar to the diagram that Professor Deng used earlier. But in traditional special education, myself included as a practitioner, we have tended to decontextualize the individual. We've said we're only focused on the individual, we're going to ignore the context, we're going to try to control for all those variables. And so, we strip away the context, we decontextualize the individual. This makes it very hard to control the variables sometimes, to the point where the teaching and learning that is supposed to occur looks very little like real life.

Vygotsky made a really interesting observation. I'll read the quote out so you can think about it as well. He talked about the process of internalization and made the point that in every child's cultural development, development appears twice. First on the social level, in interaction with others, before we can see it as an individualized piece of learning. The other thing that's really important about this is that Vygotsky argued that learning precedes development. By being able to participate in learning activities, development takes place. And he also said that children are essentially socially and culturally situated beings. Learning is not purely object-directed; it is directed by the reactions that we see and feel from other people around us. That's how we learn how to be. And by interactions with other people in that context, the cognitive, affective, emotional, and bodily dimensions are all connected.

In this photograph, we see an example of a little boy who's using a wheelchair and doesn't yet speak. There are lots of things going on that we support him with, everything from the process of being able to be alive. But here he is, working happily with another student in an early years' classroom. They're enjoying each other; they probably don't even see it as work or learning—they're just having fun. This is a typical classroom, a regular classroom. Vygotsky also talked about the zone of proximal development. He says we take children from where they are, what they can do in context with others' support from peers, from family, from parents, from teachers, from classmates. And that's the starting point—what they can do now. And our role as teachers is to build a bridge from that supported or scaffolded idea, scaffolded learning, to something that's more independent, whatever that might look like. Independence doesn't have to mean all on your own. So, the zone of proximal development is the distance between the actual developmental level as seen in independent problem-solving and the level of potential development. Now, this is where it's really interesting—how do we know what somebody's potential is? Are there tests that say, "That's it, this is all you've got; there's no more. You can't go any further?" Is there a kind of test like that? I think we've used tests like that to predict what somebody's potential might be, and then we've said, "Well, what's the point of you going to high school if you're not going to go to university?" And then we said, "If you're not going to high school, what's the point of going to primary school?" And then if we said, "If you're not going to primary school, what's the point?" So, we've assumed that we know what people's potential is, and we've decided, we've put them in a box, and we've limited what opportunities they have access to because we've decided we know what their potential is.

Another scholar, a colleague of mine, Angus Macfarlane, has great wisdom and knowledge in both Māori research and Western forms of science and knowledge. Angus says that children gradually come to know and understand the world through their own activities in communication with others. So, this is the context and the relationships. He says that sociocultural perspectives on teaching and learning turn attention to the social and cultural context in which children learn. When he was writing this, he was thinking particularly about the impact of most schooling on modern children in New Zealand. So, inclusive education isn't just about kids with disabilities; it's about all learners. And so, some groups of children without disabilities were failing within the education system, not because of any deficits they had, but because our education system failed to acknowledge that they were cultural beings. So, what does sociocultural theory have to say about disability? Peter Mittler is an autistic scholar and researcher. And he says that people do not know they are different until they are treated as such, often accompanied by the judgmental extremes of scorn and pity. And the second point I think is particularly important. He says points of difference are not the source of their troubles. So again, we're coming back to the social model. The point of difference is not the embodiment of difference; rather, the problem is created by those of us who treat them as if they have lower social value. He talks about producing a secondary disability of feelings of inferiority. So, this is where learning from other disciplines becomes important again, such as sociology, to understand disability as a social problem rather than an individual problem. So, what does it mean if we think of disability as a social problem rather than a problem that sits within individuals? What does that mean for how we design curriculum, pedagogy, and assessment? Vygotsky says the aim of education is for all learners to experience full social esteem and to be valued. The solution for anomalous people, for people who are different, is for other people, people who think they are typical, to contribute to feelings of value by including those who are different in cultural practice, including education. So, they have the opportunity to participate in ways that take advantage of their assets. Taking advantage of their assets and thinking of potential as open-ended—what does that mean for us in schools?

Here are some educational views and practices that are at risk of perpetuating exclusion. I mentioned earlier that shifting our focus from the individual to practices that perpetuate exclusion means looking at what's going on and the way we think about curriculum—what we believe should be taught and who gets to decide what curriculum. With respect to pedagogy, what are our beliefs about how curriculum should be taught, and what are our beliefs about who can learn? How does that shape what we do in our schools and classrooms? And with assessment, it's about our beliefs about how do we know if someone has learned something. In New Zealand, it has also been used in the past to make judgments about teachers' performance. I don't know if that happens here. Schools are rated, teachers are rated. We have to understand how the choices we make, the decisions that we make about curriculum, pedagogy, and assessment, impact who belongs in school.

So, here are some examples from the New Zealand curriculum where there are some explicit statements that come out of sociocultural theory. For example, the curriculum document has, at the back end of it, a whole list of the subject areas—there are eight of them—and then the levels of expected achievement by different years and certain ages. So, it still has this kind of developmental thing happening in one half of the curriculum. But in the other half of the curriculum, where we have statements about visions and learners and values, we have a very sociocultural view of it. So, all learners have an open-ended potential for learning. All children are learners. All teachers are learners. And this word "Ako" means that children learn from teachers, teachers learn from children, children learn from each other, teachers learn from each other, families learn from teachers, and teachers learn from families. So, "Ako" is about reciprocal teaching and learning relationship. Do we always get that right.

No, but we're trying. So, similar to the curriculum here, it's clearly stated that it's for all children and young people. And the third thing that it says is that assessment should support all learners and their teachers to identify and build on learners' interests and strengths. While also recognizing that we all have vulnerabilities. What is significant here is that we do not have a separate curriculum for children with disabilities. We do not have a separate curriculum for special schools, although some have tried to design one. The assessment system has been designed to help identify strengths and interests, and this is the basis for developing curriculum and pedagogy. We want success for all. All children should be present, participating, and engaged, achieving and belonging. And students will be able to say, or they have said to us, "I belong and I'm learning. I belong, I feel safe, I enjoy school, I want to go there. Sometimes I don't even want to go home." That was not one of my children. So, our pedagogical practices have to do much more than teach subject content.

So, what I said earlier, what are some of the beliefs and practices around current competitive assessment that perpetuate exclusion? I'm now drawing on the work of David Skidmore, who was looking closely at two high schools in England with very different practices—one school very inclusive, one not at all. He noticed that in schools, they have different beliefs and assumptions about the ability of students who could learn, about explanations of educational failure. If there was failure, what was the school response to providing support for learning? Different beliefs about theories of teaching expertise, and different models at work. So, in the column on the left-hand side of those dimensions or beliefs that I talked about, and the next two columns, are how he characterized the differences. So, he noticed that when teaching was focused on seeing learning as something only occurring within the individual, teachers tended to operate with what he called a pedagogical discourse of deficit. Here, I'm aligning it with this idea of individualized understanding, but this is where the focus is on the deficit of individuals.

So, individualized understanding tends to focus on the deficit of individuals. When teachers worked within a more social cultural perspective, in this column on the right, he described this as working with a discourse of inclusion. So, one says there's a limited, fixed hierarchy of cognitive ability. The other says every student has an open-ended potential for learning. One says the explanation of educational failure or the source of difficulties is deficits within the individual. The other one says the source of difficulty lies in an insufficiently responsive curriculum. One says the support for learning, if we've discovered that there's problems, should be to fix the weaknesses. The other says support for learning should seek to reform curriculum and develop pedagogy across the school. One says the expertise for teaching centers in the possession of specialist knowledge. Well, yes, it does, but is that the only thing that it does? The other says expertise in teaching is about making it possible for the active participation of all students. One describes curriculum as coverage of material in a particular order, hence the expertise and specialized knowledge. So, we need an alternative curriculum. The other one, the discourse of inclusion, describes a common curriculum being provided for all students.

Another way of looking at this is a contrast between whatis called the incrementalist—we should make small changes. Traditional special education and the other is the reconceptualist, critical special education. So, how do we not throw everything away but ask the difficult questions that we need to ask about our practice? How am I going for time? Five minutes. So, I'll just make these contrasts. I will probably jump ahead of you because I've already described some of these other slides. All right, so do we think of disability as an inherent deficit that must be fixed, or do we understand disability as something that's called socially constructed, which is kind of what the social model says? Do we think the purpose of special education is to change the individual, or do we see the purpose of special education as changing environmental limitations? Do we see our beliefs about the expected outcomes of special education as preparing students to adapt to the post-school world? Here's a kind of challenging one: do we see our role as special educators to change society's expectations and responses to differences, kind of changing the world really? And what is the parent's role in knowledge about our practice? Do we just have to keep going with our practices, or do we say perhaps our knowledge base is limited and we need to look more widely? We need to look to other disciplines to help us make sense of the kinds of changes we might need to make. So, the incrementalists work out of a medical model of disability, picking up on what you were saying before. And reconceptualists work out of what's the social model or what we now call disability studies in education.

So, I'm just going to jump through to a few slides because I don't need to talk about those ones. OK. I want to really focus on assessment because assessment has been my research area. What do we need to do about designing ways to assess students that show their abilities that aren't captured in our normal ways of assessment? So, examples of sociocultural theory influencing assessment for learning are that we now ask teachers to pay attention, notice, recognize, and respond to learning wherever and whenever it happens. So, we don't say we can only tell if you're learning when we see how you perform on this test or this exam. We're watching if you do something that suggests you actually have some numeracy skills. We don't wait for the test to show that you can do it because maybe under test conditions you can't do it. But if you keep showing us that you've got some very strong numeracy concepts, why don't we recognize that and use that to design our curriculum? This supports educators' learning because you're really paying close attention to students. And it tends to be the context in which learning takes place.

Most of us are not in the classroom for most of the day or most of our life. This means most learning happens outside the classroom. How do we capture that learning so we can use it to guide our teaching? Here's one of the things we do at university in teacher education. We ask our students, who are in their final year of teacher education, when you've been out on your teaching practice, your internship in school, what have you noticed while you were out there? What did you notice about how cultures of learning and belonging were developed and maintained in the settings that you were in? And we give them some frameworks to use, like the two that I showed you before, the contrasted perspective of deficit or inclusion. And we ask them to consider how our curriculum, pedagogy, and assessment are shaping and being shaped by cultures of belonging. So, I think these are the challenges that still lie ahead of us. I've mentioned this a little bit before, if learning mostly happens outside of the classroom, how do we notice it? How do we pay attention? So, these are the deeply embedded assumptions that sit within assessment: one being that the knowledge, skill, or attitude being assessed is a fixed state and what we know now is what the tests will show forever. How do we break out of that way of thinking about the purpose of assessment and the effects of that assessment on the students that the people in this room are most concerned with? So, the key question I think that remains is: how do our current practices and curriculum, pedagogy, and assessment support or get in the way of building and maintaining a culture of belonging in our classrooms and in our schools?

感谢会议组织者邀请我参加这次研讨会。我很高兴来到你们这座美丽的城市。我的演讲主题是“社会文化理论如何塑造课程、教学法和评估”。我今天的演讲方式也受到社会文化理论的指导。社会文化理论的核心是关系，是人、地点和事物之间的联系，而“人、地点和事物”这一短语也出现在我们的课程文件中。在新西兰，我们谈论的是关系性教学法——一种基于价值、信任和共享人性的强有力的关系。我们从学前教育到大学教育都在讨论关系性教学法。稍后我会再详细谈谈这一点。

让我先从联系和关系谈起。这张照片是奥克兰市前面的港口的一部分，是被水包围的。在背景中是朗伊托托岛，朗伊托托岛是组成奥克兰市的五十三座火山之一。我们是一个多山的城市，这些火山现在都处于休眠状态。在前景中是水与海岸相连的地方，在毛利语（新西兰土著毛利人的语言）中，当水触碰到海岸并连接到其他水道时，被称为“怀特马塔”。因此，“怀帕帕陶马塔劳”是奥克兰大学的毛利语名称，这个名字是奥克兰的本土人民赠予我们的。“怀帕帕”意味着城市与许多水道相连的地方，“陶马塔”意味着许多山丘或山脉，它还象征着攀登一座山的努力和成就，与众多的水道和交通方式分享卓越。所以，我代表奥克兰大学（怀帕帕陶马塔劳）的朋友们和同事们，向武汉、华中师范大学以及这次会议的各位嘉宾致以问候。这是我的开场白，也是我打算谈论的内容。我会用社会文化理论来解释我工作的背景。社会文化理论强调人、地点和事物的重要性，人、地点和事物是共享学习的背景。我将以对新西兰面临的持续挑战的一些简短反思作为结尾。我非常感谢邓教授的演讲，他描述了许多类似的挑战、抱负和希望，关于我们如何更好地开展包容性教育。

让我分享一下我的个人背景，因为这塑造了我作为一名研究者和教师的身份，作为一名残疾儿童的教师以及大学教师的教师。新西兰是一个位于太平洋边缘的小国，我们有两个较大的岛屿——北岛和南岛——以及分布在它们之间的七百多个较小的岛屿。尽管是一个小国，但由于我们漫长的海岸线，一些地区之间的距离往往很长。新西兰是最近被定居的最大陆地，第一批人于 1250 年至 1300 年之间抵达，这使得它比中国年轻得多。欧洲人后来到来，是主要的殖民力量。中国移民始于 19 世纪 60 年代。与拥有庞大人口的中国相比，我们的人口非常少——只有 530 万人，其中超过 150 万人居住在奥克兰。因此，奥克兰拥有全国五分之一的人口，是世界上第三或第四大多元文化城市，许多语言、文化和习俗集中在这么小的地方。

新西兰的教育制度是免费且强制性的。学前教育从孩子 6 个月大到 5 岁都有。小学从 5 岁到 12 岁，中学从 12 岁到 17 岁。中学的最后三年是学生准备国家教育成就证书（NCEA）的时候。这个评估系统分布在三年内，包括一些考试，但大部分是基于学生作品集的。我提到这一点的原因是，它为残疾学生提供了不仅能够参加中学教育，而且能够在 NCEA 中取得成就的许多机会。我工作的初始教师教育包括学前教育、小学和中学教育，主要在大学的三年制课程中进行。我们只有一个教师教育体系，这意味着没有单独的特殊教育学位。我们所有的项目都是包容性教育项目。这并不意味着它是完美的，而是有许多挑战。但我们的教师教育项目和标准假设所有教师都应该能够教授所有孩子。我们没有为在特殊学校工作的教师设立单独的教师教育项目。和你们一样，我们有一部自豪地宣称教育面向所有儿童的历史性立法。我们的实施有点参差不齐，但从1989年起，我们就宣称所有儿童都有权在其当地学校入学。我们的政策文件声明，我们致力于为所有儿童和青少年提供高质量和包容性的教育。我们还提到了所谓的残疾战略，旨在使新西兰成为一个非残疾社会。这是一个非常重要的部分。它旨在使新西兰成为一个残疾不再是障碍的社会。邓教授简要提到了社会模型。正如你们所知，社会模型认为，残疾的问题不在于个人有什么不对劲或与众不同之处；残疾的问题在于我们组织空间以及我们的信念和价值观的方式，这些方式创造了所有人进入的障碍。这些障碍可能是物理的、情感的，或者隐含在我们的课程、教学法和评估中。

我们有约10%的学生被认定为有残疾。“值得”的学生或“受资助的ORS”（申请资助的系统）是一个非常困难的系统，因为父母必须描述孩子不能做的事情，才能获得这种资助。然而，并没有很多孩子拥有这个，正如你们所见，只有1万名学生中的8.3名学生获得了这种个别资助。在没有在特殊学校就读的儿童中，这个数字略低于4 500。这意味着绝大多数儿童，即使那些有最严重的残疾和多重问题的儿童，实际上也在普通学校和普通教室里。他们过得好吗？并不是所有孩子都过得好。他们真的在学习并且觉得自己属于这里吗？有些孩子非常享受，有些则不开心。但正如邓教授早些时候所说的那样，新西兰的包容性教育意味着面向所有儿童，尽管我今天的重点是残疾儿童或有特殊教育需求的儿童。

我刚开始工作时是一名心理学家，当时我与一些大型机构合作，这还是在《特殊教育法》之前，也是在机构化之前。新西兰从1980年开始关闭为残疾儿童设立的大型机构。这些机构中的许多孩子并没有去任何类型的学校。他们没有坐上公共汽车去城市里的特殊学校。他们也没有去医院内的培训单位，这些单位是提供功能性技能培训的地方。许多孩子甚至没有去这些单位，而在我看来，这些孩子和年轻人当时是最被遗忘、最不被重视的。与新西兰南部的一所大学合作，我们在大学校园里设立了一所特殊学校。我们把孩子们从友好机构接来，用公共汽车把他们运送到25公里外的地方，45分钟的车程，对于坐轮椅的人来说非常困难，因为没有坡道，但我们希望他们能来。我们当时的主要目标是关闭我们的学校。为什么我们刚刚建立起来，又想关闭它呢？因为我们希望让我们的所有学生都进入当地的城市高中。但首先，我们需要让他们走出机构，进入城市，这样他们就可以成为当地学校的合法学生。当时，我还为一个由家长最初为智力残疾儿童成立的全国性志愿组织工作。该组织一直致力于与家庭、学校和社区合作，建立和维护新的关系，以便让孩子们及其家庭在社区中受到欢迎并感到安全。去当地学校上学是成为当地社区成员的一个核心部分。我们谈论学校如何让孩子们适应社会生活，给他们生活技能。如果你不和其他社区成员一起上学，我们该如何做到这一点呢？所以，孩子们喜欢我们的学校，他们在学习，我们也很喜欢和他们在一起，喜欢去社区。但教育社区是一个非常缓慢的过程。如果我们将所有孩子都隔离在我们的环境中，我发现有些社区的孩子没有被送到机构。这些社区的当地学校已经接纳了所有孩子，包括那些有非常严重的多重残疾的孩子，甚至在法律改变之前。他们在所有孩子中推广，包括那些有非常严重的多重残疾的孩子。我注意到，在一些地方，有些人已经受到欢迎。而在其他地方，尤其是智力残疾，几乎不被容忍。我想知道，这些社区之间的区别是什么？是什么思维方式使得一些社区欢迎所有人，而另一些社区则远没有那么欢迎呢？

为了更好地理解这一点。我回到大学，然后在纽约的雪城大学攻读特殊教育博士学位，专注于特殊教育的社会学。这在许多方面挑战了我，尤其是学会改变我的好奇心。与其思考需要改变个体儿童的特征，以便让他们适应我们的正常社会，或者思考他们的家庭，我学会了提出关于其他可能发生了什么的问题。从事残疾研究和教育工作时，我们被要求超越传统的以异常和精神病理学为重点的学科——这些词汇在我当学生时主导了教科书。然后我们学会了提出以人文学科和哲学理解为基础的问题。一个关键问题是：哪些关于课程、教学法和评估的观点延续了排斥？我们对课程、教学法和评估的思考方式如何延续了排斥？是否有不同的课程、教学法和评估观点可以支持所有儿童的包容，并帮助我们看到所有儿童都是学习者？

所以，这让我们来到了文化理论的关键思考。正如我之前所说，这意味着焦点的转变。与其关注个体及其行为，现在的焦点是孩子参与的社会、文化和历史活动。这是一个重要的焦点转变。用那个术语来说，分析单位是孩子参与的社会、文化和历史活动。例如，身处一个机构是一种你参与的社会、文化和历史活动，而这种活动产生了我们随后说成是不适当的行为。

维果茨基认为，个体只能在其社会、文化背景中被理解。这里也有一些联系，尽管我不会多谈，与布朗芬布伦纳的发展生态模型有联系，这是一个由多个嵌套环境组成的模型，类似于邓教授早些时候使用的图表。但在传统的特殊教育中，包括我自己作为从业者，我们倾向于将个体从背景中剥离出来。我们说我们只关注个体，我们要忽略背景，我们要试图控制所有这些变量。因此，我们剥离了背景，将个体从背景中孤立出来。这有时使控制变量变得非常困难，以至于本应发生的教学和学习看起来与现实生活相差甚远。

维果茨基提出了一个非常有趣的观点。我会读出这段引文，以便你们也能思考。他谈到内化的过程，并指出在每个孩子的文化发展中，发展会出现两次。首先是在社会层面，通过与他人的互动，然后我们才能将其视为个体化的学习成果。另一个非常重要的观点是，维果茨基认为学习先于发展。通过参与学习活动，发展得以发生。他还指出，儿童本质上是处于社会和文化情境中的存在。学习不仅仅是针对对象的，而且是受到我们周围人反应的引导。这就是我们学习如何成为社会一员的方式。通过与他人在这一情境中的互动，认知、情感、情绪和身体维度都是相互联系的。

在这张照片中，我们看到了一个使用轮椅且尚未学会说话的小男孩的例子。我们支持他的许多事情，从他能够生存的过程开始。但在这里，他正快乐地与另一个学生在幼儿课堂上一起工作。他们彼此享受对方的陪伴；他们可能甚至不觉得这是工作或学习——他们只是在玩乐。这是一个典型的普通教室。维果茨基还谈到了最近发展区。他说，我们要从孩子们现有的能力出发，即他们在他人（同伴、家庭、父母、教师、同学）的支持下能够做到的事情。这就是起点——他们现在能做什么。而我们作为教师的角色是搭建一座从这种有支持或有脚手架地学习到更具独立性的学习的桥梁，无论这种独立性可能是什么样子。独立并不一定意味着完全靠自己。所以，最近发展区是实际发展水平（在独立解决问题中体现）与潜在发展水平之间的距离。现在，这里真正有趣的是——我们如何知道一个人的潜力是什么？有没有一种测试能说："就这样了，这就是你的全部；没有更多了。你不能再前进了？"有没有这样的测试？我想我们曾经用过这样的测试来预测一个人的潜力，然后我们说："如果你不会上大学，那你上高中还有什么意义呢？"然后我们又说："如果你不会上高中，那你上小学还有什么意义呢？"再然后，如果我们说："如果你不会上小学，那还有什么意义呢?”所以，我们假设我们知道人们的潜力是什么，我们做出了决定，我们把他们归类，我们限制了他们能够获得的机会，因为我们自认为知道他们的潜力。

另一位学者，我的同事安格斯·麦克法兰，在毛利研究和西方科学知识方面都有深厚的智慧和知识。安格斯说，孩子们通过与他人的交流活动逐渐认识和理解世界。这就是背景和关系。他说，社会文化视角下的教学和学习关注孩子们学习的社会和文化背景。当他写这些内容时，他特别考虑了新西兰大多数学校教育对现代儿童的影响。因此，包容性教育不仅仅是关于残疾儿童，它还关乎所有学习者。一些没有残疾的儿童群体也在教育系统中失败了，不是因为他们自身有任何缺陷，而是因为我们的教育系统未能承认他们也是具有文化背景的人。那么，社会文化理论对残疾有什么说法呢？彼得·米特勒是一位自闭症学者和研究人员。他说，人们不知道自己与众不同，直到他们被当作与众不同的人对待，通常伴随着极端的轻蔑和怜悯。第二个我认为特别重要的观点是，他指出差异并不是他们问题的根源。我们又回到了社会模型。差异本身并不是差异的体现，相反，问题是由那些把他们当作社会价值较低的人来对待的人创造的。他谈到了由此产生的次级残疾——自卑感。因此，再次从其他学科中学习变得很重要，例如社会学已将残疾视为一个社会问题，而不是个体问题。那么，如果我们把残疾视为一个社会问题，而不是个体内部的问题，这意味着什么？这对我们的课程设计、教学法和评估方式意味着什么？维果茨基说，教育的目标是让所有学习者体验到完整的社会尊重并被重视。对于那些与众不同的人，那些被认为是异常的人，解决方案是让那些自认为是典型的人通过将那些与众不同的人纳入文化实践（包括教育）中，为他们创造价值感。因此，他们有机会以利用他们优势的方式参与其中。利用他们的优势并把潜力视为开放式的——这对我们的学校意味着什么？

以下是一些可能延续排斥的教育观点和实践。我之前提到，从关注个体转向关注延续排斥的实践，意味着要审视我们对课程的看法——我们相信应该教什么以及谁来决定课程内容。在教学法方面，我们对课程应该如何教授以及谁能够学习的信念是什么？这些信念如何塑造我们在学校和课堂中的行为？在评估方面，它关乎我们对如何判断某人是否学到了东西的信念。在新西兰，过去也曾用它来评判教师的表现。我不知道这里是否也有这种情况。学校会被评级，教师也会被评级。我们必须理解我们所做的选择，我们对课程、教学法和评估所做的决定，对谁属于学校产生了怎样的影响。

以下是一些来自新西兰课程的例子，其中明确体现了社会文化理论的观点。例如，课程文件的后半部分列出了八个学科领域，以及不同年级和年龄段的预期成就。因此，课程中的一半仍然有这种发展性的东西。但在课程的另一半中，关于愿景、学习者和价值观的声明，我们有一个非常社会文化的观点。所以，所有学习者都有开放式的潜力。所有孩子都是学习者。所有教师都是学习者。而“阿科”（ako）这个词意味着孩子从教师那里学习，教师从孩子那里学习；孩子彼此学习，教师彼此学习；家庭从教师那里学习，教师从家庭那里学习。因此，“阿科”是关于一种互惠的教学和学习关系。我们这样做，对吗？

不，但我们正在努力。所以，与这里的课程类似，它明确声明是面向所有儿童和青少年的。第三点是，评估应该支持所有学习者及其教师，识别并利用学习者的兴趣和优势，同时也要认识到我们都有脆弱性。这里重要的是，我们没有为残疾儿童设立单独的课程。我们没有为特殊学校设立单独的课程，尽管有人试图设计一个。评估系统旨在帮助识别优势和兴趣，这是开发课程和教学法的基础。我们希望所有人都能成功。所有孩子都应该在场、参与、投入，取得成就并有归属感。学生们能够对我们说，或者他们已经对我们说：“我属于这里，我在学习。我属于这里，我感到安全，我喜欢学校，我想去那里。有时我甚至不想回家。”因此，我们的教学实践必须做的不仅仅是教授学科内容。

那么，正如我之前所说，当前竞争性评估中有哪些信念和实践会延续排斥呢？我现在引用大卫·斯基德莫尔的研究成果，他深入研究了英格兰两所高中，这两所学校的实践方式截然不同——一所非常包容，另一所则完全不包容。他发现，这两所学校在学生学习能力、教育失败的解释以及学校对学习支持的反应等方面存在不同的信念和假设。此外，它们在教学专长理论和运作模式上也有所不同。因此，在我提到的那些维度或信念的左侧栏中，以及接下来的两栏，是他对这些差异的描述。他发现，当教学专注于将学习视为仅在个体内部发生的事情时，教师倾向于采用他所说的“缺陷导向的教学话语”。这里，我将其与个体化理解的概念联系起来，但这种观点关注的是个体的不足。个体化理解倾向于关注个体的不足。而当教师从更广泛的社会文化视角出发时（在右侧栏中），他将其描述为采用

"包容性话语"。一种观点认为存在有限且固定的认知能力层级，另一种观点则认为每个学生都有开放式的潜力。一种观点认为教育失败的解释或困难的根源在于个体的不足，另一种观点则认为困难的根源在于课程缺乏足够的响应性。一种观点认为，如果发现问题，学习支持应该是弥补弱点，另一种观点则认为学习支持应该寻求改革课程并在整个学校中发展教学法。一种观点认为教学专长集中在掌握专业知识上。当然，这是事实，但这难道是唯一的吗？另一种观点则认为教学专长在于促进所有学生的积极参与。一种观点将课程描述为按特定顺序覆盖材料，因此需要专业知识和专门知识。所以，我们需要一个替代课程。而另一种观点，即包容性话语，描述了为所有学生提供共同课程。

另一种看待方式是对比所谓的渐进主义者——我们应该进行小幅度的改变，以及重构，即批判性特殊教育。那么，我们如何在不抛弃一切的情况下，提出我们需要对实践进行反思的艰难问题呢？我的时间还剩五分钟，所以我将直接进行这些对比。我可能已经描述了其他一些幻灯片的内容，所以我会跳过。好的，那么，我们是将残疾视为必须纠正的固有缺陷，还是理解为社会构建的产物，这正是社会模型所说的？我们是认为特殊教育的目的是改变个体，还是将其视为改变环境限制？我们对特殊教育预期结果的信念是让学生适应学校后的生活吗？这是一个颇具挑战性的问题：我们是否认为特殊教育工作者的角色是改变社会对差异的期望和反应，实际上就是改变世界？家长在我们实践知识中的角色是什么？我们是否只是继续我们的实践，还是说我们的知识基础是有限的，我们需要更广泛地探索？我们需要借鉴其他学科来帮助我们理解我们需要做出的改变。因此，渐进主义者基于残疾的医学模型进行工作，正如你之前所说。而重构主义者则基于社会模型或我们现在所说的教育中的残疾研究进行工作。

所以，我将跳过一些幻灯片，因为我不需要再谈论那些内容。好的。我真正想关注的是评估，因为评估是我的研究领域。我们需要做些什么来设计评估学生的方式，以展示那些无法通过我们常规评估方式捕捉到的能力呢？社会文化理论对学习评估的影响在于，我们现在要求教师关注、注意到、认识到并回应任何时间和任何地方发生的任何学习行为。我们不会说只有在看到你在考试或测试中的表现时，我们才能判断你是否在学习。我们在观察你是否表现出一些暗示你实际上具备某些数学技能的行为。我们不会等到测试显示你能做到这一点，因为也许在测试条件下你做不到。

但如果你一直向我们展示你有很强的数学概念，那我们为什么不承认这一点，并用它来设计我们的课程呢？这支持了教育工作者的学习，因为你真的在密切关注学生。它倾向于学习发生的背景。

我们大多数人一天中大部分时间或一生中大部分时间都不在教室里。这意味着大部分学习发生在教室之外。我们如何捕捉这种学习，以便用它来指导我们的教学呢？这是我们在大学教师教育中做的一件事。我们问我们处于教师教育最后一年的学生，当你去学校实习时，你注意到了什么？你注意到你所在的环境中是如何发展和维持学习和归属的文化的吗？我们给他们一些框架来使用，就像我之前给你们看的两个框架一样，即缺陷或包容的对比视角。我们让他们考虑我们的课程、教学法和评估是如何塑造并被归属文化所塑造的。所以，我认为这些仍然是我们面临的挑战。我之前已经提到过一点——如果大部分学习发生在教室之外，我们如何注意到它？我们如何关注它？这些是评估中根深蒂固的假设：其中一个假设是，被评估的知识、技能或态度是一种固定状态，我们现在所知道的就是测试将永远显示的结果。我们如何打破这种对评估目的和这种评估对学生的影响的思维方式？所以，我想剩下的关键问题是：我们当前的实践以及课程、教学法和评估是支持还是阻碍了在我们的教室和学校中建立和维持归属文化？谢谢！

主旨报告3：基于评估的融合教育课程与教学调整行动研究

主讲人：王　辉　教授（南京特殊教育师范学院）

尊敬的吴武典教授，邓猛教授，各位专家，各位同仁、同学上午好。到了这个时间，可能大家听我说的时候已经感觉到有点疲惫了，但是前面邓猛教授和 Missy Morton 教授的两个报告，我觉得给我们提供了丰富的精神食粮，我听得是意犹未尽，特别是听到邓猛教授的一些思考和观点看法，非常认同，我觉得他是给我做了一个铺垫，就是我们为什么会做这样的实践的探索，也是基于这样的思考假设，然后才在实践当中来做基于评估的融合教育课程与教学调整的行动探索。下面我就从研究背景和实践调整行动两方面向各位做一个分享。

首先是融合教育课程与教学调整的研究背景，第一点是随班就读教改实验区的内涵建设，当时在南京是不尽如人意的。因为 2015 年教育部发布了第一批国家特殊教育改革实验区的名单，我们可以看到这份特殊教育改革试验区的名单是在第一期特殊教育提升计划之后，2015 年 1 月份，确定 37 个市（州）、县（区）为国家特殊教育改革实验区。这 37 个教改实验区各自有自己的实验的任务，重点就是要探索送教上门、随班就读等重点、难点问题的解决之道，目的旨在提高我们特殊教育的质量。所以南京当时是成为第一批的特殊教育改革试验区之一，我们的任务重点是加强残疾儿童随班就读工作的实验。

在 2015 年到 2017 年之间，南京市教育局副局长戴兴海亲自主抓这项工作，与我们南京特殊教育师范学院合作，陆续开展了理念的宣传、机构的建设、机制的建立、资源的配置、师资的培训等一系列的工作，让融合教育的理念在南京市逐步得到了推广。无论是从南京的市民，还是从我们普教、特教的教育工作者来讲，经过这三年的推广宣传，大家在理念上得到了一些转变，我们的残疾学生随班就读的社会公共服务体系和特殊教育支持保障体系也逐步建立，但是在内涵建设和教育质量等重点、难点问题方面仍然未得到解决，这是我们实践的第一个背景。

第二个就是我们国家的纲要、条例、计划等的推动，比如说《“十三五”加快残疾人小康进程规划纲要》、《残疾人教育条例》、“两期特殊教育提升计划”、《“十四五”特殊教育发展提升行动计划》等政策文件，对融合教育的内涵发展、深入推进，都有了明确的要求。在《“十三五”加快残疾人小康进程规划纲要》里面就提到，要提高残疾人受教育水平，大力推行融合教育。在残疾人教育条例当中也提到了要提高教育质量，积极推进融合教育。在《第二期特殊教育提升计划》里也再次强调了以普通学校随班就读为主体、以特殊教育学校为骨干、以送教上门和远程教育为补充，全面推进融合教育，提高随班就读的整体质量。《“十四五”特殊教育发展提升行动计划》中再次提出，要推进融合教育，提高特殊教育质量，并且提出了探索适应残疾儿童和普通儿童共同成长的融合教育模式。在国家这一系列的要求和实践的困境当中，我们就在思考怎么样来解决，怎么样来提高融合教育的内涵建设，真正来解决我们实验区要探索的融合教育模式的问题。

因此我们就开展了基于评估的融合教育课程与教学调整的实践研究，我们整个研究历程从 2018 年开始到今天，已经前后经历了 7 年的时间。在这 7 年的时间我们历经了几个阶段，诊断问题、明确方向，设立专项、组织团队，培训种子、建设队伍，探索研究、形成成果，建模研策、试验反思，运用培训、区校推广，现在我们也进入了深度实验阶段。

诊断问题、明确方向，这是我们做的第一步。在 2018 年初，由南京市教研室特教教研员牵头，邀请了高校的专家，我们省内各个教科室和教研所的科研人员，还有基层特教的骨干组成了一个调研小组，对南京市当时的 7 所随班就读的实验学校深入开展调研，调研关注于经验和困难两个方面，这些图片都是我们当时调研的一些现场。通过调研，我们梳理后发现有三个问题阻碍着我们融合教育内涵式发展，第一个是评估没有真正落实，老师是凭经验、走过场，与学情不吻合。第二个就是缺乏适合我们普通学校随班就读的课程本位评估工具，其评估结果与我们的课程标准不对应，个别化教育计划与评估结果不对应，与我们的教学是两张皮，没有得到真正的落实。第三个就是专职、专业教师缺乏，这是普遍存在的一个问题。因此我们调研得到的结论是教师的专业态度、专业知识、专业能力是影响随班就读课程教学整体水平的关键因素，而随班就读教师专业化的起点是教育评估能力，从教育评估入手，开展实操性的专业培训，就成为随班就读课程与教学改革推进实践的一个突破口。

我们调研的结果向市教育局做了反馈、汇报以后，我们就开始第二步，设立专项，组建团队。从2018年6月，由南京市教育局领导听取了我们的调研汇报以后，开始以课题为依托，设立专项，由南京市教学研究室特教教研员牵头，也聘请了我作为当时的实践的导师，制定研究方案。我们在全市各区随班就读实验校资源教师和巡回指导教师中，首先是遴选出40名种子教师，成立了“南京市随班就读课程与教学调整工作坊”，从教育评估能力的培训入手，研学一体，以“做中学”的方式开展系统性的专业培训。

第三步我们成立了这样一个团队，培训种子、建设队伍，制定了为期两年的系统性的培训方案，从教育诊断与评估能力的培养培训，到个别化教育计划的制定，到各门课程学期教学计划的制定，融合教育的课堂教学设计，课程调整与教学实施的策略与方法等，进行了系列性的培训和实践探索。在这个过程中，我们采用了多样化的培训方式。我们根据培训的内容、特点，采用工作坊灵活的专家讲座、实践操作、同伴互动、读书自学相结合的培训模式。我们在实践能力的培养中实行区域一体、普特结合、小组合作，互帮互促互研，形成相互鼓励支持的成长共同体，并且这个共同体是由各个区的特殊教育指导中心来组织成立的。在培训中我们也明确了培训的任务，就是让每位学员至少要选择一个随班就读的学生，作为跟踪实践的案例，还要在本校带领一支团队，将工作坊所学所研传授给学校的团队老师。所以我们是以40位作为种子，将这些种子播撒到各个学校，然后进行二次的培训。

两年时间里，我们做了12次的工作坊的活动，通过这样的“做中学”来发展教师的成长共同体。这些图片都是我们培训的场景，大家可能看到不同的场景、不同的图片，这是我们在培训的过程中所经历的。经历了这样一个培训过程，我们的队伍是初步建成了，下一步的工作就开始进行研究探索，形成一定的成果。

在团队培养培训的过程中，我们又采取了淘汰制，因为40位种子教师中，有些是学校派来的，有些是自己想要来学习，主动参加培训的。那么在学习的过程当中，我们也发现有些学校并不是非常支持，教师要参加培训，学校可能以各种理由表示教师出不来，还有有的教师可能反馈参加培训的时候路途比较遥远，耽误时间，没有动力。所以我们后来就协商，留下愿做、想做、乐做的教师，通过“学做研”的方式来培养专家型教师。同时我们也筛选、吸纳专业理论与实践较强的骨干教师，组建了高校、教研室、普校、特校四方教师参加的研究团队。团队组建以后，我们的目的就是着力研究、解决融合教育实践中的难题，形成了系列性的课程与教学调整工具模板。因为我们的老师在专业能力方面还是存在一些不足，因此老师们都想有一个模板、有一个脚手架，让他们从规范到最后能够创造性地做出相应的调整。

因此我们基于上述研究，基于我们的实践需求，研制出了基于普通课程标准的课程本位评估工具。这个普通学校的课程标准是2011版的国家义务教育的课程标准，研制的是一年级到六年级的语文、数学、英语这三门课程的评估手册和配套评估材料，同时也研制出了融合教育中特殊需要学生评估报告的模板，个别化教育计划的模板，融合教育课程学期教学计划模板，融合教育课堂教学设计的模板，我们也研制了南京市的融合教育，包括特殊教育在内的课堂教学评价标准。

我们团队的老师，可以说经历了几百个日夜，大家都在做探索，我们常常是废寝忘食地在研究一个项目，大家看到的是我们多次针对不同的问题，曾经做了的一些不同的尝试。从研读课标，解析目标，研究评估工具的结构，确定评估手册与评估材料的规格以及样例编码，到科学规范地叙写目标，反复斟酌来编制评估材料，甚至每一幅图片的拍摄选择都经历了无数次的观点碰撞、脑力激荡，一次次陷入困顿，又一次次去取得突破。每一次遇到问题我们都会寻找突破点，找到普教的学科教研员来给大家做培训，普校教研员甚至会参与我们的线上的研讨，为一个目标的分解，我们曾经一个晚上从7：30讨论到凌晨1：30，讨论究竟一个目标怎么样来分解才是合乎逻辑的、才是科学的。

在研究中，我们一开始关注的对象就是随班就读的学生，所以我们出了1.0版的随班就读小学生学科学习评估手册，当我们对这个评估手册进行试用时发现，因为这个手册是基于我们各个单元的考试卷来编制的，他们之间逻辑关系与学科的逻辑性不足，所以我们又在研究中发现，特殊需要的孩子不只是随班就读的学生，还有其他的各种有特殊教育需要的学生，比如说有情绪行为障碍的。我们在研究中还发现超常的学生会被医院诊断为ADHD，大家可能会问为什么？因为这样一个超常的学生，他在课堂上前10分钟时间内，是不会有行为问题的，但是10分钟以后他就会出现问题比如不耐烦、无事可做了，开始跟同座的同学聊天，或者是玩一些玩具等，所以老师就认为这些孩子是有行为问题，让家长把孩子带到医院去做诊断。

这样一来，经过反思，我们将 2.0 版、3.0 版课程评估工具的服务对象扩大到不再指向于残疾儿童、随班就读的学生，而是包括了各类有特殊教育需要的，甚至超常的学生，就是我们所说的吃不饱的、吃不下的，还有不适合的学生。因此我们研制出了 3.0 版的普通学校特殊需要学生课程评估工具，这个就是我们评估工具的评估手册和配套的评估材料，这个评估工具从 2021 年一年级的出版，然后到 2023 年就是从一年级到六年级全部配套出版。在去年，也就是 2023 年的 5 月 22 日，由南京特殊教育师范学院与南京市教育局，还有南京大学出版社三方共同举办了这个评估工具的发布研讨会，我 PPT 里展示的照片里面是我们团队的核心成员，他们每一个人的背后都有一所学校的学科骨干力量在支持做我们的这项工作。当时也有很多的媒体做宣传报道，包括华东师范大学的崔允漷教授、山东师范大学的张茂聪教授，他们都肯定我们这个工具的价值，以及对于融合教育的作用，这些图片是一些媒体的报道。

我们这个工具的研制是遵循了普通教育教师的习惯和规律，按照年级、学期到各个学科的领域来分别研究的，所以评估手册里面首先用表格方式来表示，这是目标，包括一级目标、二级目标，还包括评估项目、评估内容、评估记录、评估结果分析和结论建议等部分的内容。我们的一级目标主要来自国家的课程标准中的目标的分解，这个是体现“以标为本”的理念。二级目标主要是结合课程标准和当下的教材来分解。评估的项目主要体现的就是学生的能力差异情况，所以第一项是学生能够独立完成，第二项就是如果学生不能独立完成，他需要在什么样的支持下才能完成，这样可以找到他们的最近发展区。

那么在评估的项目里面，我们又通过哪些内容、哪些材料来了解这些呢？我们就编制了相应的评估内容，其中我们又研制了配套的材料，以此体现我们所说的学生的差异性。还有找出学生的最近发展区，了解他们的先备知识能力。后面的评估记录、结果与分析、评估结论和建议实际上为了便于老师能够操作，体现的是我们编写这样一个手册工具是依据“以生为本”的理念。数学我们也是按领域来的，但数学的目标分解多了一级，因为课程标准中数学的目标里面每一级里面包含的内容比较多，所以分解到了三级目标。在评估手册中，评估内容里面都配备了配套的评估材料，评估材料像语文有字词卡、图片、偏旁部首，数学有一些反应题项，英语有很多的图片、单字，这样让我们的老师操作起来比较便利。

通过研究，我们也为老师研制出了一些脚手架，比如说个别化教育计划的模板。我们简化了过去的个别化教育计划，把个别化教育计划分为三个表：第一个是学生个案的基本情况，第二个是教育诊断的结果与分析、课程本位评估的结果与分析，第三个就是我们评估结束以后，了解到的学生的先备知识能力有哪些，已经具备了哪些，他的学期目标、单元目标是什么。除个别化教育计划之外，我们也研制出了课程学期教学计划的模板。这个模板就把有特殊需要的学生和普通学生的目标放在一个计划当中，如何使特殊需要学生的目标能够融入班级的目标当中，或者说做一个什么样的调整，也是今天前面两位教授提到的，我们也研制出了根据评估的结果，怎么来梳理教学目标的模板，大家可能反馈评估比较难，目标怎么确定，那么我们做了这个目标模板，还做了课堂教学设计的模板。也就是通过这些模板，我们不仅要体现班级的学习目标，特殊需要学生学习目标与班级目标之间的对应，还要体现出教学活动过程中各个步骤、老师的要求、老师的教学活动、普通班级共性的学生活动，与此同时，我们对特殊需要学生的活动做了什么样的调整，给予了什么样的支持，这样能够让特殊需要的学生真正在一个共同的课堂中来进行学习，我们在前期就做了这些研究。

在2019年底，南京市教研室出版的《南京教研》专门拿出一期做融合教育课程与教学调整专刊，因为这个刊物一年只有4期，是专门拿出一期，以典型案例的方式来示范了我们这些工具模板的使用，给我们一线的老师提供一个参照。案例里面，有教育评估的报告、个别化教育计划、学期教学计划、课堂教学设计，还有我们老师的一些反思。

经历这样的研究，到第五个阶段我们就开始建模研策、实验反思，修订我们所做的模板，也提出了基于评估的“五步三环”融合教育课程与教学调整模式。“五步”是指融合教育从评估到课堂教学的实施与评价的五个步骤，“三环”是指对融合教育课堂教学的三个环节，如何一步一步从老师的知识技能的教学、学生的巩固练习，到关键能力的培养、核心素养的培养。这样的目的是通过目标导向的教学，能够使有特殊需要的学生和普通学生一样，促使融合课堂教学质量得到提高。

我们研制这个“五步三环”模式以后，就开始在南京市做课程教学调整的融合教育教研活动。从 2019 年到 2024 年，我们前后已经做了十二期市级层面的调研活动，2019 年我们做了两次，2020 年和 2021 年各做了一次，这是因为疫情的影响，然后 2022 年逐步恢复到正常。我们研讨的课题主要涉及了语文、数学、英语，除此以外还有音乐和体育。我们在这些研讨当中涉及的特殊需要的学生主要有四类：智障、孤独症，还有 ADHD 和脑瘫的学生。

大家能够看到屏幕上有一个特别标注的，是 2023 年 4 月 21 日，我们在南京的长江路小学做的活动，参与的是二年级的学生。二年级的班级主要开展语文和数学两个学科，这个班级中，老师一开始告诉我们有三个特殊需要的学生，其中两个是 ADHD，一个是智障。但是当我们第一次进这个学校的班级去听课，观察了这些孩子的反应以后，我们就感觉他们前期的评估和后期孩子的真实情况不太一样，后来我们让指导中心与学校的资源老师、学科老师一起重新来评估，对于这两个孩子用韦氏儿童智力测验第四版来重新评估他们的智商，其中一个孩子是 145，还有一个孩子是 115。智商 145 的孩子就是老师所说的上课注意力只能维持十分钟，后面就开始出现各种各样的问题。但是当我们在观察的时候，没有看到那个孩子有多少问题，老师却说“你看他腿动了，他走了”，就认为是问题。另一个智商 115 的孩子，其实我们在分析他的评估结果时发现，他的知觉加工速度要比其他学生快了很多，所以在课堂上也发现老师布置的三道练习题，这个孩子只用了不到其他学生一半的时间就写完了，做完了以后他就开始东张西望了，或者玩玩学具，所以老师说你看又开始出现行为问题了。因此我们在做这一块研究的时候就发现了，通过这样一个前期的调研观察，然后再做评估，再重新给两个孩子做个别化教育计划，最后来调整他们的课堂教学设计等。后来在展示的那堂课当中，这两个孩子所谓的行为问题就全部没有了。这是我们对“五步三环”所做的一些探讨，通过教研活动的形式来探讨。

屏幕上呈现的是我们的发布会，大家看到这是我们南京市教育局基教处的一个处长，他也参与了我们这个活动，也非常重视，他做了一番讲话以此激励。这些大家可以看到的是我们开展的一期一期的教研活动，这样的一个市级层面的融合教育课堂教学调整的教研活动，我们要求各个学校要提交一套材料，这套材料里面包括 4 套资料，一个是特殊教育需要学生的评估报告，怎么根据评估报告来做的个别化教育计划，然后从个别化教育计划评估报告又怎么形成了学期教学计划，然后再到课堂教学设计。也就是说，必须有完整的 4 件套材料，这 4 套材料必须沿着我们评估的逻辑关系来。这是我们市级教研活动和研究的过程中所做的一些尝试，有资源教室补救教学的，有班级调整的，在课堂当中，大家也可以看到有了信息技术的加入。比如说我们呈现的材料的调整，做了一些无痕的参与，因为不是说老师每节课非常多次的喊这个孩子就是融合了，我们在这个过程中强调一个无痕的融合，要求老师的策略进行一定的转变，把一些抽象的词汇变为直观。

最后我讲的第六个就是我们应用了这个培训，开展了区校的推广。我们做培训，每个区一个团队来参加，通过团队辐射到全南京市并推广，以教研室来发文组织培训，这个团队培训结束以后，在各个区再进行全区的二次培训。同时在我们的其他活动当中，比如说教育教学基本功大赛里面，把融合教育纳入进来，并且要求老师提交参赛的个案学生的材料必须是整套的材料，优质课评比也是同样的要求。

我们通过这样一个实践探索，形成了一些感悟和结论。第一就是评估是融合教育课程教学调整的逻辑起点，没有科学的评估，课程与教学调整就没有科学的依据，就无法实现我们所说的教-学-评的一致性。只有基于教育评估的课程与教学调整，才能提高融合教育的质量。第二就是基于普通学校课程标准的课程评估工具，可以为我们特殊需要学生的科学评估提供依据。“五步三环”的融合教育课程教学调整模式及配套的工具模板，适合我们中国的融合教育。“五步三环”为我们的课程教学调整提供了完整的内容、系统的要求、清晰的流程、规范的保障，使我们的老师具有全局观、方向感，能够定位明确，自主发展。

我们认为课程评估的好处就在于对于学生来说，他们有事可做，有合适的事可做，减少问题行为，学业不断进步；对家长而言，对学生的期望合理，家校形成合力；对于老师来说，有助于全面准确地把握学生现有的学习能力和学习水平，制定合理的教学目标，选择合适的教学内容，精准施教，增强教师的教学效能感；对于管理者来讲，有助于形成教—学—评的一致性，解决随班就读学生评价的难点，这是我们科学有效的管理抓手。从现实性来看，普通学校教师自己就可以做，做完的结果可以与教学无缝对接。

我的汇报完毕，谢谢大家。

主旨报告4：构造特殊儿童的成功生活：融合教育课程教学调整的立场与路向

主讲人：郭元祥　教授（华中师范大学）

非常高兴来参加我们融合教育、特殊教育领域的研讨。我一直对从事特殊教育研究的专家、学者、教师和校长怀着无比崇敬的心情。因为普通教育面对生理和心理还比较正常的孩子，我们都可能办不好。如果把特殊的孩子培养成为社会主义建设者和接班人，的确难度更大。

我先讲两个故事。第一个，这一学期我在我们学校教一门课：课程论。结果选课的学生基本上都是特殊教育和融合教育专业的学生。因此我跟他们讲课程论，我就要去了解特殊教育和融合教育在课程、教学、学习方面的一些基本研究，尤其是对2016年我们国家特殊教育、融合教育关于课程教学调整的文件，然后结合课程论、教学论的基本问题来与大家讨论。基于此，我就开始很关注融合教育、特殊教育关于课程建设方面的一些基本的、方向的东西。第二个，从2006年开始，我扎根中小学进行深度教学的研究和实验。我每个月都要去中小学，进课堂、进课程、进课题组，同时还带我们的老师们去跟当地的实验学校进行同课异构。有一次我们的一个专家在广州海珠区做同课异构的时候，在上课时点到最后面的一个学生发言，结果全班同学发出“哇”的声音。我问旁边的学生，为什么你们感到惊奇呢？他说那个学生是个智障学生。当时我听到正常孩子们的评价，我心里很不是滋味。我不知道在平常的教学中，随班就读的老师们在课堂上是怎样来看待那个特殊学生，给予他特殊的关照。所以我在想融合教育如何真正做到课程融合、课堂融合、教学融合、学习融合，包括评价融合。我觉得这是个很困难也是很重要的问题，因为融合教育可能更有利于他们的社会适应、自主发展、未来成长和社会成功。

我想结合我们国家2022年颁布的义务教育课程方案、课程标准以及我所了解的40多所特殊学校的课程标准的情况，与大家交流，向大家请教。

核心素养导向的课程教学改革从 20 世纪 90 年代甚至 80 年代开始，从 1988 年英国教育改革法提出 10 门国家核心课程，到 1997 年 OECD 实施的 DeSeCo 项目（Definition and Selection of Competencies），以及欧盟和联合国教科文组织每隔 10 多年发布的相关指导性文件来讲，核心素养应该成为包括特殊教育或者融合教育在内的基础教育的重点。今天田司长出席此届国际研讨会也体现着教育部领导对这一事件的重视。我也在想，融合教育、特殊教育的课程教学调整是针对什么而言的？如果有独立的融合教育的课程体系，就不存在调整问题。我们一定是针对孩子们的需要、特殊儿童的特殊性、普通教育的课程标准和课程方案对特殊教育、融合教育的课程教学进行调整。今天大家讨论的还是 2016 年的特殊教育课程教学标准，但是义务教育 2022 年已经颁布了新的课程方案、课程标准。所以接下来更重要的是，在座的各位特殊教育的专家们为教育部提供特殊教育、融合教育课程教学方案和标准新的调整方向。我认为总的方向应该是两个：一是成功生活，二是构造美好社会。通过发展学生的社会因素，使其真正成为独立的、成功的社会个体。全国将近 6.5%的残疾人和占相当比例的特殊儿童也是社会的一分子，他们有基本的社会权利去参与社会、服务社会。DeSeCo 项目提出的素养导向特别强调在特定情景中成功应对复杂需要的能力。所以成功生活不只是指生存能力问题，还包括个人成长以及担当社会责任、参与社会实践的素养。这些素养需要激活知识、认知、技能与情感、态度、价值观和动机等社会心理资源。我想这也是国际课程教学改革的一个根本方向。

DeSeCo 项目明确提出引导成功生活和构造美好社会的必备品格、关键能力和价值观念，具体包括三个维度：一是人与工具的有效地互动交往的能力，特别强调互动地使用语言、符号和文本。对特殊儿童，无论是智障儿童还是听障、视障，还是其他残障儿童而言，他们如何互动地使用语言、符号和文本？与普通儿童相比较，它究竟体现在哪些方面？我经常与雷江华院长、徐添喜教授讨论，特殊教育研究政策是正确的，应该多去研究特殊儿童一生中关键的、必备的品格和能力，包括他的社会观念、社会性素养。不能因为是特殊儿童，是残疾人，就在社会观念方面具有特殊性，这点上应是一致的。例如欧盟明确提出，无论是正常儿童还是特殊儿童都要学会互动地使用语言、符号和文本。而使用这三者间的特殊性，可能需要我们接下来在调整融合教育课程教学方案、标准以及育人方式等方面具有明确的应对。同时这一维度强调互动地使用知识和信息、互动地使用技术，包括新技术。信息化、数字化、智能化的时代，变化日益剧烈。人工智能对特殊儿童，包括智障儿童、视障儿童、听障儿童、其他残障儿童，它究竟是有利的还是不利的？我觉得它有有利的方面，可以弥补和替代特殊儿童在生理甚至心理上的一些缺陷。这些可能都需要去认真地讨论和研究，包括在我们的语文、数学、思想品德、品德与生活、品德与社会等课程中如何实现融入生活。二是与自己有自主行动，包括在复杂的大环境中行动，形成并执行个人计划或生活规划，维护权利、利益、限制与需求的能力。我认为 DeSeCo 项目所提及的这些核心素养框架更加聚焦了特殊儿童的需要，而不是普通儿童，即使它是针对所有儿童的。三是人与社会异质群体的互动，包括与他人建立良好关系、团队合作、管理与解决冲突。所以融合教育的课程教学调整应融入这些共性的东西，包括我们国家 2022 年 4 月教育部颁发的义务教育课程方案中所讲的一些核心素养的基本指标。所以我建议大家不要只是讨论 2016 年的课标，同时也要推进教育部去修订融合教育的课程标准、课程方案。

欧盟提出的核心素养框架包括学会学习、社会与公民素养、主动意识与创业精神、文化意识与表达、使用母语交流、使用外语交流、数学素养与基本的科学技术素养以及数字素养。党的二十大提出要推进教育、科技、人才一体化发展。习近平总书记也提出要激发广大儿童和青少年的好奇心、想象力、探求欲、责任感和实践能力。在融合教育的课程当中，特殊儿童的科学素养如何发展？对这些特殊儿童来讲，他们可能更具有想象力、可能更加独特。我们是去限制，还是去激发、去维持、去发挥他的特长。这些可能都需要我们来做一些更深度的研究。

那么核心素养如何发展生成？我在去年的一篇文章中提到 4 个基本判断。第一是从课程教学的角度来讲，核心素养是人面对复杂的现实世界和特定情景的整体表现，依赖于现实世界和真实情景，所以需要通过情景来激发。特殊儿童的生活课程，例如生活语文、数学、科学，包括品德与生活、品德与社会等课程，如何创造真实情景？需要什么样的一种学习来支撑？刚才几位专家其实已经谈到了这些问题。第二是从知识转化的角度来讲，离开知识无所谓教和学。那么特殊学生如何跟上融合教育的课程，如何跟上普通学校的课程，我想这些可能需要从课程教材以及学习知识着手。刚才王辉老师讲到补救性教学，它应该是差异化教学，是个性化教学，要在融合教育当中构成普通儿童和特殊儿童差异内的同一，构造差异内同一的一种发展体系。所以我后面会提到我对特殊教育的一种愿景：让特殊儿童在差异内构成同一、在活动中达到统一、在体系中达到一致。这样他们的地位、他们的权利、他们成长的机会和可能，才能真正被看见。第三是从活动生成的角度来讲，在活动中特殊儿童怎样去融入融合的课堂。在随班就读过程中，特殊儿童最难做到的就是在过程中的融合。所以班级同步教学可能在融合课程和融合教学当中是最需要去打破的，需要去创造一种个性化的、小组合作的等等多样的学习形式、组织形式。第四是从问题解决的角度来讲，人的素养是在解决问题中得到体现的，尤其是在解决复杂的问题、观念的问题、关键能力发展的问题中体现的，而非解决书面的、符号的、简单的事实性问题。

成功生活是特殊教育课程教学调整的一个重要取向。我比较了义务教育语文课程标准和特殊教育的生活语文课程标准。我不理解为什么称为生活语文。难道特殊儿童只是为了适应生活，不需要传承祖国的语言文字、民族历史文化？他们不需要文化自信吗？他们不需要正确的价值观吗？在价值观面前，不会因为人的器质性、生理性的特殊而特殊，它的要求是一致的。以生活语文代替语文矮化了对特殊儿童全面发展的价值期待。义务教育语文课程标准的性质是综合性与实践性、工具性与人文性相统一；培智学校生活语文课程标准具有生活性、活动性、综合性、开放性。这几种性质是很好的，尤其是开放性。语文是百科之母，它是以语言、文字和文学为载体，关于世界观、价值观、民族历史文化、思维方式和人生成长的一门学问，是一个特别强调开放性的综合领域。义务教育语文课程标准的核心素养提出文化自信、语言能力、思维发展、审美创造；生活语文课程标准提出适应生活的语文素养，以生活为核心的开放而适性的语文，引导学生感知、体验、参与的学习方式，潜能开发与功能完善相结合。义务教育语文课程标准的学习方式提出三大任务群，基础性任务群就是语言文字的积累与梳理；发展性任务群主要包括文学鉴赏阅读、思辨性阅读和创造性的阅读和表达；拓展性任务群主要是整本书阅读和学科实践，或者是语文实践。我想培智学校生活语文课程标准中有些方面和提法可能需要去调整，我甚至还觉得过于技术化。

义务教育 16 门课程的课程标准中关于核心素养的框架，第一点就是观念层面的。学生究竟经历哪些对自然的认识、对社会的理解、对人生的思考、对文化的体悟，是所谓的观念问题。将这些知识变成学生看待世界的价值准则和理性基础，形成其参与世界、指导他生活行为的思想意识，就是把学科知识观念化，让学生们有主见，有见解。第二个是关于思维方式的问题，他们怎么去理解世界，又怎么去思考世界。第三个是关于问题解决，科学探究实践的问题。第四个就是学生的实践能力。对特殊儿童而言，我觉得可能更要强调从社会理解到社会适应，从社会适应到社会参与，担当社会责任。

特殊教育的课程教学所关涉的生活问题是哪些问题？盲校与聋校学生的品德与生活、品德与社会、生活语文课程标准大量提到的一个词就是生活。第一个方面是良好的生活和生活习惯，也就是培养特殊儿童良好的生活方式、生活品质和生活习惯。第二个方面提到了盲、聋学生的童年生活如何度过，需要加强他们的童年生活适应、生活权利和生活体验。我觉得这点提得很好。第三个方面是生活领域，主要包括自然生活、家庭生活、学校生活和适应社会的各种生活。第四个方面是生活问题解决，强调克服障碍、与外部环境积极互动和社会交往、参与社会实践以及开发潜能。我觉得还要提到基于生活的、多维度的问题解决，尤其是复杂问题的解决。因为人的真正能力或者素养不是解决事实性的问题和简单的问题，而是解决复杂问题。复杂问题解决最能体现人的核心素养的发展状态。

特殊教育课程教学调整的基本走向要从构造“成功生活”到构造“美好社会”。第一是健康而安全地生活。特殊儿童的童年生活的适应、生活权利，尤其是他们的生活体验是需要无限的关照的，要引导他们无障碍地进入社会生活和适应生活。第二是积极而有责任地生活。我们不能够无视特殊儿童的社会责任感问题、社会观念问题。特殊儿童的社会认知与社会观念、面对价值观和社会责任等社会性和情感素养方面，特殊儿童和普通儿童是平等的、一致的，不因他们的身体、气质、心理的特殊而在价值观、社会性素养方面成为特殊的人群。这一点肯定是需要我们高度重视的。第三是成功而有创意地生活。他们不只是要去认识社会、理解社会、适应社会，还要去积极主动地参与社会实践。所以，在融合教育尤其是在融合课程，课程融合、课堂融合、教学融合方面，我真的期待特殊儿童不只是被看见，而是在“差异内的同一”中得到重视；不只是被照顾，而是在“活动的统一”中得到促进；不只是被协同，而是在“体系的一致”中得到参与。所以我觉得特殊儿童的特殊性的消解才是我们特殊教育真正的使命。

所以我觉得和普通儿童一样，面向特殊儿童的融合教育要构造向特殊儿童生活还原的课程、教育教学和学习。第一是引导他们在真实情境中强化课程和与生活的关联性，实现课程知识的活态化，让符号知识的理解更有意义感和针对性，能够与他们生活经验观念、与特定的历史文化观念、与社会观念相关联。所以我非常认同 Morton 教授刚才引用的维果斯基的历史文化互动的学习理论。特殊儿童在这些点上的真正的学习，不是简单刺激反应和动作训练、符号训练或练习，而是个体能动地对社会历史、文化的反应活动。特殊教育的课程教学调整，一定要去确立社会历史文化的课程教学与学习取向。第二是从课程融合、课堂融合和学习融合来讲，要引导他们通过真实情境的学习来激发他们的感受性，实现知识的迁移与下沉，推进特殊儿童对世界的整体感知、直观学习、形象思维、观念活化。最近我在做深度教学时发现课堂太概念化，太抽象化，学生对世界的感受性太低。所以我主张真正的学习发生、发展性的学习一定是从感性的学习向理性学习进阶的，一定是让学生保有充分的好奇心、想象力和探求欲，这样学生才能够真正实现社会性素养和情感素养的发展，具有关键能力的成长。第三是在真实的情景当中，引导孩子们去探究和体验交往与合作。通过课程融合、课堂融合、教学融合、学习融合来创造适合特殊儿童成长的教育路径。所以课程教学调整如何去构造向特殊学生生活还原的学习和课程，这是我们要思考的问题。

最后要讨论的就是引导特殊儿童经历开放性探索的学习。让学生在开放性探索的问题解决中，激发学生对客观世界的感受性，向真实情景还原，引导他们感觉认知，激发想象力，发展高质量思维。刚才王辉教授也讲到，通过智力测验，我们发现很多特殊儿童智商非常高，那么我们如何去引导他们开放性探索，我觉得这也是很有趣的一个话题，我在深度教学的实验学校也在做这些研究。我们的教育太封闭，学生的学习追求机械的、标准的、固定的答案，那么他们的创造力是从哪里来？所以习近平总书记提到要激发广大儿童和青少年的好奇心、想象力、探求欲、责任感和实践能力。要引导我们的学生向人类的历史，民族的历史扎根；向文化浸润，向文化浸漫；向现实敞开，让他们也有认知、有理解、有担当；向生活还原；向时代靠近。信息化时代、数字化时代、智能化时代，特殊儿童的成长问题实现数字化赋能。其实我对这方面还是有一些不同的看法，这样很容易打乱学生正常的学习进阶过程。但是人工智能对智障儿童，尤其对视障和听障儿童可能真的具有不可替代的促进的作用。我觉得在融合教育过程中要发挥数字化技术替代传统的资源教师的作用和补充性教学的作用，让特殊学生在课堂融合中与普通学生真正地同步，有效地参与。

向历史扎根，向文化浸润，向现实敞开，向生活还原，向时代靠近。让我们每个特殊孩子都享有充分的人的权利和发展机会，谢谢大家。

分会场一：

融合教育课程与教学的理论发展前沿

主持人：叶晓　教授（北京联合大学）

各位专家，老师，同学们下午好！非常荣幸可以担任“融合教育课程与教学的理论发展”分会场的主持人。本次研讨会的主题是“深化课程改革，推进融合发展”，上午有四个主旨报告，下午有三个分会场都是围绕课程展开的。课程是融合教育的核心，本分会场非常荣幸邀请到四所师范大学的专家来分享他们的研究成果，也非常荣幸邀请到北京师范大学的顾定倩教授作为点评专家。接下来，我们首先请重庆师范大学的申仁洪教授进行分享，他分享的主题是“课程促进融合的中国逻辑”。

报告 1：课程促进融合的中国逻辑

主讲人：申仁洪

大家好，非常高兴有这样的机会在这里分享我最近有关融合教育的思考。今天，我讲的核心概念是课程促进融合，主要包括三个基本问题：一是融合教育优先发展的中国逻辑，二是课程促进融合因何可能，三是课程促进融合如何可能。

首先是融合教育优先发展的中国逻辑。这一主题的背景之一是中国全面进入小康社会、进入现代化建设时期所呈现的一些基本特征，在这样的背景下，我们的教育也要朝着现代化的方向不断发展，我们的特殊教育和融合教育也要紧跟时代的步伐。对于中国融合教育的现代化，我总结了几个基本特征：纵向贯通、横向融通、学科融合、场域融合以及文化的融合。背景之二是基于中国从义务教育普及到特殊教育普惠的发展历程，融合教育就是特殊教育普惠发展的一个缩影，结合实际情况，就是要实现每个孩子享有公平而有质量的教育。在这里，我提出几个关键的概念：第一个是教育平等，第二个是教育的优质均衡，第三个是扩优提质。在这些概念下，我们的特殊教育学校与普通学校之间就存在着一种关联，我将其称为“专业的伙伴关系”，这就决定了中国的融合教育有着自己的价值取向，这种关系的连接点就是我们对资源中心的普及建设。这就是我们融合教育优先发展的中国逻辑。

其次是课程促进融合因何可能。我们从历史背景的角度来讲，有两个非常重要的发展缘由。第一个缘由就是中国的融合教育是在特殊教育发展进程中发展的，所以，我将其称为由特殊教育嬗变而生的融合教育，其源头是 1986 年的《中华人民共和国义务教育法》中对所有适龄儿童接受义务教育的要求，由此我们开展了随班就读的探索，要求保障所有适龄儿童有学可上。随着随班就读的发展，我们的目标由保障儿童有学可上转变为保障儿童在学校学得好，这一目标的抓手就是学校中的课程，我们要通过共享普通课程，使用特殊课程，保障残疾儿童适宜融合健康发展。第二个缘由是由普通教育进化而成的融合教育这一逻辑。我们中国有两个非常重要的概念，一是有教无类。中国的有教无类可以从三个层面理解：无类而有教（不拒绝不同差异的学生，教育机会面向所有学生）；有教而无类（教育过程无差别对待所有学生，所有学生共享教育资源和学习过程；有教则无类教育结果相对公平，有差别的学生因教育而达成无差别的结果——主要是形成共同的主要价值观。二是因材施教。因材施教的前提就是承认个体差异，其内容和核心要求一致，要求对课程进行适当调整。具体的方法要因人而异，尽可能保证存在个体差异，使每个孩子都能够通过教育获得发展通道，接近融合教育的价值主张。在今天，我们如何实现有教无类和因材施教呢？这要基于我们建设教育强国的目标，在基础教育领域，我们强调教育公平和正义，实现教育公平和正义的措施之一是缩小城乡差距，而课程就是缩小城乡差距的关键着力点，通过课程来满足每个孩子差异化的需求。构建优质均衡发展的融合教育有以下几点要求：课程目标聚焦融合通过课程学习促进学生尊重差异，平等互助；课程内容贯穿融合认识和理解多样性；课程实施基于融合社会建构、伙伴协课程评价促进融合为学而评；课程资源基于融合多元共享。

最后是课程促进融合如何可能。我们课程的价值诉求可以概括为以下几点：一是权利性。充分的课程学习机会是实现学生平等学习权利的基本要求；提供充分满足多元化学习需求的课程资源是保障全体学生公平发展的基础要求；二是全体性。课程面向所有适龄学生的有效学习和发展，保障群体和个体发展的结果相对均衡；三是全面性。课程通过核心素养的培养促进每个孩子德智体美劳全面发展，最大程度地支持每个孩子潜能与优势的发展，满足有特殊需要学生的补偿教育需要；四是全程性。为终身生涯发展奠基，连续性与阶段性统九年甚至是十五年贯通学年和学期学习活动统整，一日学习活动的统筹；五是全域性。以核心素养中心的学科课程整合：以学生发展为核心的家校社共育，以融合为导向的不同利益相关者深度参与的课程协同发展；六是生成性。课程让每个孩子都在课程学习的深度互动中受益，生成尊重差异、合作共赢、贡献分享、共同成长等的品质；七是课程的丰富性与课程学习的选择性（通过丰富的课程，实现特殊学生定位的转变——特殊学生不仅仅是被帮助的对象，他们也会为所在群体带来资源、贡献力量）。为了实现课程的以上价值诉求，我们要借助通用学习设计这一策略，在通用学习设计的基础之上，我们的学生进入普通学校后会面临一系列的课程调整，我们的评价要转变为发展本位的课程评价。

最终，我们的学校要形成融合性的学校文化，体现为：全员参与（成员都参与到计划和实施新动向的过程中来，并发出自己的声音）；领导民主（领导者应该尽可能从员工团队中组织、团结所有成员，只要有能力每一位成员都有机会成为领导者）；学校稳定（富有同情尊重和友爱的校风，儿童和员工都能有不断增长的安全感和归属感，以保证幼儿园生活的稳定性）；弹性课程（反映儿童特点与需要，包含合作学习和体验活动的机会，允许有个人化的学习）；员工发展（员工发展计划反映出教师兴趣所在并建立在合作性方法的基础之上，避免普通教育和特殊教育教职员工发展计划的分离，针对多样化学生群体的教与学）；家长参与（给家长在这个团队中留出一席之地）；重视成功（学习成功应该建立在每个个体基础上，并应得到整个校园和社区层次的重视）；社会责任（教育社会不仅必须关注学生直接教育成果，而且必须与社会成员建立起信赖与信任的关系）。

以上就是我今天报告的主要内容，谢谢！

报告 2：我国普通中小学融合教育课程实践之困

主讲人：杨中枢　教授（西北师范大学）

尊敬的申教授、各位同仁：

这个话题源于我对融合教育概念的一个基本思考。因为我们现在遇到了一个问题，融合教育这个概念经常是被特教背景专业的人所使用所推崇。当我们用这样一个概念与普通教育进行沟通的时候，普通教师对这个概念十分不了解，表现之一就是现在已经非常省事，认为融合教育就等同于普通教育的随班就读。所以我今天分享的题目是我国普通中小学的问题，即我国普通中小学融合教育课程实践之困，也就是说作为普通学校融合教育该怎么去做。因为目前我们在推动融合教育的过程中，是我们的特教人，我们用我们的 IEP，用我们的所谓的资源教室，我们的通用课程设计这一套概念去进行。我相信普通学校在大部分时候是比较难的，那么我们怎样才能打入普通学校内部，让他们能接受融合教育的概念，能够接受融合教育，能激发他们关于融合教育的热情？我想我们必须明确普通学校在做这件事的真正困难在哪里，如果我们不明确普通学校之困，那么我们特教人做的工作就是自娱自乐。

除了我以上所讲的，今天我们大家都知道，我们融合教育改革已经进入“提升质量”的关键期，从政策保障到资源中心与资源教室建设，包括政策，包括研究发表的很多论文。我参加过一个会议是推动融合教育的区域论坛，这个论坛分为三个部分：第一个部分就是评估；第二个部分就是政策保障；第三个部分就是课程与教学。我当时负责的是第三个部分，结果发现这个部分的分场经验和成果是最少的最薄弱的，这说明什么呢？我有一个个人判断，融合教育什么时候进入提升质量的真正时候，有两个标志：第一，融合教育的主体不再是特教人，参加这个会议的大部分人不是特殊教育的人，而是普通教育的人；第二，我们不讨论支持，不讨论服务，甚至不讨论政策，我们更多的是静下心来讨论课程，那么做到这两点才意味着真正进入融合教育提升质量的时期，因此我认为现在正是在打破最后一关。我们在实践中推动融合教育都是通过通用课程设计来实现的。我觉得这个通用课程设计的课程调整、教学调整，它们更多的是从西方概念而来的，那么在我们的文化背景下，他山之石，如何攻玉？这是一个问题，所以我下面的切入点是通用课程设计与我们国家的课程管理、课程发展模式以及课程文化三个方面的调和问题。

首先我们分析通用课程设计与课程管理制度的契合问题。通用课程设计概念诞生于地方分权课程管理制度下的产物，在这样的背景下，学校和教师通常具有课程决定自主权，我们知道的一些地方分权的国家，课程对于学校的教师来说，要把课程和教学作为一体来对待；而在我们国家，国家管课程，学校的老师管教学，课程和教学是二元的，所以课程决策基本不在学校和教师那里，这样教学就变成了实现课程目标，所以对于老师来说可以不顾课程教育问题，在这样的管理制度下，需要重新思考通用课程设计的执行问题。那老师可能就要问为什么我们的课程不像一些西方国家一样实行地方分权，那这就和一个国家的历史文化有密切关系，并不是说地方分权就好，中央集权就不好，不是这么简单的问题。我们必须回顾我们的历史，从历史当中去看我们也必须明确一个问题，我们曾经出现一放就乱一收就死的情况，现在大家都明确地知道，国家对课程管理是收紧的，我们应该没有好好地思考应该放什么，应该收什么，因为一放就乱，我们得把它收起来；但一收起来就死，在这个过程没有认真地研究过应该放什么收什么。中央、地方、学校在课程方面，在中央集权的管理下，普教和特教的课程管理，尤其课程标准又是二元的，那么这与通用课程设计的理念是冲突的，我们的课程标准盲、聋、培智，我认为盲聋不需要单独的课程标准，培智的课程标准怎么办？是不是按照现在这样一个模式，现在争论挺大，所以说普特二元的课程体系是不是要转向普特一体的国家课程体系，我觉得这些问题我的答案不确定，我也没思考清楚，但是一个很确定的问题就是无论是中央集权还是地方分权，我们必须遵循课程教学的基本规律。在一个国家，国家课程、地方课程和学校课程之间，又有一个不变的东西，这个不变的东西就是课程管理改革的基本思路，只有考虑清楚了，我们才知道接下来采取何种模式来应对这个事情。继续实施普特二元没有问题或是实施普特一元也没有问题，但是无论选择哪一个，都要遵循课程与教学的基本逻辑和关系。

第二个是通用课程设计，分析通用课程设计的理念与我们学校课程发展模式的一个关系。我想这个时候我们强调或者提到校本课程。校本课程依然是西方的概念，以校为本。这个概念，我想到熟悉这段历史的人都知道，校本的概念是一些国家在反思学科结构运动失败以后的一个产物，因为学科结构运动的失败，也就是说，国家自上而下的课程改革没有取得预期的效果，所以参与学科结构运动的一些专家就开始反思为什么没有成功。最后他们认为成功的课程改革都必须得到老师的认可，如果老师不认可这次课程改革，那么这次课程改革注定失败。由此提出校本课程发展理念，所以校本课程是学校课程发展的一种理念，而不是一种课程类型，但在我们国家，作为老师我们非常清楚，国家课程、地方课程和校本课程曾为三种课程类型，大家现在可以搜一下，教育部对国家课程、地方课程和校本课程都是有课时要求的，我想教育部这样规定是因为基层学校没有认识到校本课程对发展国家课程或促进学校课程整体发展的作用，没有办法才出此下策。初衷不是这样的，但这样带来的客观结果，影响是什么？把这三个课程分裂看待，没有看到他们的整体性，没有把校本课程看作学校课程发展的整体策略。从实际上看，无论是普通学校还是特殊学校，只要你去深入了解，你会发现他们好多校本课程只是装装门面而已，没有真正起到推动学校课程提升作用，我想失去了这样一个过程，让我们看到我们的学校课程发展，不是赋权教师。所以说课程与教学二元分立下的融合教育课程实践，依然要回到一个最基本的问题，就是如何赋权学校来一体化地推动学校的课程与教学，接下来的课题怎么面对，因为我们总是课程是一个，教学是一个，现在我们特教学校干的一件事就是把课程与教学替代。举个例子，有一个学校就是普通学校，就是北京郊区的一所学校，他们的学校跟城区学校不能比，现任校长对学校的课程进行了一个变化，把周边做木工的、养殖的、做豆腐的工人作为外聘教师，老师不明白校长葫芦里卖的什么药，后来才明白，做豆腐不是简单地做豆腐，（包括）语文的、数学的、社会交往的、思想品德的全部精神可以进入；做豆腐的学不了就学做木工，这个学校一下子就活起来了。这一举措把学校的课程与教学做了一个整体的推动与变革。那我们特殊学校怎么做？从这个例子我们可以看到怎么把课程与教学作为一体去推动。

第三个方面，通用课程设计与我们学校课程文化。第一、二、三个都有关我们的课程管理制度，我们的课程发展模式，最终形成了我们学校的课程文化。第一个我想我们今天的课程实施还没有完全突破忠实取向的课程实施，因为在课程实施里面有三种取向，第一个就是忠实的，比它高一格局的是什么？相互适应。高水平的课程是什么？高水平的课程是创生性课程，就是我要把国家课程消化以后，以自己独特的形式再展现出来。另外一个我们的课程实施的价值导向依然是普通学校的课程价值，依然是以升学为目的的这样一个教育逻辑。我一直认为我们一直在进行技术的改进、教学方法的改进，但是我们忘了教育逻辑的改变，就是当我们以追求升学为目的的教育逻辑不发生根本的转向的时候，我们下面所做的一些技术性的探索可能都还是之前的逻辑，我们的技术可能依然服务的是以前的目标，因此普通学校这样一个基本的教育逻辑是值得反思的。对于这个学校来讲，对于普通学校来说，如何彻底唤醒教学的专业教师的专业自主，支持其在教学中释放智慧就是我们的问题。我想熟悉我们中国随班就读历史的人都知道，20 世纪 80 年代在江苏的一些学校就进行了随班就读的好多尝试，比如说走班，都在学校里尝试，那个时候学校为什么这么积极和主动？这与 20 世纪 80 年代中期中共中央关于教育体制改革决定有密切的关系，那个时候在寻求教育权力的下放，给学校更多的专业自主和权利。所以我就说学校和教师有极大的智慧和创造，你给他一点阳光他就灿烂。那么今天普通学校面临的这些问题，我们不怪老师怪谁？我们可能给他提供的支持和服务太少。

最后是三个方面。我们作为特教人，在推动融合教育的过程中，我觉得用这三个方面去考虑融合教育。我们一定要从理念上寻求融合教育与素质教育的共同点，因为我想素质教育恰好讲的是什么？全体性、差异性、发展性、全面性。我想“四性”和萨拉曼卡宣言的基本精神如出一辙，他们完全一致。而且我们今天的素质教育，它肩负着落实我们国家全面发展教育方针的一个任务。作为普通学校来讲，全面发展不仅意味着学生自身的发展，而且意味着学校课程建设的一个基本原则，就是刚才申教授所讲的，我们学校的课程一定是一个自助餐式的课程，让我们的学生总有一款是适合他的，对照一下我们今天的普通学校能否做到这一点，如果还做不到这一点，我们的融合教育可能就有问题。在我看来，普通学生 80%以上的手段和方法都可以解决融合教育的问题。因此在理念上发生了这样一个转变以后，体系上我们不能把融合教育简单理解为随班就读，融合教育包括随班就读、特殊教育学校以及其他形式来共同构建，所以融合教育中普通教育、特殊教育学校各有各自的职责。最后从操作层面我想面向全体学生是最为关键的，也就是我刚才所讲的全面贯彻和落实我们国家的教育方针，在讲到这一点上我不妨多讲一句，就是现在学校带头执行全面发展的教育方针还存在一些实践性的问题，这是我们教育实践中的一个大问题。那么普通学校什么时候真正把全面发展的教育方针真正落实到位了，我们的融合教育的一大半问题已经解决了。所以融合教育课程变革的价值，我觉得也应该是第一个一定是以整体提升学校个人品质为价值选择，而不是面向一个部分的特殊教育的孩子，几个残疾学生。第二个就是因为课程整体的品质提升了，受益的肯定是全体学生，而不是这几个特殊儿童。因为时间关系我大部分都没有展开讲，谢谢各位！

报告3：孤独症儿童智能化教学干预

主讲人：陈靓影　教授（华中师范大学）

今天的讲座主要分为以下三个部分。首先，我介绍一下孤独症的一些相关知识。然后，接着介绍一下我们的工作，也就是围绕孤独症孩子进行的一些智能化评估和干预。最后，介绍一下我们工作的一些推广应用情况。

首先，关于孤独症的一些相关知识。孤独症孩子的主要核心障碍是社交障碍，主要表现为重复的行为和狭隘的兴趣。由于时间关系，我不展开详细说明。现在，最新公布的发病率是美国疾控中心最新公布的1/36，并且发病率还在不断增长。在我国，孤独症保守估计人数已超过1 000万。孤独症孩子因为有社会交流障碍，行为模式刻板，情绪兴趣狭隘，所以在社会上很容易被误解，这实际上给孩子自己和整个家庭带来了很大的心理压力。另外，孤独症孩子的干预费用很高，这也给家庭带来了很大的经济压力。在这种双重压力下，对于孩子的家庭来说都很困难，这是一个非常严重的社会问题，期待我们大家去解决。目前，孤独症的发病原因还没有研究清楚，全世界都在进行孤独症发病原因的研究。《科学》杂志在2005年和2021年两次将孤独症列为全球125大难题之一，可见研究对孤独症的关注度很高。因此，联合国把每年的4月2日定为世界孤独症日。以下是一些数据，大家可以参考一下：在全世界范围内，对孤独症的干预，每个家庭每月的花费实际上都很高。国内的报道情况显示，不少家庭的额外费用，即干预费用都在5 000～8 000元之间，这对家庭的经济压力很大。国家虽然对孤独症的教育还在不断关注，政策也在支持，但目前来说，我国有超过200万的孤独症孩子，但能够服务的孩子还不到50万，所以还有非常大的市场缺口，很多孩子在适龄阶段还是接触不到合适的干预，这样就容易导致他们的终身残障，因为孤独症是早发现早干预效果最好的。

孤独症早期识别有几个比较简单的方法，给大家介绍一个五个原则：

第一，孤独症的孩子早期时不看或少看，很少与人对视，这是最大的一个特点，它的共同注意等于是缺失的；第二，不应名，比如很小的时候，家长叫他的名字时，他是不回应的，这也是一个很典型的特征；第三，不指或少指，他很少有合适的肢体动作去引起别人的注意，比如你看到一个球，像这样引起注意的行为他是很少用的；第四，不语或少语，很多孩子出现了语言迟缓，有些孩子他会说话，但他不愿意沟通；第五，不当的行为，就是他的感知觉有异常。再一个就是说，他们有时候很想表达对小朋友之间的一个友好，特别是在幼儿园的时候，他可能想走过去跟别人打招呼，但他的行为不当，比如他可能会去打别人一下，他内心并不是想欺负你，他实际上是想表示友好，所以他们有些这种不恰当的行为。这是比较简单的五个原则，大家可以用来早期发现有孤独症倾向的孩子。然后，这边还有儿童心理行为发育的预警量表，比如在 3 个月时对很大的声音没有反应，或者不追随移动的人或物品，像这种情况给我们带来预警。比如在 12 个月时，叫他名字没有反应，不会模仿说再见、欢迎等，所以这边都有量表，大家可以早期使用。因为自闭症刚才提到没有有效的药物可以治愈，所以我们目前能做的最有效的办法是尽早发现，然后尽早进行教育干预。教育干预方法基本上分为三大类：教导式、发展式和自然式。教导式主要强调规定性和指令性，以技能为基础；发展式比较灵活，以学习活动为基础；自然式介于两者之间，在自然情境下以行为分析为主，尊重孩子的发展规律。这三类教育干预的策略也按三大类来分。比如教导式的教学策略主要是基于行为理论，强调重复训练，所以大家提到的在康复中心有很多 ABA 训练，但这是成人导向的，是被动的沟通，比如在一个固定环境里，同一个房间里的效果比较好，但泛化能力比较弱。发展式主要是基于功能性的，以儿童为导向，这是我们研究得不是特别多的，它主要依赖于干预的材料。自然式是在自然情境下采用类似于 ABA 方法，但强调的是自然情境下的，这种方法目前在康复中心比较多，最典型的是 PRT 方法。教育干预的策略今天就不展开讲了。

刚才提到了干预的一些策略，那么我们干预的流程是怎样的呢？我们经过一个综合性的评估后，然后根据每个孩子的个性化需求，进行训练计划的设计，跟踪干预流程，然后进行随访。主要设计的干预还是它的核心障碍，主要是沟通、社交和问题行为这三大核心领域，当然也包括一些其他的，比如动作能力，即粗大动作和精细动作，还有独立性，比如他自己生活能力，还有认知等其他方面的发展领域。

接下来，主要介绍一下我们团队在这方面的努力，即我们如何将人工智能技术与工作相结合，进行一些智能化的评估和干预。目前孤独症教育干预面临的两大痛点问题：第一个痛点是评估诊断的效率不高，因为目前主要的诊断还是依赖于专家的经验，有丰富经验的专家毕竟还是比较缺乏的，而且评估的过程费时、耗力，很难实现规模化应用。所以，我们提出了以信息化量表与游戏相结合的形式，再采用多模态数据的分析技术，对孩子进行量化评估，获得客观结果，同时线上线下相结合，比较容易实现规模化应用。第二个痛点是教育干预资源不足，因为目前比较优质的数字化教学资源对孤独症来说比较缺乏，专业的师资也比较少，干预效果也不是特别好，还有提升空间。所以，我们提出以人工智能技术开展自适应的教学干预，实现资源推荐、学习路径的动态规划，干预过程是一个动态调整的过程。因为孤独症孩子的个体差异性很大，所以根据不同的孩子进行不同的干预，效果会有明显提升。目前已经有很多研究证明，通过人工智能技术对孤独症的教育干预是有效的。因为孤独症的孩子不善于与人交往，但他们更容易接受电子设备。这里可能会有人提出疑问，孩子容易接受电子设备，是不是就更容易沉迷网络游戏，从而更不容易与人交往呢？其实不是这样的，我们是借助电子设备让孩子学习与人类沟通的技能，然后再将这些技能泛化到现实生活中去，我们把它作为一个桥梁。孤独症孩子的个体差异性非常大，我们可以通过计算机技术来进行个性化方案的定制和个性化训练。计算机的优势是可以提供一个可控的、可重复训练的、可预测的环境，更便于孤独症孩子进行训练。而且计算机还可以通过多媒体技术呈现各种各样的社会场景，更便于孩子在这些社会场景中进行训练。它还可以完整记录孩子的整个学习过程，便于后期分析。因此，我们可以充分利用计算机的这些优势。研究也表明，仿真游戏更利于孩子在游戏环境中学习技能，然后在生活中得到应用。所以，我们的这项研究是一个跨学科的研究，涉及教育学、心理学、认知科学和计算机科学。整个研究过程也是一个设计、评估、实现、再评估的反复迭代过程。因为我们开发的所有系统都是放在康复中心里让孩子去训练，孩子使用后，再反馈回来，不断地完善。整个过程包含三个部分：学生目标、活动设计、学习环境创建和学习效果评估。然后，我们主要解决的问题是个性表达。因为孩子个体差异性非常大，所以我们现在提出的是儿童认知心理状态的准确刻画技术，然后是资源构建，因为现在数字化资源缺乏，所以这里提出人机交互学习环境下资源的系统性构建技术。最重要的是过程干预，即儿童个性化自适应的学习干预技术。评估是从外显行为和内隐状态双维度进行评估。基于这样的技术创新，我们研发了一系列系统和产品，并在全国范围内应用。

这是第一部分，在状态刻画方面，我们通过多模态信息融合，采用表情识别、注意力识别、手势触摸以及脑电信号分析等技术，综合分析孩子的状态，从愉悦度、认知度、唤醒度等方面刻画他的认知心理状态。然后是人机交互学习活动的创建，根据我们测量到的孩子的状态，产生儿童与虚拟人物之间基于游戏的互动，这里面技术比如阿凡达互动技术，瞳孔映射等技术。比如自适应干预，我们得到孩子的评估结果后，以他的认知心理状态为驱动，动态调整学习路径。孩子在学习过程中状态不一样，我们会调整他的学习计划。然后最后一个评估，我们通过外显行为和内隐状态两个维度对他进行评估，更加客观。然后，这是与我们一个项目进行对比的情况，发现孩子的学习兴趣显著提升，学习活动反应识别准确率也得到了提升。这是一个案例。我们在这样一个场景下，通过各种各样的传感器获取孩子的社会信号，然后孩子在这样的场景中也通过手指触摸来表达他的一些兴趣。

这是我们的系统框架图，包含五个模块：视觉信号处理，比如通过表情识别和注意力跟踪来了解孩子的状态，情绪状态和注意力状态；语音识别状态，孩子可以通过语音来表达他的兴趣；多模态融合，就是前面说的，把语音、表情、视线跟踪等融合在一起，获得孩子当前的学习状态，然后把这个孩子当前学习状态反馈给智能控制台，控制台根据孩子的学习状态产生孩子与虚拟场景之间的互动。所以，每个孩子的学习情况并不是全部事先定好的，而是可以根据孩子当下的情况实时调整的，就是我们有实时的注意力检测，如果发现孩子目前根本都的时候，我们会在吸引孩子的注意力，把它吸引到当下学习活动中来，然后再继续进行，所以这边提到孩子一直适应的一个过程。三维场景创建就是我们通过三维重建技术，还有语音合成技术来做仿真的一个训练场景。根据这一个系统框图，就是我们的一个设计所有学习活动的一个基础。我们是基于一个正常儿童和孤独症儿童发展领域的信息理论基础，这个领域实际上有很多的理论，但是我们这里选择了四项理论，因为单一理论可能只能解释孩子的某一方面的问题，所以我这边选择了一个是心理理论，还有执行理论、相互主观性以及中央整合功能理论。心理理论就是说通过对孩子对他人的一个观测，能够表现、能够预测到他接下来的行为，因为公认孩子心理理论缺失，所以他经常看不懂人家的心思。执行功能就是说他控制自己的行为，有的时候在公共场合大哭闹，就是无法控制自己的一些行为，有时候是他的执行功能障碍。中央统合功能，就是说注意细节，就忽略了全局观，这也就是他真的中央统合功能缺失导致的，所以我们基于这些理论来构建实习活动。

这是我们开发的一个平台的版本，可以登录进去，然后看这边是我们学习活动的几大模块，主要分为这样 6 大模块。这个是一些截屏，游戏的截屏，这个是认知理解，比如说教孩子跟着红绿灯过马路，这都是每次教的游戏，还有一些排列数字的排序，还有认水果之类的，然后这个是通过颜色形状锻炼他的视觉运用的能力。社交技巧训练，比如共同注意能力的训练，通过动画人物来给他提示手势，通过手势、眼神来提示他如何去完成任务。如果孩子最主要的共同注意能力缺失，他就不愿意交流。还有这种表情训练、精细动作训练等。精细动作训练，我们要两个手指捏着小蚂蚁才能够让小蚂蚁不要吃到蛋糕，还有一些专门的拖动的，这些都是精细动作的一个训练。分类概念的训练、记忆强化的训练。这里是可以播放的，都是视频。我们每个模块里面是有这样几十个这样子的模块。

还有合作的形式，就是两个小朋友会同时在屏幕里面操作；还有竞争的，有些小朋友可以一起玩竞争，也是在我们这个系统上。这边我们还通过阿凡达的技术做了儿童的一个干预。因为这些孩子镜像神经元受损，他在学习的过程中他是很难把自己代入里面去的，所以我们这边就采用一个技术，相当于我们只需要拿到孩子的一张二维图片，做三维重建，把它放在我们的干预系统输入。生成一张儿童自己的二维图片，我们可以把它放在一个真实的场景里面，做一个阿凡达，就是自己的数字人，所以这样他就更有代入感，就觉得这个是“我自己在里面、我应该怎么做”。然后他这样看了以后，学习效果会更好。这是我们做的一个示例，他们只是拿到我的一张二维的图片，就可以做一个数字人的这样子的一个视频，就内容语音也都只是录了我一段平时的语言，然后再说任何的话都是可以合成出来我的声音。如果这样子做的话就很多，只要是孩子的二维照片和声音打造，就可以做到很多这样子的 demo。孩子学习起来就会很快，因为他自己的代入感就更强，自己知道在这样的场景下我应该去表现怎样表现，他的模仿能力就会提高。

我们同时也自己开发了一个注意力的训练系统，这边就是我们通过眼动仪去捕获孩子的视线，然后这个孩子只要是看这个时候的方格的训练，只要是去看不同的数字的话，我就完成注意力的一个训练。整个系统是这样的，现在已经开发出相关产品了。那边是一个注意力的训练，时间关系我就不播放了，同时我们也开发了儿童的评估系统，就是我们的量表和游戏相结合，同时我们用到脑电信号，通过多模态的方式对孩子能力进行一个评估。我们评估的整个过程是严格遵守了国家颁布的孤独症儿童筛查干预服务规范的，就是严格按照流程来做一些评估，然后这个是我们评估的一个界面。这边是所有量表，在这边的话还有游戏评估，最后我们就给出了游戏，还有量表评估，可以给出一个综合性的特别是给出一个综合性的结论。得出综合性结论以后，我们根据他自己的评估的结果，我们可以做个性化的一个方案定制。这个是通过脑电信号来做的，孤独症孩子的一个早期筛查，通过分析来发现孤独症孩子。孤独症孩子他伴随癫痫的时候会有一些病灶。以上是我们所做的一些工作。这是教学白板的工作，就是老师可以提前做教案，然后上课的时候直接到教学白板，这样上课就比较方便。我们一些产品，包括纸质书，画画的书和电子版的游戏，还有这个代码结合在一起的。然后这里也是一些我们做的孩子学习的课程，然后这边我们就像传统纸质版的书和电子版的这种 App 结合在一起，所以就说有些是孩子家长可以自己操作的，只要下载这个 App 就可以了。

最后是推广应用。我们在三甲医院康复机构，还有康复中心都得到广泛应用的。这是我们自己的康复机构的应用。孩子可以在身边，任何场景他都可以互动，这也是场景互动的一个情况。这个是在康复机构用的情况，就是孩子在康复机构用。这是我们在同济医院，就是光谷同济医院里做测评，然后这个是我们在整个疫情期间，在湖北省的 74 所康复机构也得到应用，这也就是我们应用的一些情况。我们也发表了一些论文，专利有 20 多项，就是所有的知识产权都是我们自己研发的，然后就获得一些奖励，比如获得湖北省科技进步一等奖。谢谢大家！

报告 4：基于反思的学前融合教育质量提升研究

主讲人：朱宗顺　教授（浙江师范大学）

我们今天的专题是融合教育课程和教学的理论前沿，但我这可能还算不上理论前沿，我是做的一个小小的研究项目，跟大家简单分享。

首先，反思实践是教师融合教育实践的关键路径。我为什么选择把反思作为融合教育，特别是学前融合教育质量提升的路径呢？因为我们在座的可能研究义务教育阶段多一点，而我的学院是以学前教育为中心，所以我更多关注的是学前阶段。那么在学前阶段我们做幼儿园的早期融合教育的时候，往往面临很多困难，归根结底还是缺乏人手，例如保育、教育老师少等。早上我与申教授讨论说，这是我们的一个结构性的问题。这个问题不解决，我认为刚才所讲的许多招式都是空谈。我就在思考怎么样让大家少投入又能干实事，而我想出的办法就是反思，也就是 reflection。反思性的实践已经证明是所有专业人员专业发展的一个很重要的渠道。反思有两种形式的反思，一种是边做边反思。例如做菜过程中炒了两勺子，挑一点尝一尝咸不咸，这就是一边行动一边反思。教师最好是一边行动一边反思。另一种是做完后反思，例如炒完菜后尝一尝菜怎么样，这就是对我的行动的后面的一种反思。这种反思我们现在教师其实都在做，例如幼儿园老师要写很多的反思报告和日记。

同时，反思实践化解教师实施学前融合教育担忧。我们利用一种工具调查了杭州的一些相关学校。结果显示教师的总体担忧很高。其中教师对资源的担忧相对较低，对活动的担忧最大。保教活动如果放在中小学，就是我们的课堂教学，而在幼儿园是教育的问题。那么这个难点如何化解，孩子家长能不能接受？我以前本科同学的女儿在上小学的时候，旁边有两个特殊学生。他问我这个学期女儿学习成绩下降了，应该怎么办。我说你不用担心，一次考试不能说明孩子成绩差。担忧就是在这里因为一些原因造成的。所以从这个角度来讲，教师担忧如何解决呢？我想我们所有的教师应在边做边干的过程中来完成。这可能是最简单的方法，所以如何以更少的投入来实施，那就是想一想便能完成的办法，即反思可能是成本最低的。

那么如何实施反思呢？其中有两个工具可以用以反思：一个是欧盟的学前融合教育自我反思工具；另一个就是 Inclusive Classroom Profile，它其实也具有反思性的部分。我发现，欧盟和美国其实也把反思作为教师提高融合教育的一条路径。其实我们很多教师都去过国外，但是国外的融合教育也并不是每个教师既能做医学又能做教育，还能做其他的。融合教育都是由专门的团队和许多资源来配合实施。所以我们怎么办呢？我想还是使用我所说的成本最低办法，那就是反思。

简单地给大家介绍一下欧盟的学前融合教育自我反思工具。它具有 8 个维度。其中，第一个维度就是包容接纳的整体氛围，比如我们幼儿园班级的主班老师需要反思一下班级里有没有欢迎的氛围。在上述因为两个特殊孩子导致学习不好的例子中，家长可能就对班上的这种氛围具有消极的感受。如何创造出一种让大家都受到欢迎的氛围？如果能够做到真正反思，那么我们每个人都会用自己的办法让班上学生都受到欢迎。第二个维度需要反思班级的社交环境，班级里面是否有一个社会性的环境使班上的同伴互相接纳，这很关键。当然这个工具本身是一个适合行动研究的工具，具有 8 个维度，每一维度都可用以反思。当反思完成，比如提出 10 项改革措施，那么可以确定先做哪一项或者确定能做哪一项。

我现在在做一个小项目，在杭州有一个阿里巴巴的幼儿园。阿里巴巴的员工都是理工出身，教育孩子的措施其实都很简单，就是按照工科的方式，而且教养方式很不合理。虽然我没有做测评，但我感觉家庭教养方式导致了特殊孩子的产生。当然少量的是有一些遗传、身体状况的原因。所以在我和我的研究生团队过去做项目的时候，他们希望基于他们的幼教集团开发一份基于反思的提升融合班级质量的手册。

在实验过程中，我们最终选择了 6 个班级，每个班都包含一个有特殊需要的孩子。其中有 4 个孩子是经过鉴定的，也有几个孩子并未做过鉴定，但是以常态的、习惯性的眼光看待肯定是特殊的。例如其中一个孩子在其他学生做保健活动或做游戏时，他独自坐在软垫上。当教师走过去，他又跑到另外一个角落上，拒绝回应。教师与家长沟通，家长回复只要训斥孩子他就可以听话，甚至他的奶奶说他长大了就会变好。这种认识是幼儿教育阶段普遍存在的一种认识。因此经过与幼儿园的讨论，与教师的交流，我们邀请教师实施反思并采取措施。其中第一个阶段就是与每一位家长沟通交流，解决家庭内部问题。

另一个案例则是家长积极参与干预，但经过寒假，学生离座、不参与活动的问题行为再次出现。基于此可以进行反思，其中在反思第七个维度时需要反思几个问题。第一，是否所有幼儿都能参与常规学习活动。结果显然不是。第二，是否对所有幼儿都有高期待。教师希望对幼儿具有高期待但成果总是事与愿违。第三，如何肯定幼儿的成绩和努力。其他幼儿完成任务时，教师可以表扬，但对这一幼儿进行表扬可能效果低，且其无法理解表扬。第四，如何在学习中利用多样性以及个人特长和资源来支持活动。教师反映时间有限，无法单独利用其优势来实施活动。第五，如何观察和评估幼儿。教师反映主要通过观察互动去确定幼儿参与。学前融合教育质量的核心就是参与。

所以我们的行动研究最终采取老办法，即积极行为支持方式。我们采取了三个循环。第一个循环是逐步引导，调整课程形式。比如一开始在座位上坐不住 3 分钟，那么就先坐两分钟，逐步减少离座行为。因为幼儿园的课程以游戏式为主，我们加入了一些音频实物的方式。比如幼儿园在故事绘本讲读时利用传统的绘本，或者像陈老师说的多模态活动内容，对幼儿是有吸引力的。同时调整座位。例如把沙发搬到让孩子能够看得见的地方，或者在凳子下面加一个垫子使凳子摇不响。这些是老师们想出来的一些方法，也很便宜。幼儿喜欢单独在旁边玩，也允许他玩。因为学习方式多样化，他在旁边坐着不影响别人，这可能也是安静的一种学习方式，在教室也是他的一种参与方式，只是参与方式的表现度不一样。环境初步调整后就是个体的支持，我们采用了一些传统的强化物，例如在幼儿表现良好时用视觉提示、建立强化物来进行鼓励。利用这一做法拉近了师生关系，使他参与活动，而且其他的小朋友减少了对他的排斥感。这确实是一个很好的方法。所以也要求幼儿园与家庭保持支持一致。这一轮做法的初步结果显示效果良好，总次数和次数都有所降低。

第二个循环是教师提供适宜性的支持。因为保教活动也需要材料和相关内容的呈现，所以在材料呈现方式上，我们根据幼儿能够参与的游戏、建构等相关活动提供相应的支撑材料和辅助工具。例如在白纸上绘画时，我们把白纸的线条绘上颜色或加粗来帮助他裁剪和绘画，使他能够参与。同时我们还加入教师肢体语言、同伴支架等辅助。通过这一轮支持，效果比第一个阶段更好，进一步增加了幼儿参与度，减少了离座次数和离座时间。第三个循环是我们希望他参与课堂，在游戏中与其他幼儿主动互动。这一工作有难度，目前仍在进行中。

在行动研究实施过程中，我和团队的感悟在于以下三点。第一是需要激发教师反思意识。如果教师不愿意反思，那么就会很麻烦。第二是八个指标中友好的家园合作关系的建构。第三是课程和教学，在游戏保教活动中如何调整以适合有特殊需要的幼儿。行动研究做下来我感觉到，就像我们很多特殊孩子的家长一样，他不是专家，但自己想办法也能解决问题。

总而言之，希望我们能够携手促进融合教育的发展，我的报告就到这里，谢谢大家！

交流与研讨

点评人：顾定倩　教授（北京师范大学）

我们今天的研讨会议是以课程和质量作为两个关键词的。其中前两位教授，也就是申教授和杨教授更多的是从哲学思考出发给我们提出了问题：课程如何促进融合发展，中小学的融合教育如何突破难点，现存困惑是什么，这实际上是从哲学层面提出的问题。而后两位教授，也就是陈教授和朱教授更多的是从实践角度出发展示研究的进展。一个是从应然讲述，另一个是从实然讲述。

今天的研讨从学段角度讲，义务教育阶段和学前教育阶段；从类型角度讲，它有针对普通学生的教育情况，也有关于特殊学生的教育实践；从经济角度讲，陈教授使用最先进的数字技术、人工智能，朱教授基于教师反思进行实践。大家是从不同的角度切入，也讨论了很多发人深省的问题。

杨教授谈及融合教育的发展，不仅是使融合进去的特殊儿童能够发展、能够提高，也需要考虑到普通儿童，是全部的儿童都能够在融合教育中得到发展，得到提高，这才是融合教育长久的理想状态和价值所在。朱教授从研究者的角度来讲如何提出策略。从研究者成为教师的策略提供者，帮助教师成为改进教学活动的行动者，从反思角度切入为我们提供了很多启示。申教授讨论了课程问题。我觉得融合教育的质量最终是要落实在课堂，落实在课程上。课程发展好了，那么我们研讨会的主题：融合教育高质量发展才能够实现。陈教授谈及孤独症儿童在美国有 1/36 的发生率，中国可能还没到这个程度，这可能是因为测量工具或者评判标准不一样，但是它的确反映了孤独症儿童数量的增多。目前中央关心、家长关切、社会关注孤独症儿童的教育问题。我也想问陈教授一个问题，我们现在做的评估，不管是孤独症儿童还是其他儿童，这个标签是由医务工作者去确定，还是教师评估以后给他贴的这个标签呢？（陈教授：医院，我们只是筛查，然后建议家长再去做专业评估。）

明白了。我们目前在场的可能更多的是特殊教育领域的研究者、工作者、老师们包括我们的研究生同学们。那么我们如何通过融合教育去撬动所有的老师，不管是普通老师还是特教老师，从“让你做”变成“我想做，我要做”，这可能是我们今后在研究和工作中需要深刻思考的一个问题。

报告5：孤独症与教育：学校体系下的孤独症学生融合教育实践

主讲人：Jacqueline Roberts 教授（澳大利亚格里菲斯大学）

很高兴来到这里，我想表达我对这一切的感激之情。作为这所美丽大学的访客，每个人都向我们表示热烈的欢迎。到目前为止，来到这里使我非常开心，我期待着接下来的时间。

是的，正如 Boyer 博士所提到的，我来自昆士兰和澳大利亚格里菲斯大学自闭症卓越中心。我们在 2011 年成立了 US 中心，我们为一系列专业人士、教师、联合健康、大学生、一些家长以及一些正在研究自闭症的学者提供自闭症研究项目。我们自己也做自闭症研究，因为我们在教育和专业研究学院上课，所以我们的很多研究都与学校中的自闭症有关。

在我们继续之前，我想先感谢一下 Tim Sharp，这位自闭症艺术家画了这幅画。你可以在屏幕上看到，那是他的超级英雄，激光喙人。他为我们的中心画了这幅画，为我们大学毕业的激光喙人中心的开幕画了这幅画。蒂姆的艺术作品取得了很大的成功，现在能够依靠他的绘画谋生。

而且，在我们开始之前，我只会提到语言的使用。在自闭症的情况下，我们历史上一直使用人的第一语言，这意味着我们把人放在第一位，把病情放在第二位。所以你谈论的是一个患有自闭症的人，而不是一个自闭症患者。然而，自闭症社区认为，自闭症患者自己表达了对身份第一语言的偏好，所以他们说他们更喜欢被称为自闭症患者，这是他们身份的一个非常重要的部分。所以大多数时候我会使用身份第一语言，有时我仍然会先使用人。这只是一个快速的、偏好的问题。

刚才我们有一个来自陈教授的有趣演讲，谢谢你。她概述了一些关于自闭症的关键事实，对此我非常感激，因为我不需要再向大家解释，只需要一个非常快速的概述。我们知道这是一种发育障碍，这是儿童天生的问题。我们知道这是一个光谱条件，它是非常可变的。一个患有自闭症的人通常与其他人完全不同。自闭症没有生物学标记，尽管我们知道自闭症经常在家族中遗传，基因与该病症有关，但具体的基因尚未被鉴定，也不太可能被鉴定出来。我认为这更多是一个可能涉及基因簇的问题，这些基因与环境之间的相互作用可能会在一些儿童中引发自闭症。正如我所提到的，这可能是非常可变的。所以自闭症是根据观察到的行为来诊断的。这真的很重要，我认为这是迄今为止通过演讲得出的结论之一，我们看到世界各地自闭症儿童被识别的人数在增加，这通常与诊断标准的变化有关。我们会在讨论过程中多谈一点。我这样做的原因是，正如陈教授所指出的那样，作为教育工作者，了解自闭症对我们来说非常重要，以便能够提供更有效的支持。

所以自闭症的核心特征必须存在，这是根据美国心理学会的诊断和统计手册 DSM5 得出的结论，这也是自闭症最常用的诊断分类。我认为，在国际上，例如在 US 和 UK，要诊断自闭症，人们必须在三组特征中具有核心特征。那就是社交交流集群、重复行为和受限兴趣集群。正如我所提到的，这在孩子生命的早期就显而易见。

要被诊断为自闭症，还需要观察一个孩子在社交情感方面的缺陷，在社会交流集群中，缺陷和非语言交流或交流行为以及发展和维护关系的缺陷，就是社会集群障碍，自闭症孩子必须在这三个方面都有特征。

至于重复行为和受限兴趣，这也是诊断的一部分，孩子需要具备以下两个方面：刻板或重复的运动动作，使用物体或言语。例如，坚持相同，不灵活地遵守常规或仪式化模式，非语言行为以及高度受限的兴趣，这些都是异常行为。在 DSM5 中添加的第四个特征，在以前的版本中没有，是对感官或环境因素的低或高敏感性和反应性。所以那些有非常高或低敏感度的孩子，可能对声音非常敏感，或者只对某些频率的声音非常敏感，或者它可能对疼痛明显不敏感。

我们目前看到的一件事是更加强调自闭症患者的优势和能力。我刚才给你们描述的这些特征，是医学模型中关于缺陷的一部分。我认为我们现在正在看到一个重大的转变，以一种更中立的方式看待自闭症的特征，不一定是缺陷，有时也是优势，并且还要看看孩子的特别优势。我认为潘基文很好地总结了这一点，他是 2015 年的联合国秘书长。他指出自闭症患者有巨大的潜力，大多数人拥有卓越的视觉、艺术或学术技能。多亏了辅助技术的使用，非语言自闭症患者可以交流和分享他们隐藏的能力。他认为，认识到自闭症谱系障碍患者的才能，而不是关注他们的弱点，对于创造一个真正包容的社会至关重要，这正是我们今天所追求的。

自闭症儿童随着时间的推移接受教育的方式是有用的，我认为我们可以从历史中学到很多。所以在 1940 年代自闭症被 Alia Kenna 和 Hans Isberger 发现之前，巧合的是，奥地利人 Hannah 在美国工作，而 Asberger 则在奥地利独立工作。那是在第二次世界大战时期。因此，阿斯伯格的工作基本上是未知的，而卡纳斯可以更好地知道，首先描述患有自闭症的儿童，然后用相同的术语来描述他们。当时，自闭症被认为是一种儿童精神分裂症，一种医学精神疾病。当时自闭症的治疗方法是精神分析，但精神分析基本上涉及大量的谈话，你可以想象，这对大多数自闭症儿童来说并不是非常有用，他们中的很多孩子并不能真正理解语言。因此，治疗并不是非常有效。所以，孩子们通常被送进机构。对于自闭症儿童长大后会发生什么，人们并没有太多的思考，因为他们当然会长大，成为自闭症成年人。

另一个需要注意的重要事情是，从 20 世纪 40 年代到 50 年代和 60 年代，基本上儿童、自闭症儿童和其他残疾儿童被认为是不可避免的人们甚至没有考虑这些孩子应该上学，因为自闭症孩子被认为是无法接受教育的。在 20 世纪 60 年代，我们看到了自闭症儿童可以通过行为学家的训练进行学习的想法，例如斯金纳的研究，被应用于自闭症。随着行为理论被应用于自闭症，人们明白了原来自闭症儿童也可以学习。所以在那个时候，世界各地的父母聚集在一起，组成团体，在已经建立的自闭症协会中建立学校。然后在 20 世纪 80 年代，我们看到了一场承认残疾人人权的运动。从某种意义上说，这是一个重要的步骤，我们发展了这样一个想法，即所有的孩子都有权一起接受教育，在学校里长大，关于包容和将儿童纳入主流教育的想法浮出水面。当然，这一点的实施情况各不相同。我们今天仍然看到儿童被纳入的方式有很大的变化，这显然是我们今天会议的主题。

在现实中，我们看到了神经多样性概念的发展。这就是人们的想法，有些人有不同的想法，他们在认知过程中与其他人不同。所以我们有神经典型的人，被认为是典型的人，然后是神经处理和神经多样性，这确实包括自闭症，但也包括一些学习障碍，如阅读障碍、ADHD。我们也看到了这个想法的发展，即这是一种不同的思考和生活方式。这不一定是赤字，而是不同的，我们需要认识到它。所以我们今天在会议上讨论的所有关于残疾社会模式的事情都得到了应用。而且，正如我所说，人们有权利一起接受教育的想法，在理论上很好，但不一定容易实施。我们之前确实提到了在美国被识别出的相当惊人数量的自闭症儿童，这在澳大利亚肯定也一直在发生。我们已经看到自闭症儿童被识别的数量大幅增加，成年人被识别为自闭症的数量也在增加，通常在三四十岁时自我认定为患有自闭症。尤其是女性，严格来说是女性。我们今天没有时间继续讨论，但这是自闭症研究中非常有趣的一个方面。而我们在澳大利亚所面临的情况是，一到四名学生被认为需要一些残疾支持，这种情况通常会引起关注。而在这些学生中，90％在主流学校注册。因此，在主流学校支持残疾学生是理所当然的，教师可以期望每年在他们的课堂上有一个或多个残疾学生，可能还有一个或多个自闭症学生。

现在在澳大利亚有国家残疾保险计划，儿童和年轻人是该计划中最大的群体，也是最大的单一群体。尽管我们估计学校中有4％的7岁至14岁自闭症学生，而ADHD只有10％，但自闭症学生大概需要更高的支持。

我找不到太多关于中国的信息，但我认为在自闭症儿童认同方面，这里的数字要低得多。但这可能正在改变，这可能取决于你所在国家的哪个地区。而在美国，平均而言，大约两年前是2.3％，但各州的差异很大。

现在，我们在澳大利亚的学校中看到了什么样的支持？我认为从和这里的人交谈来看，情况非常相似。我们现在看到澳大利亚特殊学校的调整，我们有政府和非政府特殊学校，也有一些独立的自闭症专业学校。再次强调，这在澳大利亚不同的州有所不同。自闭症儿童在主流教室，或者在主流学校的支持单元，或者在主流学校的专业班级，所以我们在主流系统中得到了不同程度的支持。老实说，那些在主流学校的支持单位里的孩子，实际上是在特殊学校里，因为这些学校通常与主流学校完全不同。尽管它们位于同一地点，但它们相当独立。

我发现的另一个有趣的事情是，在美国，大多数高中生，确实就读于普通或主流学校。然而，他们只有三分之一的课程实际上是在主流课堂上。他们需要参加一对一或者小组的工作，从而退出主流课程。因此，当他们在主流学校注册时，他们大部分的教育都发生在主流课堂之外。这种向主流的转变已经发生几十年了。我之前提到过自闭症的诊断标准发生了变化。在20世纪70年代，自闭症首次出现，定义相当狭窄。那时，我开始在这个领域工作。我们合作的大多数孩子，也会患有自闭症和智力障碍。一般来说，对于DSM4，我们看到了Aspergas综合征的增加，这可能是大家熟悉的术语，这是为了识别并为认知能力强的自闭症儿童提供服务，有时我们把他们称为高功能儿童，这些孩子没有与自闭症相关的智力障碍。因此，在90年代中期，一旦DSM4出现，我们就看到自闭症儿童的数量大幅增长，因为诊断标准更加宽泛了。在DSM5中，我们原则上看到了很多相同的东西，即孩子们被描述的方式，除了我之前提到的，添加了低敏感度和高敏感度，还有重复行为集群中的感觉刺激，但他们放弃了阿斯伯格综合征这个术语，所以现在没有阿斯伯格综合征，而是整个范围内的自闭症谱系障碍。因此，正如我所说，我们已经看到认知能力强的人自闭症的识别率有所提高。

这与20世纪90年代的想法相吻合，即教育是一项基本人权。我们看到了萨拉曼卡协议，其中规定许多国家同意儿童应该一起接受教育。因此，这为包容患有自闭症的儿童和年轻人以及常规教育提供了哲学基础。那么结果是什么？不幸的是，我们发现自闭症学生在所有群体中最不积极地参与课堂，他们更有可能成为欺凌的目标。他们有高比例的心理健康问题，特别是焦虑和抑郁；高缺勤率、停学率、开除率和在家上学率，通常是因为他们被排斥或停学，或者是因为他们的心理健康问题严重导致他们不能去上学；还有许多自闭症学生拒绝上学。老师们报告说，在他们的课堂上，有自闭症学生的学生会带来很高的压力。

最近在昆士兰州进行的一项研究发现，86%的自闭症学生，在学校遇到困难，70%被排除在活动和事件之外，而只有50%感到在学校受到欢迎，所以还有很大的改进空间。

当我们观察自闭症学生的学业成绩时，我们发现自闭症学生的学业表现通常不如其认知能力。并且与典型的发展中同学相比，我们发现这种差距在13岁之后会扩大，即使在自闭症学生可能相对强项的领域，比如数学，他们也会落后很多。

现在，学术成就的预测因素包括学生的RQ水平、学生的行为问题。我们都知道这会如何干扰学习、社交技能或社交发展。我们还注意到，这是一种高度可变的发展模式，通常是不均匀的。所以我们有学生在进步，然后他们在一段时间内停滞不前，这是非常不平衡的。

现在当我们看就业方面的结果时，你可以看到，澳大利亚统计局的统计数据在2017年估计，澳大利亚受欢迎的人口中有1%是自闭症患者。但是，如果你看一下就业数据，你会发现对于自闭症患者，有4/10的人就业，而对于没有残疾的人，有80%的人就业，这很可能是因为自闭症患者认知能力的发展受损导致他们无法完成工作任务。

我们注意到高中课程确实无法带来就业，这也是我们努力的目标。

现在，我认为一个叫克莱尔·塞因斯伯里的女士很好地总结了这一点，她在2000年写了这篇文章，当时她还是一个学龄儿童。她说，我不理解我周围的孩子，他们让我感到害怕和困惑，我很努力地按照别人告诉我的去做，但就在我认为我很有帮助和善良的时候，老师们却责备我，我不知道为什么。好像每个人都在玩一些复杂的游戏，而我是唯一一个没有被告知规则的人。让我们试着理解为什么会发生这些相当糟糕的结果。我认为可以借助由Lori Bartech在2006年开发的模型进行解释。他认为环境中核心特征之间的相互作用非常重要，这些核心特征包括感官特征、信息处理差异、缺乏对他人的认识和兴趣、接受和表达沟通问题以及执行功能差异，例如计划和协调方面的差异。

现在他提出，自闭症核心特征的相互作用是环境导致上述行为的结果。因此，他认为重复的行为和受限的兴趣是自闭症的次要特征，这是对环境的反应。他谈到了内化和外化行为，例如自我伤害行为是内化的，对他人的攻击和焦虑是外化的，内化行为会影响自闭症患者理解良好事物和秩序，所以他们无法理解周围人在说什么。自闭症患者本身的压力加剧了这种情况，许多自闭症成年人和我谈过这个问题，他们越有压力，就越难理解别人对他们说的话。如果这些次要特征没有得到解决，那么我们就会看到群体心理健康障碍的发展，不幸的是，这在自闭症中非常普遍。尤其是焦虑症、抑郁症，甚至是自杀意念。当然，我们也看到了学习的失败，这对我们来说是一个大问题，因为承受了较大教育压力的孩子并没有获得更好的结果。

另一个重要的事情，我们已经提到过几次了，就是个体变异，这是自闭症的特征。史蒂文·肖他自己就是自闭症患者，他说，当你遇到过一个患有自闭症的人，这对我们作为教育工作者来说意味着，我们去年为我们班的孩子制定和实施成功的所有策略却不一定适用于我们班的新自闭症孩子，这可能是一个挑战。

好的，我们已经谈论过了，今天也有一些人谈论过，自闭症的这种情况，需要个性化的计划。当我们真正开发这些计划时，把它分解成我们需要做的事情是很重要的。我们需要从所有相关领域的评估开始，包括社会交流、重复行为、认知问题、感官问题。因为孩子之间会有很多差异，所以我们需要考虑他们各自的优势和需求、动机、偏好和兴趣。

这些对我们来说非常重要。当我们为儿童开发项目时，我们需要同时考虑学术和隐藏课程。我们都知道学术课程是什么样子的。隐藏课程则包含学校中未列入正式课程计划的所有其他内容，包括如何与老师交谈，如何与你的同龄人交谈，你在洗手间里的行为举止。

你知道，其他孩子在不需要专门教授的情况下学习的这些内容，对于自闭症儿童来说，可能非常具有挑战性。当我们计算出所有特征后，我们可以确定这些特征对自闭症患者的应用和功能的影响。现在，我举一个例子，一个患有自闭症的孩子用手拿了一个镜子，这让他看起来很奇怪，但是那个孩子这样做可能是为了让自己冷静下来。如果你把它拿走，他们就无法冷静下来，还可能会有更糟糕的行为。所以我们必须非常谨慎地确定这些行为对孩子的影响及其功能。

我们应该明确什么是我们的优先事项，我们是否应该更加专注于接受其他特征和其他人。因此，我们还需要优先考虑在任何时候可以做多少工作。特别是如果你在上课，我们需要设定具体的、可衡量的、可实现的、现实的和及时的目标，这样，无论成功与否，你都知道成功会是什么样子。当我们完成所有这些后，我们可以计划一些策略并实施，然后最终进行审查、评估和修订，这就是计划实施的整个过程。另一件重要的事情是管理环境，我们在今天的三个会议中已经多次提到了这一点。

我们需要从自闭症的角度来看待环境。从我们的评估中，我们知道这个孩子对某些声音有困难，这些声音对他来说很痛苦，就像他被一根金属钉刺穿了头部，这是一个孩子曾经对我说过的关于学校铃声响起的事情。

所以我们需要关注环境，寻找管理环境的方法来帮助支持自闭症患者。我们发现通常自闭症学生的视觉功能比听觉功能更好，所以他们所看到的他们实际听到的更多。因此，我们提供视觉支持的方法通常会更有效果。例如，书面时间表，或者其他类型的基于视觉的通信系统。除此以外，我们需要关注结构和常规的提供，因为自闭症的特征之一，就在于很难改变困难和管理变化。所以我们可以通过提供更多的例行公事和更多的结构来帮助学生管理变化，也许可以通过视觉时间表向他们展示。例如，我们发现自闭症学生在书写方面有很大困难，这可能是他们在学校的真正绊脚石，我们可以考虑提供键盘作为替代方案。我们在格里菲斯一直努力的事情之一是开发一种全校方法来建设环境，使学校对自闭症更加友好。

现在我们已经讨论了三角形的顶部，即个人学习计划制定的个人评估。我们还需要看班级或小组级别。通常，我们为自闭症学生制定的一些策略对课堂上的所有学生都是有益的。因此，提供可预测性和例行公事实际上可以帮助很多学生。例如，同伴调解和支持是所有提供特殊兴趣小组学生的好策略。

现在，我们讨论了学生的兴趣和偏好。所以我们可以建立一个下棋小组，或者自闭症学生擅长的小组，他们也可以与班上的其他学生分享，我认为所有学生都会对将他们的特定兴趣和偏好纳入课程做出反应。

我们也可以考虑过渡计划，例如，在课程表的变化中给予学生充分的警告，这可以使整个班级受益。

然后我们可以看整个学校层面，在这个层面上真正重要的是校长的领导。我们可以看看像 UDL 这样的教学法。我知道今天有关于这个的会议，为整个学校社区提供专业发展，以便每个人更好地理解那些自闭症学生。这包括前台的女士、教师助手、图书管理员、公交车司机等每个人的积极参与。所以不要等待孩子失败，不要等待崩溃发生，等待危机发生，只要把那些积极的事情落实到位，就能预防很多问题，它需要多学科协作。

我们要利用在学校能得到的所有专业支持，无论是来自语言病理学家、心理学家，还是其他方面的支持。同样重要的是，合作的意义在于将有需要的自闭症学生纳入他们自己的评估计划和评估以及他们的家庭。我们有一个学校档案，叫作“关注整个学校的自闭症友好度”，我已将我的电子邮件地址放在最后一张幻灯片上，如果有人想要副本，可以给我发送邮件。它将帮助我们为整个学校设定目标，我很高兴向人们提供这个副本。

好的，现在让我谈谈适应和调整。我引用了我们刚刚谈论的一些例子。就像我说的，要从个人层面、小组层面和整个学校层面以及我们所教授内容的角度来审视课程，以便我们可以在所有这些层面上进行调整并在该领域提供相应的技术。例如，一个患有自闭症的学生，他处理问题需要更长的时间，那么我们需要为那个学生提供额外的时间来完成他们的工作吗？然后，正如我所提到的，管理环境也很重要。

好的，我可能已经讲得太久了。最后，我想简要地跟大家谈谈我们在昆士兰北部做的一些研究，以及我们发现的结论。

我们所做的是走进学校，与他们合作，帮助他们建立学校团队，包括校长、专家、特殊教师、特殊教育教师、主流教师、。虽然我们只在一所学校成功地收录了一名自闭症学生，在当时这是一个相当大的挑战，但是我认为现在会更容易。我们发现领导团队能够实施全校方法，从而改善自闭症学生的教育成果。因此，我们正在审视整个学校，以及我们可以做些什么来使学校更加包容，其中，学校校长的角色绝对至关重要。

这个项目持续了两年，建立了学校的理念和愿景，并为自闭症学生建立了共同的领导和责任模式。如果你没有领导力，这不会发生。因此，建立整个学校对学生负责的体系，并吸取外部和批判性朋友的持续支持和指导非常重要。

在我们所做的项目中，有一些研究人员，比如我自己或我的同事就担任着批判性的朋友的角色。现在这个角色已经被昆士兰州的教育部门接管，他们提供自闭症教练，每个地区都有一个。

我们发现家长和课堂教师，即非特殊教师和学校领导团队的角色需要更好地定义和支持，因为他们并没有真正确定他们在团队中做了什么。

我们需要更多地思考这个问题。我仍然认为他们很重要，因为他们是学校社区的一部分。另外，我们需要更加关注翻译团队设定的全校目标，以确保它们与整个学校相关。如何实施这些目标是研究中的一个困难之处，在《全纳教育》杂志上有两篇关于这个项目的论文，如果你有兴趣可以再看看。所以最后，我们确实发现整个学校的文化至关重要，这已经在今天讨论过了。学校热情友好，你的孩子在这里就是受欢迎的。所以这真的是一个关键因素。

报告6：日本面向融合教育的举措

主讲人：Atsushi Kanno 教授（日本东京学艺大学）

日本是从2007年从特殊教育变成特别支援教育的，所以想从历史开始讲起。1948年开始，盲校和聋校都开始实施义务教育制度，但是从1956年开始完全实施义务教育制度智力障碍、肢体障碍并入儿童的养护学校，它们到1979年为止还没有实施义务教育制度。从2020年开始，日本对于特殊教育的想法开始改变认为它是针对有特别需要的孩子进行的教育因此从2007年开始变成特别支援教育。2007年教育基本法里明确规定了针对特殊儿童的教育机会均等的一些条例。在入学的时候，学生可以选择进入普校或者特校，在进入普校之后可能会进入普通班级接受通级也就是国内的资源教室。接受特殊教育儿童的数量每年都在增加。日本签署联合国的残疾人权利公约之后，2014年在国内制定了针对障碍者的权利条约，首先进行修订的是障碍者基本法，为了实现融合教育，条例中规定改善和充实教育内容和方法，使障碍学生和非障碍学生可以一起接受教育。日本的文部科学省，也就是中国国内所说的教育部，在2012年发表了一篇关于“构建促进共生社会的融合教育系统推进特别职业教育”的报告，明确规定了要使残疾人不被普通教育制度所排挤让他们可以接受初等和中等教育。随着报告的实施，学校教育施行方式进行了相应的调整障碍学生的就学方式也进行了改变。在这之前，日本会将中重度学生安置在特殊学校，轻度普通儿童安置在普通学校。随着法令的实施会根据本人的意愿、家长的意愿以及医学心理学等各种专家的意见综合判断学生的最佳安置方式。并且规定向家长提供充分的信息意见，尊重他们的意见，要在就学方面达成一致决定他们在哪里上学。现在在日本，视障儿童、听障儿童、肢体障碍儿童几乎都能在普校上学，而对于智力障碍儿童来说还是比较困难。为了让这些学生能够在普通学校接受教育，日本会提供一些适宜的安置，基本每一个障碍种类都有对应的安置形式，但是对于智力障碍儿童来说，需要综合去选择和使用。为他们设计一些教育课程也比较困难，日本的国家课程纲要学习指导要领，该要领是每十年修改一次，并在此基础上来编撰教科书，现在最新的是2017年出版的。

之前只会针对特殊学校的孩子制作个别指导计划，这个新的国家课程纲要明确规定，对于普校的特教班，还有接受资源教室的资源教师教育的儿童，也要制定个别化的指导教育，并且明确了高中接受资源教室教育的学生的学分认证细则。这是普通学校初中的教育课程，其中特别活动是指学生通过参加一些运动会等学校经常会有的活动培养他的人际关系，使其可以作为集团中的一员参与学校的生活及自主实践。综合的学习时间是让学生决定他要解决的一个问题，培养他的问题解决能力。这个是特殊学校初中部的内容，基本和普校是一样的，但是它增加了自立活动的课程，是为了改善特殊儿童因为学习、障碍上的一些学习和生活困难。内容涉及两个要素。第一个是完成人类基本行为活动所需要具备的一些内容，第二个是为了改善和克服由于障碍带来的学习和生活上的困难所要学习的内容。一共六个模块，共二十六项。健康保持有四个内容，心理安定有三个内容，人际关系的形成有四个内容，对环境的把握有五个内容，身体的活动也有五个内容，交流沟通有五个内容。这些都是国家不同纲要里写的内容。2017年新出的特殊学校的国家课程纲要，它分为汇总篇、各个学科篇和自立活动篇。各个学科篇针对特殊儿童的特征，对每个学科进行了详细的规定和描述。它不按学年分，而是把小学分为三个阶段，中学分为两个阶段，合计五个阶段来设定各个阶段的学科目标，其学科目标和普校是一样的，围绕素质能力的三大支柱进行总结。每个阶段都有连续性包括数学、社会科、理科都是一样的。有一些阶段对应了普校的一些学习内容。根据新出的国家课程纲要，他们制定了第一阶段到第五阶段所有学科的教科书，现在有些学校就是使用这些教科书来进行教学，他们也做了教师用书。

接下来讲的是关于如何对智力障碍儿童进行一些合适的照顾，至于刚才所说，可能对智力障碍儿童进行一个合适的进入比较困难，决定对智力障碍儿童上课的时候分为三个阶段。分为导入阶段的说明、开展活动阶段的指导和结束阶段的评价。在导入阶段，要和小朋友们说明这节课的目标，还有今天上课的流程及一些活动的步骤等，从而确认学生是否对课程有所了解。进行指导的时候要注重三点，第一点是教学活动和教材教具的操作，第二点是学生的分布，第三点是教学活动的开展方式。最后阶段是评价阶段，此阶段是评价学生是否达成目标的一个很重要的步骤。在日本，课程纲要里已经明确地写明了所有的评价标准，根据知识、技能、思考、判断、表现力，还有主动学习的态度等方面进行评价。因为学生的个体差异很大，如果不能按照课程纲要上面的评价方式来评价，可以根据已有的标准来选择，或者由教师自己制定一个评价标准表，通过观察学生的行为等方式来进行评价。特殊学校一般一堂课里都会有主教和助教两个老师，助教教师的行为方式决定这个课是否成功，所以助教教师要注重发挥好角色该有的作用。

最后是关于课堂参与的思考，我们做这么多事都是为了让学生可以参与到课堂里，参与的程度分成三个阶段，第一个阶段是触碰教材教具这种参加活动。第二个阶段是可以有反应，紧跟老师的教学，通过语言或者动作参加活动。第三个阶段是可以用自己主动性的行为去参加活动。所以我们通过不断地改善充实教学内容和方法，让学生的参与程度能够逐渐提高。

报告 7：通用学习设计：通过合作学习提升融合性

主讲人 ：Robyn Gillies 教授（澳大利亚昆士兰大学）

非常感谢。我想感谢华中师范大学团队的组织与邀请，我很高兴能够与你们分享我的一些见解，希望这听起来不错。教师不是学术者，而是实践者，他们课堂上与有特殊需求的学生一起工作。所以我今天选择谈论的是通用设计单独的、推广的、合作的方式。这几种与年轻人合作的特殊方式在国家文献中备受关注。所以我相信你们很多人已经对它们了解很多了。

好的，让我们看看通用设计。本质上，这只是创造了一个真正灵活的环境。我们今天安排学生跑步，但这不是要求每个人同时做所有事情，我们允许学生在日常生活和学习方式上有这种灵活性。这是一种积极主动设计学习体验的方法，以便他们能够实现他的梦想。

那么通用设计的原则是什么？那就是通过让活动抓住学生的想象力，让他们积极参与。当然，我们要意识到学习的力量，比如动作和表达。

我们需要区分我们希望表达他们学习的智者，所以我对他们的录音做了很多工作。我快速了解学生如何学习特定活动的一种方式是我与它们交谈的广度和使用的语言。当我们实施这些方法时，我们需要对学生有很高的期望，但我们确认我们需要向他们传达，我们理解可能存在一些问题，而不仅仅是某些类型的信息。

你必须说，他们的证据是什么，对吧？所以我们知道，当我们实施某些类型的方法时，学生很可能能够学习它。他们会积极参与，因为我们创造了有效学习环境。所以我能够理解他们所做的事情。好的，课程承诺使用通用设计进行学习。我有一个框架，它使教师能够反向解决学习问题，这真的很有价值。所以不仅仅是小组教学，主要小组是学生。你有一系列的需求，他们不一定遵循我所教授的。我需要能够修改或调整课程，使他们能够学习。这包括正确的方式。那么有效性是什么？证据是什么？

我和你们分享一项研究，这项研究是针对攻击开发或发表的，他们在

2013年至2016年间对通用设计的有效性进行了测量分析。会员分析是指我们将一系列研究汇集在一起，我们开发了一个共同的指标，一种无法比较它们的方式，让我们了解这些研究告诉我们什么。所以在医学研究中纳入这个分析标准。所以有些研究在对照组中有一个干预小组真的非常重要，但是他们从来没有弄清楚学生是如何使用EDL方法学习的，而不是那些有常规课程统称为不同分析中包含的项目。那么它显示了什么？它表明学习过程可以提高所有学生的多种表现方式。这就是我谈论视觉的地方，以便在一秒钟内检测时间等等。我们使用这个简单的积极方式，来指导问题，效果是可见性的这些问题的符号可能是在纸上代表的东西。例如，经常对年轻人说，要批准，停止。那是一个队列，那是一个符号。他们帮助我们非常仔细地思考所提供的信息，以便能够得到答案或者他们想问什么问题，这些符号积极了孩子们构建问题的能力。

这非常重要，因为我们知道当学生能够构造问题时，他们更有可能思考他们正在学习的内容。我们使用多种模型方法，就说的，可以是视觉的，触觉的，在这种情况下，多感官参与提高参与分析学生的社交情感参与和读写能力。效应大小根据其因变量，社交、情感、学习等而变化。我没有足够的空间来推荐，这项研究确实提供了证据，证明通用设计学习确实有助于我们促进年轻人的社交、情感和学习。

让我们看看另一项研究。2023年，埃米尔爸爸的同事，对文献进行了系统综述，并对明显的有效性进行了分析，这是关于学习的研究，这些研究从2015年持续到2021年。他们必须避免各种范围，研究表明，学习方案不设计已经普遍推广。我使用搜索协议，这非常重要。所以我们不只是将苹果与橙子进行比较，我们有一些人能够系统地说，这就是我们正在寻找的，他们使用首选的报告项目、系统审查和分析方法。这是矩阵标准，它们更有可能被包括在网络分析中。这个水平分析展示通用设计已经比赛并提高了学生的成果，干预的整体依赖收集像素为3.56，这是一个非常强烈的经历。再说一次，我没有时间在这里报告获奖情况，但我认为总体科学表明这非常有趣。

让我们看看下一个。包容性课程。我们正在与有各种特殊需求的儿童合作，我们需要包容我们的课程。我们今天不会以完全相同的方式为每个人教授课程，我们需要能够灵活和锻炼，基本上帮助具有各种能力的学生。因此，这将包括使用通用设计的三个原则进行包容性课程规划。所以这三个原则是有线学习、虚拟学习以及非常糟糕的表现，比如动作和表达。为什么他们不能确保有特殊艾滋病的年轻人更有可能参与，而他们实际上参与了。他们可以理解信息是如何被呈现的，视觉上的多个信息。我做了一个趋势，能够说话并成为学习过程的一部分。

好的，文献表明，基于这三个原则的课程设计减少了我们所有老师的学生学习的环境，然后在他们激活我们增加了体积。它改善了我们对学习的态度，因为我们在创造科学环境时具有灵活性，孩子们更有可能想要做出决定，它可以在各种不同的场合中使用，甚至是在线学习。所以这真的很有趣。并且由于加拿大过去几年的情况，我们的在线学习开发技术处于许多信息呈现方式的最前沿。

所以我现在想谈的是库珀燃烧。我已经完成了很多工作，大约 25 年。这种特殊的学习方法是我非常热衷的一个领域，但是有很多国际水平的证据表明，企业学习作为一种教学实践，我们可以在学校中使用，非常有效。这就是我今天想和大家分享的地方。我相信你们中的许多人将在这里进行研究。那么，该公司的研究表明，这种方法是一种高效的教学策略。

如果我忽略约翰逊的话，他们在 2002 年报告了一系列分析，我希望这是 117 项研究中真正有趣的一项，研究了合作竞争和个人主义学习对许多学术上的影响。所以，我们现在有很多不同的间隔。这是我在学校的经历。这是一种非常令人沮丧的学习方式。

所以当你有一个合作的环境，对第六、第七点的影响，这是一个非常强大的练习。当我们作为个人时，特别是与企业学习相比，效果大小。换句话说，这些指标非常有效地显示的是，当你与病态学习、个人主义学习、个人学习和独立工作进行比较时，企业学习确实提供了这种学习方式。

我们试图鼓励学生与他人合作，这非常重要，因为当我这样做时，学会了高度调节数据。所以这对许多学生来说非常重要，他们不是很不注意，尊重他人，倾听他人，接受他们的想法等等。所以我们教他们一种非常自然的方式来调节他们的行为。当我真正喜欢他们时，他们更有可能参加，所以这是彼此之间的代理和学习。

我想到了受欢迎的学习动机和成就的好处，当他们经历时。所以这是 Covid 学习积极和学生合作方式的关键因素。每个人都有一个任务，他们必须确保个人完成任务最终达到团队想要实现的总体目标。我们的教练非常成功地为团队做到了这一点，作为一个团队合作，这在商业上也很有效。

那么证据方面是什么？最好的证据，我们的小学、中学数学和阅读问题与苦苦挣扎的读者有关。他们发现企业学习等结构良好的教学方法，学生们理解今天一起学习的期望。我必须完成这部分任务，必须互相交流，互相帮助，这样才会说出来，而不是仅仅被放在一个小组里，期望学生们找出如何一起工作的方法，这就是意志结构。

因此，当小组结构良好时，学生会有更好的学习成果，例如使用创新课程。这实际上是基于创新的课程实践和技术在阅读和数学教学中的应用。

如果我通过课程或技术学到了更多，我不会放弃创新，我认为这只是这个特定合成的方式。

好的，那么有学习障碍的学生呢？我记录了一项研究，我和一位同事一致认为该研究研究了企业学习对有学习障碍或学习障碍的学生的影响。现在我有 22 个学生，研究我们一起工作时录像的 52 名学生。我们确定了在这之后报道的两个研究，即发表的研究。通过识别这些有学习需求的学生，他们每周有三个小时的专业课程，并且他们有一个调整后的课程。所以这是他们能够识别 22 名巴基斯坦学生的方法。这些学生在混合能力小组中工作，分布在小组中，他们参与整个大型研究。

作为我工作过的一个小组的一部分，谈论学生的行为等时我理解测试中的分数要高得多，因为那是个人完成的。对于那些在 Crockroad 小组中的学生，与那些只是在小组中并希望我们小组的学生相比，影响大小为 1.43。所以对于那些特定的个体来说，这是一个非常强大的效应大小。

在 2002 年对一份总体报告进行了类似的研究。我们后来回顾了 15 项研究，这些研究报告了企业学习对学习纪律、学生成就的影响。我发现企业学习策略，强调个人账户的学生必须成为小组的一部分，我必须确保我被理解为他们有责任为正确和小组奖励做出贡献所以我鼓励继续这样做，并给予一些小奖励，类似于图表上的一些奖励，他们更倾向于提高那些有粉丝的学生的成就，那些没有机会在这样的小组中工作的学生。所以这是一个更大的研究。这再次证明，在企业团体中工作的学生，只要团体结构良好，以便学生理解他们必须做什么，更有可能从这种教学方法中受益。

那么为什么企业学习有效呢？我在这里指的是布莱恩的工作和 DC 对频道审查的回答，这表明我们每个人都有心理需求。我们今天请假了，都能自信掌握任务。我们需要有一种自主的感觉，想要能够做一些事情，可以展示我们可以做到。我相信已经有孩子开始动了，他们会握住父母的手，他们会一次又一次地哭泣。当学生学会与我们合作小组时，这些需求可以得到满足。

为合乎逻辑的名字创作一首歌也有助于他们享受公司工作，所以我们创造了类似的环境，已经通过宇宙和设计来做到这一点。我们更有可能提供他们学习的机会。那么让我们来看看不同的学习支持，对于他所有的学生来说，这通常希望这样做，我会与我们的课程讨论是否没有这样做。

对于年幼的孩子，我们有更多的指示我们会和他们谈谈，这样他们就必须分享他们的想法，以便分别听取其他人的意见。所以这是非正式的，包括学生在几周内一起工作一段时间，以实现共同的学习目标，并共同完成特定的任务和作业。所以我相信你会让孩子们在这样的小组中工作。我的建议是小学生不要让他们一起工作几周、两三周，也许他们每周做两到三次生产力可能就足够了。

因为当我从数学到科学再到语言时，我们会改变分组，这样他们也有机会和其他孩子一起工作。我的经验是，当我们有混合能力小组时，能力更强的学生，可以鼓励可能不太好的学生一起努力创造更有价值的街道。有什么可以分享并在遇到困难时离开的，那些喜欢成为小组一员的人，他们能够获得额外的健康和帮助完成他们正在做的任务。所以老师确保这里的每个人都是小组的一部分，没有人被落下。所有成员在特定问题上共同努力非常重要。我还记得几年前，我不断地点击一些对话进行研究。

我有一块来自特殊教育单位的土地，过去每周来教室的时间很长。我们正在一家银行围绕一个特定的问题合作。这导致理解了正在发生的事情，每个人都难以理解。所以当我必须按内容向班级报告时，小组起立加入我们。你的想法和巨人应该说是或否，或者用一种方式回应，但非常包括他喜欢这个活动。

因此，有一些方法可以将这些组设置为副字符串。所有学生都感到被包容，所有学生都有可能学习。正如我所说，团体是有结构的，所以他们明白他们需要一起工作来互相帮助。公司集团的领导层是组织化的，所以灵活性高，混合性别，混合文化。

在澳大利亚，我们有各种各样的文化团体。我们共同努力促进彼此的学习非常重要。那么企业学习的好处和优势是什么？他们的学术和社会效益处于更高的水平仍然得以维持，因为他们所做的贡献，促进了具有不同背景的其他人，更多的时间进行同行学习。这很重要，因为学生通常需要额外的时间。

我发现这很好地解释了我们语言中的事情。有困难的孩子有时会理解我们是否应该使用语言。这个案例通常会用一种语言来解释一些事情，帮助小组中的其他人理解，更多的多样性和指导，更大的灵活性来调整我们的学习目标。

如果年轻人有机会在一小群人中分享信息之前分享她的资源，在更大的班级群体中进行研究。他们可以向他人解释，这有助于他们解决任何误解并巩固他人的工作，他们彼此合作可以一起发现解决方案。

后来，拜登讨论了他们将采取的不同方式，破坏他们的任务。这有助于他们巩固之前对此的理解。学生们喜欢确保他们在没有这个的情况下工作。我已经注意到很多年了。我希望能够做到这一点。这两种学习方式都提供了促进更高层次思维的机会。你知道当学生有机会相互倾听时，这种情况是否会发生吗？如果你有三个或四个，可能有很大的差距。他们培养了社交和沟通技巧，并通过大量培训学生来推广这些技能。

我们如何构建群组？通常是 3 或 4 组，贵族和 4 组，因为当你到达时，我从研究人员那里发现了这一点，多年来，当你到达一个有趣的小组时，它可能会传达给潜在的学生，他们会抓住 2 和 3 组。因为他们看不到他们正在分享的那张纸，或者分享的那部分，通常这里的一部分被说出来了。所以在某些情况下，三个甚至两个混合能力组是理想的。

性别平衡真的很重要，但是可以根据活动来改变它。有时他们可以和朋友一起工作，有时他们可以和同性别的人一起工作，但要确保这一点。他们会和他们小组中的男孩和女孩一起工作。

一旦小组建立起来，对我们来说平均积极的结果很重要。这是这个炊具的关键，也是每个人都有角色扮演的地方，每个人都要归功于它。所以，如果你用正确的方式设置，它们会自动重叠，然后我们称之为心理相互依存。这确实是整个团队值得的关键因素，就像我对你说的，积极出勤。我们一起思考，个人责任，每个人都必须做出贡献。今天可以教我们的一种方法是，用不同颜色的裤子突出显示伤寒幼儿的大工作表。当你在房间里走动时，你可以非常清楚地看到谁对小组的讨论做出了贡献。而且和所有学生一起做也很容易。

现在如果我有不同的任务，你可以接，但我需要退出我的小组讨论。所以你可以四处走动，你可以说话，告诉我更多关于你的问题。它提供人际交往和小组技能。所以我学会了倾听彼此的声音，这是一个很好的过程。所以非常重要的是，我们实现了什么，我们还需要做什么，以及我们如何做。有时这些是被要求的问题，非常重要，但通常我发现它们都被遗漏了，因为老师们说，离太近了，我们必须转向另一个活动。但与学生一起进行小组处理技能非常重要。下次我组建面试小组时，他们非常清楚他们必须做什么。那么我们如何评估小组工作呢？我们可以用两种不同的方式来做。我们可以通过过程评估来实现，这可以促进小组和老师评估我的合作情况。

交流与研讨

点评人：苏　慧　副教授（华中师范大学）

首先我也不是点评专家，坐在这里很惭愧啊。我们有顾老师在这里，还有我们叶老师、祝老师，还有很多的专家学者。我是小辈，也是晚辈，我在这里只是作为履行一个职责，就做一个会议的组织，大家做一个研讨和总结。我们的时间有限，我只有几分钟的时间，所以我简单做一个总结，还有我在今天下午听到我们三位外国专家的讲授之后的一些感想。我们的第一位专家是我们澳大利亚的 Jacqueline Robert 教授，通过他的讲授，我最大的感受是我们作为特殊教育者，首先应该要理解我们的学生，比如说我们的自闭症孩子，他的特征、他的独特性、他的优势和他的不足。那 Jackney 教授他的讲座就非常系统地跟大家阐述了自闭症孩子的一些特点，然后我们怎么去依照他的特点为孩子提供一些支持和服务。

第二位是我们的 Candle 教授，他非常详细跟大家介绍了日本的特殊教育的发展历史，包括它的政策法律课程，尤其是介绍了他的一个国家的一个新的课程，以及为智力障碍孩子的一些课程和教学的一些安排。从这里我们可以看到，实际上我们，包括日本，包括我们国家都在推动融合教育的发展，并且还有一个理念是非常相通的，我们都非常注重，尤其在智力障碍孩子的领域，非常注重孩子的自理和自立能力的培养，同样还是我们要通过多种多样的方式鼓励我们学生以不同的形式参与到我们的课堂当中，这是我最大的一个感想。

我们第三位教授是 Gelly 教授，虽然很遗憾因为我们的设备，我们的服务没有做好，没有机会跟他线上的沟通过他的介绍，我们了解了合作的学习，他的一些好处，不仅是对特殊孩子，还有普通孩子的一些优势。他提到社会自我决定理论是我们合作学习的背后的理论基础，也是它的一个机制。另外还有他也介绍了一些正式的和非正式的合作学习方式。通过他的讲授，我的最大的感受是，国外特别注重我们一直强调的循证实践，他给我们提供了很多的证据，包括一些元分析，包括他们自己团队做的一些研究，证明他们不断地去探索，比如说合作学习到底有什么好处？到底是否促进了孩子的学业发展、社会性发展？那他的这些这个过程，我的最大感受就是我们需要在我们的实践当中去注重证据，尤其作为研究者需要给我们一线老师提供很多的支持，实证方面的支持。

另外，我们可以看到这个同伴在我们的融合教育当中一个非常非常关键的作用。我知道我们有一些学校、一些地区也在尝试着做一些合作的学习，合作的教学在学校当中，所以我们也希望跟国外有更多的交流，我们可以去探索这样的一个话题。

最后，综合着我们这个国际会议，我想提一点，我们今天从上午到下午的时间，实际上我们可以看到在全世界而不仅仅是在国内，我们有共同的理念，就是融合教育，大家都在做这样的一个事情。然后我们也有很多相同的一些实践，比如说大家都谈到了个别化教育计划，然后大家都谈到了这种课程教学的调整。还有包括我们说的合作学习和合作教学等等，我们都在探索这样的一些共同的实践。当然我们还有一些很多共同的问题，比如说像自闭症孩子的融合教育、智力障碍孩子的融合教育，这些问题不仅仅是我们面对的，所有大家做融合教育都会面临这样的一个问题。所以我们也是想借我们第三届国际融合教育研讨会的机会，把大家能够组织起来，把大家能够请过来一起，就做这种跨国际交流和分享，引起更多的共鸣，可能我们解决不了太多的问题，但是可以提供很多的理念、思路和想法，有这样的一个机会，我觉得这是一个非常好的一个平台，也非常感谢大家能够百忙之中，尤其我们的顾老师、叶老师。还有我们的顾老，还有其他我们各位专家教授，还有我们的同仁，我们的校长、老师、同学们能有这样的一个机会，占用大家周末的时间参加我们的会，非常欢迎，也非常感谢大家。非常感谢，大家对华中师范大学的支持，然后我们也会跟大家携手一起研究，推动我们国家融合教育的发展。那我们今天分会场就结束了，如果大家有兴趣的话，欢迎大家去我们田家炳的三楼的融合教育实验室去看一看，也给我们提一些宝贵的意见，给我们做一下指导，非常感谢大家。

分会场二：

基于评估的融合教育课程与教学研究

主持人：王庭照　教授（陕西师范大学）

各位同仁，大家下午好。按照此次论坛大会的安排，今天下午第二个分会场分成两个时段，第一个时段由我来主持，由重庆师范大学魏寿洪教授、北京市教科院孙颖主任、西南大学李欢教授、华中师范大学朱楠副教授作分享。

关于我们如何了解一个孩子的状况，换句话说就是评估如何实施，如何在融合教育发展过程中起到它应该有的作用和价值，我们会有一些比较一致的理解。那么我们分会场的专题也就是基于评估的融合教育课程与教学的研究，相信几位演讲者一定会给我们带来关于融合教育评估的不一样的理解和认识。从评估本身的活动的开展来说，它确确实实有它自身的要求和活动规律，当然随着一些技术手段的发展，也包括实施问题的角度的不同，我们会有一些不一样的理解和认识，所以说今天下午前半场的四位报告者其实就主要从这一方面来阐述相关问题。

那么下面我们就有请重庆师范大学魏寿洪教授作分享，魏寿洪教授主要是想结合数字时代，在这样的背景下，我们在做评估的时候、在课程教学开展过程中，无论是专业化或者是其他方面，怎么样能够把评估更有效地推进下去，有请魏寿洪教授。

报告1：数字时代融合教育评估、课程与教学

主讲人：魏寿洪　教授（重庆师范大学）

各位专家，各位老师，各位同学，大家下午好，今天我跟大家分享的是数字时代随班就读学生的评估、课程与教学。我们重庆师范大学在2012年的时候就成立了融合教育研究中心，经过大概10年的发展，我们针对融合教育如何对学生进行评估，到怎样去给学生进行课程的教学，做了10年的探索。接下来我就把我们做的工作向大家做一个汇报，我将会从以下的三个方面来分享，第一个是数字时代，特殊教育为什么要走向数字化；第二个是关于数字时代随班就读学生教育评估工具的开发，我们这边做了哪些工作；第三个基于工具开发，课程和教学该怎么去开展。

第一，数字时代特殊教育发展的背景，国家政策提出了部分要求，比如说党的二十大报告提出要推进教育数字化，“十四五”规划里面也提到了促进信息技术与特殊教育的融合，这是一些我们国家政策的背景。第二，从实践的角度来讲，发现我们的特殊教育教师在实践中，特别是在IEP的制定和课程教学方面的负担是比较重的。相比普教教师、特教教师可能花更多的时间在评估和IEP的制定上，而且很多是要画单独的侧面图、撰写评估报告，还需要花很多的精力去做教学设计的部分。从这个角度来讲，如何去减轻一线学校教师的负担，成为我们重点探索的问题。第三，国际上其实很早的时候也开始使用数字化的评估，通过阅读文献，美国大概是从2010年以后就开始探索针对重度认知障碍学生的计算机评估系统，我们也发现学生的障碍程度增加，传统的教育手段已难以适应新时代我们教育发展的需求，所以在数字时代背景下，数字本身改变了生活，数字也对教育产生了一定影响。在这个情况下，我们怎么去开展相关研究？

在基于这样的背景之下，我们实际上是做了两个部分的工作。第一个部分就是先将课程本位评估或者说教育的评估工具开发出来，然后第二个部分就是将它转化为数字的评估方式。我们重庆师范大学，在这10年来，主要是我带领我们的团队做了这两项工作。第一个就是学前阶段的教育评

估，在“十四五”规划里面强调，评估要向两端延伸：一是学前教育，二是职业教育。但在重庆以及全国各地，我们看到的是现在的特教学校，包括康复机构，缺乏一套早期教育的课程的评估系统，基本上现在看到的大部分都是从台湾、香港引进的，中国大陆本土化的课程评估工具基本上是没有的。所以在前几年的时候，我们就开始组织重庆师范大学儿童中心的20多位老师，加上系里的老师，共有三十几个人的团队，来重新开发适合于融合教育背景之下的课程本位评估工具。

这个评估系统分为两个部分，一个是学生发展能力的评估，一个是转衔评估，预计将在明年进行线上出版。评估的部分体现出如下几个特点，第一个特点是教康整合，评估的所有题目中，既有教育的部分，同时也将康复的部分融入其中，如评估的题目中语言和沟通的部分，我们将言语的部分也加进去了，比如说呼吸、发声、共鸣这样的一些题目，把它作为重要的部分。第二个特点这套系统开发是基于多年的循证实践，针对题目，我们约有20年甚至30年的实践经验，哪些条目对学生来讲最为实用、最为需要，那我们就选择哪些。另外，我们在编辑这些部分的时候是基于实践教学的评估逻辑，也就是说怎么教、教学的逻辑是什么样的，评估的逻辑就是什么样的，如此一来就减少了教、学、评的分离。第三个特点，就是体现综合的评估方式。传统的课程本位评估工具没有告诉我们怎么评，所以很多一线学校教师就提出疑问，到底这个怎么用呢？所以我们把评估方式加进去了，这个体现的是综合评估的方式，有访谈、观察、测验，不是单独的某一种方式，如果说需要测验，我们就提供相应的评估材料。还有融合导向的部分，更多的是体现学生未来适应幼儿园，或者是未来适应小学当中的内容，特别是一些常规，我们把它作为一个重要的组成部分，那以上就是第一个关于学前阶段的部分。

第二个部分是关于义务教育阶段的部分，因为之前没有什么评估工具，所以我们大概在10年内自己做了很多部分。第一个内容就是发展能力，因为每个孩子进入到义务教育阶段，也会涉及这个发展能力的评估，所以我们编制了发展能力的评估工具。这一套工具，也已经把它做成了线上评估系统，老师们在屏幕上可以看到这是我们针对某一个学生评估的结果，全部都是用线上的评估，可以看得出这个学生整体的情况。这个发展领域的评估，我们是基于普通学校随班就读学生的特点，与前面学前阶段的发展能力评估的内容是有差异的。这是每一个领域它的评估值和评估结果，老师填写之后可以转化成线上的评估系统，这些相应的数据会自动生成，不需要老师再去做计算。这是评估的结果报告，它会自动生成哪些是优势，哪些是弱势的条目。除此之外，这个学生融入普通学校里面，还涉及两个最为突出的问题，一个是问题行为，一个是社交技能，所以我们也编制了关于问题行为和社交技能的一些套表。这个表是在我出版的一本书《资源教室课程建设与实施》里，涵盖了刚才所说的问题行为和社交等内容，也有相关的教育教学。同时我们也把它做成了线上的评估系统，线上的版本是软件做的部分，相应的量表齐全，这个是纸质版本的评估表，这个是做完评估之后自动生成的结果，有多种呈现形式的图示。然后这个是社交技能的套表，也是同样的部分，除了检核表，还会有相应的观察访谈，全方位为学生提供支持，这是我们做的线上的部分，另外我们还编制了随班就读学生学校适应检核表。

除了提到的发展能力和适应能力之外，我们还做了学业能力的评估。关于学业能力，我们大概也是用了 10 年，这个最早是由张文京教授提出的，并且做了一年级的部分，那后面我们就继续沿着这个路径去做。学业能力（小学特殊需要学生学科课程评估系统）纸质书会在今年下半年出版，有纸质书和数字图书两种出版形式，纸质书后会配数字图书，老师们只要在网上填写完成，自动形成的评估报告是可以下载的。那我们这个评估系统也体现了几个特点，第一个是根据新课标 2022 年的义务教育课程标准，第二个是体现的核心素养，第三个是所有方式实现了综合，第四个是体现了学段和年级之间的衔接。

屏幕上呈现的是评估系统的内容和工具特色，而且我们每一个条目中都有一个个别化的评估标准，比如说这道题，评分标准是 0 分、1 分、2 分、3 分，所以老师对学生打分是比较容易的。同时是可以为其下一步制定 IEP 做准备的，下一步学生需要达到什么样的标准。在评估方法里面体现了综合评估的方式，我们也特别强调不再是用测验作为唯一的方式，因为一些学校老师没有那么多时间精力来做这些内容，所以老师如果通过平时的观察，就可以得出孩子评估的结果，实在需要才会用到这个测验的部分。测验的部分我们也有相应的方式，就是评估表。这个评估表是根据 2022 年义务教育课程标准，参考所有的教参，以及所有的不同版本的教科书后制成的。这个评估做完之后也同样会得到一个评估的结果图，有评估结果报告的分析，需要的时候也会用到相应的评估材料。屏幕上呈现的是我们的一个评估案例，还有重庆大学出版社做成的线上的软件评估系统。图片上是我们的线上评估系统的部分，比较体现无障碍，只需要老师点击，相应的题目就会出现，同时我们这个端口是一个学生端和教师端相结合的部分，以往线上的工具几乎就只有教师管理，只给老师使用，但是我们做出了一个端口是给学生使用的，体现了无障碍的特点。比如这个是要求学生理解童话或者寓言故事，但是这个学生有许多不认识的字词，那怎么办？我们可以点击，让其无障碍朗读，可以更好地做评估的内容。同时这个评估的报告，也会在这个系统里面自动生成结果。

除此之外，接下来就是关于教学的部分。既然评估工具已经完成了，接下来就需要落实到 IEP 怎么去做。制定纸质版 IEP 的时候，我们会有意识地减轻老师们的负担，将所有的条目全部列出，老师只需要打钩就可以，剩下的部分除了 IEP 需要自己撰写，其他大都减轻了老师的负担和压力。同时我们也做成了一个线上的评估系统，之前的评估结果可以给老师制定 IEP 提供参考，比如说评量的条目，个案的一分、两分、三分的情况就会出现，如果老师需要做 IEP，就可以在这边参考，将这个得分目标添加过来，这样会减少老师评估结果和后期 IEP 的脱离。这个画面是系统里面显示的，这是 IEP 的部分，这样就能够做到评估和 IEP 相结合。

那接下来落实到融合教育的课程教学，在我们的实践中，将其分为两个部分，一个部分是聚焦在融合班级的课程教学，另外一个部分是在资源教室的课程和教学。在融合班级的部分，一个是基于通用学习设计的课程与教学，这个首先是全班的，但是特殊学生可能在通用学习设计之后并不能够完成，所以就会有课程的调整。在融合班级的课程部分使用 UDL。那 UDL 怎么用？我和我的学生做了三个相关研究，第一个我们探索了一套 UDL 的实施流程，这个流程包括制定目标、分析课程现状、设计教学实施，然后有相关的保障，流程的每个部分都有详细的步骤，这个可能会为一线学校老师推进 UDL 做准备。另外一个，我们也探索了 UDL 在数学课程当中如何运用，特别是在应用解题的部分，那我们就会发现他的问题是什么，使用 UDL 的原则有哪些，每一个原则可以用到哪些具体的策略，这些策略也是我们经过实证研究和行动研究之后的总结。另外我们还在语文的课程教学中做了类似的问题研究。我们大概是做了这几项研究，比如每个方面有具体的一些策略，到底哪些策略可以对老师有帮助，我们也是在具体地运用。

除此以外，我们在具体的课堂中来谈，前面IEP目标在写到教案中时，我们就会把学生的IEP目标、月目标、课时目标和IEP目标相对应，避免制定的IEP的目标与课堂教学脱离，然后使两者之间形成一个连接。所以在教学的时候，我们就会同时加上通用性的目标和个别化的目标，这样相结合。屏幕上是我们做的一些通用性作业设计单，就是使用了通用学习设计的方法，用二维码设计、数字技术等，增加特殊学生的部分。我们在进行教学设计的时候，也在考虑针对普通学生是怎么做的、用到了通用学习设计的方法是什么、有什么教师活动和学生活动。除了通用学习设计以外，学生其实还需要个别化的调整，而这个个别化的调整该怎么做，我们也会把它融入课堂教学里面去。大家可以看到这是我们的一些教学片段。为了保证所有的学生能够更好地适应教学，我们也设计了通用性教学设计的材料，这就是通用教学的部分。另外还有课程教学方面的调整，在这一部分，我们与成都锦江区的老师合作进行了一些探索，比如说大家可以在屏幕上看到这是原来的课文，旁边的是经过调整之后的课文，这是关于普通班级的部分。

除了这个以外，我们还做了资源教室的课程。关于资源教室课程，目前发现很多学校也在做，但是我认为他们的课程更多是以休闲娱乐为主，而没有解决这个学生的核心障碍。那随班就读学生在普通班级里到底有哪些问题？我们就会发现行为问题、社交问题，还有学习方面的问题，同时也需要做康复，而且现在强调五育融合，五育并举，劳动教育很重要。所以在这些年的研究当中，我们就开发了资源教室的五套课程，这个课程在我那本书里面也有。

除了这个课程，我们还做了一些课程的资源。这是我们在普通学校融合班级，就是资源教室录制的一些课，这是关于注意力训练的课程，这个课程除了有特殊学生参与，也有普通学生参与，在资源教室里面。我们还在全班的班会里面，针对所有的学生也都做了注意力训练、社交情绪管理的训练。这个关于社会情绪的课程录制有30节，目的是希望能够对于普通学校资源老师有更大的帮助。如果只是跟老师们讲要怎么做，可能效果不够显著，但有这个课程可以依葫芦画瓢，可以解决一些更为重要的实际的问题。同时为了促进资源的应用，我们也录制了数字课程资源。在中国大学慕课上面，有我和几位老师录制的融合教育导论的课程，主要是针对资源老师和普通学校老师，也有学生能够使用的部分。目前我们这个课程已经获得重庆市一流课程的荣誉，正在申报国家一流课程，还不知道结果如何。

然后我们也发现普通学校的资源老师其实也涉及相关问题，因此，我们录制了资源教室建设与运作的课程，帮助资源老师去进行资源教室的建设与运作。这是一个超星的线上课程，只要有学习通 App 就可以。课程里面涉及资源教室是什么、提供什么样的服务、如何去做管理、课程怎么上等内容。总而言之，经过 10 年，我们对于评估、课程和教学以及相应的资源都有所提供，这就是我们的一个工作成果。

最后我想说融合教育一直在路上，我们重师特教一直秉承着向实践学习，跟实践在一起，始终与特教一线在一起。

我就汇报到这里，谢谢大家！

报告 2：教研助力融合教育质量提升的北京经验

主讲人：孙　颖　主任（北京市教育科学研究院）

我今天分享的内容其实是我们这个专题的另外一个视角。因为我们大家共同做的都是融合教育，我想融合教育可能最大的挑战，或者说我们共同追求的就是融合教育的质量。放到我们孩子身上，就是每一个孩子是不是真的能够获得公平而且有质量的教育，他能学得好才是真正的融合。所以我聚焦到这个质量的问题来谈谈。

提升质量其实有很多方法。基于我这个单位，刚才庭照教授也在介绍，我们其实是科研院所，不是高校，它很重要的使命和职责之一就是要做实践改进。所以在这个层面的话，教研既是提升中国教育质量的一个法宝，也是我们特殊教育、融合教育的主要做法。所以我以北京市为例来介绍。我是代表我们整体团队，目前五个人整体做教研。北京市一个省级的特教中心，中心一共 11 个人，有将近一半的专业力量来做这个事情。其实大家可能也比较了解，北京应该是在全国比较早推进融合教育的一个市。目前来讲，北京市有 70％以上的特殊儿童是在普通学校、幼儿园就读，也有 70％以上的普通学校、幼儿园是有特殊儿童就读的。其实北京市应该在 2013 年就是以政府的名义来推进融合教育。它在整体的历程中，其实也是在不断地发展。它的整体质量核心是特殊学生的实际获得和全面适宜的发展，这是我们共同追求的。

当然我们在最早，比如 2013 年到 2017 年那个时候我们用宏观、中观、微观的层面去推进。当时也确实获了一个奖，从体系上、整体上去建构。我们说它其实并不是一个体系建构的问题，因为它需要直面每一个孩子在每一所幼儿园和中小学，他是不是能够有质量地学习。基于这样的考量，在 2017 年北京市就确定了我们的融合教育的核心目标，也就是可进入、能参与、强支持。

大家看到这三个指标，它其实是以儿童为中心的，包括我们有特殊需要的孩子。围绕着这三个层面，“可进入”需要有一个强大的政策来保障，它可能需要政府来支持。其实真正来实现参与，最关键的还是要有课程和支持一体化地去推进。在这两个方面，其实我们正是通过教研的路径方法去推进的。所以我今天来讲，我们围绕着如何实现融合教育的课程和支持，整体去帮助普通中小学、幼儿园，保障了他们能够最大限度地支持特殊孩子。

所以大概从三个方面，第一个方面是我们整体建构的机制，也就是说我们这个体系路径是怎么建构。因为它毕竟是一个北京市整体层面的。第二个方面是我想从三个案例来讲一讲具体的一些做法。第三个方面其实会有很多挑战的，尤其在数字化的挑战下我们的下一步规划。

那我先来讲我们整体的教研的背景。大家知道在2021年国务院办公厅转发的融合教育提升计划中，很明确的主要原则是坚持尊重差异、多元融合。整体方向是让我们的每一个孩子，包括特殊孩子和普通孩子，在这样的包容多样的环境中，能够互相尊重，互相理解，共同成长，这是融合教育的一个核心追求。在这里面涉及很多策略和政策，其中有一条就写得非常具体，就是要求我们全国县级以上的教研机构一定要配齐配足特殊教育教研员。通过这样的方法组织一支支撑性的人才队伍去保障如何实现尊重差异、多元融合的问题。再回到我们国家，教研是我们中国特色的。其实国家层面对于教研的工作有明确的任务职责，即服务学校、服务教师、服务学生、服务教育管理。也就是说教研引领课程教学改革，要做基于问题的实践教育教学改进。这更是教研有利的实现途径。

基于我们国家整体政策，北京市制定了一个整体的教研总体思路。面临着新的不同的时期，在“十三五”“十四五”阶段，我们面临着整体融合教育推进程度的问题。所以我们制定了总体思路，就是有效解决学校、教师、学生的真实问题，要解决真实地触及融合教育的问题。那这三个要素一定不能脱离学生、教师和学校。所以这是一个关联性的，而不仅仅是说我们只去考量孩子。

第二个我们通过什么途径呢？就是个例研究、个案研究、主题研究。其实在这里面有共同行动研究去推进问题的解决。我们作为省级单位，在初期体系建构的时候，必须规范一些过程，必须建立一些标准，要以评、促、研来实现。

我们说教研质量，是不是研究的事情是真的问题？问题是不是得到了解决？这个解决的结果是否能改进学校和课堂？这是我们追求的。所以这是我们的总体思路。大概的任务其实有三部分。

第一部分上这个机制和体系是什么。因为我们不是一个学区或区域，要建构一个整体、城市的，还是要有一个宏观性的整体框架。第二部分就是这个质量怎么办？第三部分关键因素是人，人怎么去培育？因为没有天然就是特教教研员的老师，那我们怎么去培育？所以第一块部分就是北京市已经有20年的基础在做特教教研。那么在这个基础上，建立一个市区校怎么能共同联动？而不是说自己做自己的，各自为政。我们能够找到融合教育最关键的问题，来结合不同层面共同研究。这里面也特别强调了规范和提升区级的教研组织管理能力和质量。

第二部分方面就是质量，怎么去提升呢？我们说双提，第一个要提高的质量就是教研员的素养。也就是说如果这个教研员方向和研究是偏的，或者甚至是不能满足学校老师需求的话，那其实没有教研可能更好，所以教研员的素养很重要。再有就是教研质量，花了这么大的时间和成本，是不是能够帮助到老师，而不是说给老师增加了负担。所以这是我们关注的。

聚焦这两个质量，我们的研究围绕着特教学校的关键问题。比如说特教学校怎么立德树人呢？康复教育到底怎么去实施呢？劳动音体美怎么在这样的状态去实施？在融合环境中，我们的教学、通用设计、学科融合，面对的学科老师可能都是有差距的。那么评估和干预怎么结合起来？怎么让我们孩子能有效参与？

围绕教研员，普通教研员有他的画像和素养标准。特殊教育教研员，尤其是面向融合的教研员，有什么样的素养能构成他去指导的实践呢？所以北京市做了四年的探索，用了量化和质性的研究。我们聚焦到北京市有204个专职兼职相结合的特殊教育教研员，围绕价值观念、必备品质、专业知识、专业能力这四个方面来做研究。除了具备特教专业知识的同时，还要理解普通课程改革，甚至于教材。要去解决课堂的教学问题，要解决教学评个案的指导，甚至于家校社怎么去协同。所以这是我们做了特教教研员的画像。这个画像引导着我们二百多名北京市的市级的教研员去实现整体提升。我们也历经四年通过这个前后测去验证这个指标。

第三部分主要是怎么去培育。不太像在学校里面去培育学生，因为教师在职场上每天要面临问题、解决问题。所以我们用了三个方式，一个就是综合性的系列培训，包括我们一些线上的、线下的有针对性、专题性的课程。这些课程都是解决问题模块的，还有一些过程性的。在行动的教研中，可以通过专家的引领去自我提升。还有培育的管理，比如说怎么去选择适合做教研员的人，只能做科研的人。这不一样，和他的素质有关。他的岗位职责，包括怎么去评价教研员，是不是改进教学，还是以人为大、以自己的理念去改进。所以这是三个任务。

整体来讲，我们提出了具体的思路，就是以真实问题为导向。我们当时用了循证的方法去找这个真实问题。到底北京市制约融合教育发展的因素是什么？中小学幼儿园的困境是什么？真实问题不是特教人的视角，而一定是普通教育的视角。到底真实问题是什么？我们把它分成不同的层面，然后去梳理。最后我们形成两个方向、八个专题组。因为省一级可能是解决关键问题，然后带动区域级、校级的研究。

从教研的设计来讲，我们的教研以教研组为模块，尽可能让研究主题化、系列化，然后按需去做。从教研员来讲，其实是让他在区级做教研，要自己有科研研究，同时也有服务实践、服务教学的项目。整体上，每一个教研大概是四年一个周期。他要做的是研究策略，也就是研究的不是自己的课题，是要给别人、给普通学校和老师给策略、给规范，同时给些工具。这些工具是触手可得、非常容易去做的。再有就是通过素养对应标准来提升整体素质。这方面我们面向融合的三支教研团队，目前已经研究了大概三年。

这三个教研组虽然是三个不同的专题，但是横向和纵向有内在联系。比如说我们有一个教研组，它是基于真实问题的评估和支持，也就是他的评估是基于实际问题的。那么它直接面向的是什么呢？比如说孤独症儿童最大的一个问题就是课堂参与的挑战很大，同老师、同学生、同家长都是很大的挑战。那我们怎么去研究一些策略，帮助老师解决孩子参与课堂、参与活动，参与到整体学校的一些层面。再有就是融合教育的大班级大教学，我们应该怎么去帮助老师们去建构它的生态环境。

第二个方面我来讲三个案例。第一个案例是解决融合教育真实问题的，聚焦到孤独症儿童课堂参与的教学策略。这是我们中心朱振宇老师三年带的一个教研组，有北京市几个区的将近30名教研员做了一个很好的研究。问题来自他们整体的调研，也就是老师们在课堂中很难去兼顾集体和个体，很难照顾到差异。缺少带有知识性的方法，也不知道这些方法策略用在哪个情境、用在哪一类教学中效果更好。第二个就是在过程中，如何去选择更好的策略、给老师应用的路径。成效是整体带着这个研究教研组，形成孤独症学生所在班级的一些教学设计的要点。就是不用让老师单独再出一套教学方案，单独再出一个 IEP，而是说把它真正融到老师的单元教学和整体的教学设计里边。然后也给老师们研究出一些知识性的策略，可以选择而且可以应用的流程。

这是朱老师他探索的增进孤独症学生课堂参与的五类策略。每一类都有个清单，每一类清单里面都有相应的情境、学科的特征，以及实现的方法和策略。包括怎么去建立友好学习环境的策略，如何激发和维持动机的策略，教师如何直接去支持，还有同伴间的、直接间接的这种支持，以及结果导向和自我管理。现在在北京市很多区域，把这五个维度给到一些完全没有融合的经验的老师去用，尤其是学科老师。他们觉得这个触手可及，给予了一些方法。所以还是取得了改进教学、帮助赋能老师的成绩。

第二个案例是来自我们在座的陈英华老师带了五年的项目。他的这个研究的主题是特殊儿童复杂问题的评估和支持策略。其实评估目的是什么呢？是通过评估去找到孩子的一个最近发展区和潜在发展区，也就是说帮助普通学校的老师去找到这个孩子的基点。然后这个基点就能帮助老师给到相应配套的策略。这是他当时在做这个前期调研发现的一些问题，由于时间原因在这我就不做具体的汇报了。

在这个整体它其实是两个，一个是带领这个教研组里大约 30 位来自全市各个区的这些教研老师们来开发相应的工具策略和资源。再是要培育这些老师，让他真正能够在区域里边支撑到普通学校这样的评估老师。这是他在这几年做的聚焦到不同层面的，尤其是面向老师的一些行为问题干预指导的策略和资源，基本上形成的工具策略和资源。陈老师也在这儿，我就不详细讲了。如果有感兴趣的可以直接向他去问。

形成的第二个成果就是它被北京市用于培育了在一线没有医疗背景但是做教育的老师，他们可以发现孩子的潜能以及最近发展区。所以这几年用了这些方法去培育。比如说整体的思路或者模式是第一轮先学习和实践，第二轮去找到共性的重点问题，把这些问题再进一步聚焦，然后进一步规范，形成一个真实的问题，带动老师在实践中去研究。第三轮形成一定的规范或者规律性的东西，可以普适、可以普遍地用在很多课堂上。然后第四轮就是以如何评估为基础推进融合教育教学。因为有些时候我们评估完以后会发现，其实也不是特殊孩子的问题，可能是环境的问题，可能是老师的问题，可能是没有协同好的问题，可能是家校社的问题。所以不一定是我们去调整孩子本身的能力。所以它整体是要站在一个融合教育的角度去改进。当然它更多是带来一种新型的一种评估，教师评估以后是要给普通老师出一个方案的。这个方案在教学中是做调试也好，做补充也好，做环境的建构也可以的，同时它会方便很多学校和幼儿园去实施。

第三个改进，就是改进课堂或者是改进教师。我再举一个很小的例子，这是我们另外一个老师，他是带着北京市特教学校的一个体育教师教研组。在我们特教学校，尤其是培智学校，体育课会出现什么问题呢？会出现学生不出汗、运动量不够的问题。因为老师害怕运动量一大，孩子们会不能承受。但是导致了体育课教学的有效性、教学目标的达成上出问题。所以这位老师就聚焦到一个小点，以小见大，把它做成一串儿。历经三个月，带着全市的这些体育老师去做这样的探究。当然他找到问题，确定这个问题研究的主题，其实就有点像我们科研。明确目标、明确研究的内容。在这个过程中，不是只收集数据，还是让老师们在这个过程中去改进、去反思、去让智慧激发出来，然后去改进课堂。当然调研整体还有一个评估和跟进，因为他们教研是有一块是要以评估为导向的，所以这个效果很好。

因为我时间原因就不能一直讲朱老师的这个案例。他在研究后形成了一套听课和评课工具，包括他给老师们的观察工具，就是怎么去观察改进课堂、目标达成情况。他做了一个监测的工具，用以检测体育课上孩子们的运动量，让老师用数字去印证整体的教学。后来他们又把它变成线上数字化的一个研究。他这个研究，我个人觉得是真正能改进到我们北京市培智学校的体育课堂的。而且在这里面我们很多体育老师的成长还是很快的。这也是他后续的老师的一些反思，包括他们研究的很多具体的策略，就是非常的接地气。

第三个方面是面向未来，我们是一个省级的特殊教育资源中心。虽然我们就一共 11 个人，做教研的其实也就四五个，我们这样的以科研导向来去做教研，从整体来讲，也是要建构一个教研体系。

教育部倡导所有的全国县级以上要配足配齐特殊教育教研员，我觉得它的意义就在这儿。因为特殊教育教研它其实要解决不仅是特教学校的，还要解决普通学校里边普通教研员解决不了的问题，但是我们要跟他们协同一起去解决。所以我觉得体系要建立起来，我们要有这样的像普通教育一样的全学科的、全域性的一个教研。所以如果说真建立起来了，我相信我们融合教育质量会有一个提升和飞跃。其实整体的教研它还是要和整体行政导向结合起来，也就是方向不能变。

我们特别强调教研员，不能以个人的好恶和兴趣来做教研，一定要植根于实践、教师、学校和学生，一定要聚焦真实问题。所以我特别强调聚焦真实问题是我们的使命。可能有的老师很愿意去做另外一种研究，但是这种事只能做自己的科研课题。做教研一定要解决实践问题的，而且要带动区域的教研。不是说最后这个教研只能你去做，脱离你老师们就不知道怎么再去教或者是怎么去研究了。你还要带动区域的教研，这个是职责。

第二个我觉得做教研还是要抓住关键环节和关键问题，我们不能眉毛胡子一把抓，我们要从整体去考量，而且要合作，不能各自为政。从北京市来讲，现在市一级的还是聚焦到支持性的策略。不好意思，今天由于时间紧，我没有把尚峰博士的案例放出来。他是在线课堂时形成了八大支持策略。有机会请尚峰博士来讲，怎么去支持这些策略，怎么用在老师的教育教学育人方面。

再有就是我们说特教学校，要实现的是各种个性化的育人方式。这是特教学校天然的一种职责。那怎么去个性化？特教学校还是要育人的，不是最后变成一个康复医院的。那怎么去育人？去教育好我们这些特殊的孩子呢？所以特教学校也是需要我们教研去支撑的。

再有基于真实问题，我们说评估是科学地给我们的一个方向，去找到孩子的最近发展区，还有潜能发展区。我们最后其实是为了实现每个孩子的发展，每个学校通过我们，找到给予学校的一些支持性的东西。它能够让所有的孩子在这样的一个共育的环境中能有所收获，有所成长，这是第二个方面。然后第三个方面，刚才也听到魏教授讲的，也很有启发。我们现在其实可以用数字来赋能我们的教研方式。北京市也在做一些探索，包括我们教研员的培育，就采用了一个线上的必修和选修模块，不用全市所有的教研员都来到我们教科院。而且有时候会通过一些线上的这些模拟调研的方式，去研讨共同关注的问题。应该说数字化或者是人工智能的技术真的是赋能我们，让我们能够更快捷、更便捷地去精准地实现我们的差异性教学，以及提升我们特殊教育的内涵式发展。

以上是我的汇报，也希望我们在推进融合教育的路上共同前进，谢谢！

报告3：发展性阅读障碍小学生的全校筛查及支持系统

主讲人：李　欢　教授（西南大学）

尊敬的各位老师，各位同学，大家下午好。非常开心今天能有这样的一个机会和大家共同来探讨关于融合教育相关的一些内容。

前面魏教授和孙主任谈的，可能都是从整体上或者从宏观上如何去推进融合教育。正如刚才王教授介绍到的，其实在我们融合教育当中对某一类的特殊儿童的支持力度可能相对来说比较少。那这类儿童可能就是学习障碍。传统地来讲，我们的这个盲、聋、智障者甚至自闭症，现在在普通学校里面就读的时候，支持力度和支持体系相对来说比较完善了。但是可能我们比较忽视的就是学障儿童。所以我是聚焦于阅读障碍的学生，为他们提供支持。大家都知道在学习障碍当中，其中比例最高的可能占到百分之七八十的都是阅读障碍。所以这个内容也是我前一个国家社科基金相关的一些研究，把心得和大家分享。

那为什么要来做这样的一个研究呢？其实刚才也提到了，就是现在在我们的整个普通学校随班就读的学生当中，其实学障占到了很大一个比例。虽然在全国暂时没有报道到底学障在普通学校里面的占比是多少，但是我这里抓取的是美国教育部所汇报的一组数据。可以看到，黑色占到了接近40％的比例，其实就是学习障碍。而学习障碍当中可能百分之七八十都是阅读障碍。因此这部分孩子可能相对于其他智障、自闭症孩子而言数量更多，更需要接受帮助，但事实是我们对他们的支持是不够的。现在在国际上来讲，跨语言，也就是不同语言当中研究，阅读障碍的比例大概是7％到15％。在汉语阅读障碍，它的占比大概是3.45％到10％。

所以毫不夸张地说，在每一所学校，每一个班级都能够见到阅读障碍的学生。包括现在有很多医院，我们重庆市儿童医院也开设了专门的学习障碍的门诊，专门有医生来对这些学生进行鉴定。但鉴定了之后，给他们提供的支持和服务往往也是不够的。所以有很多拿到了这个学习障碍和阅读障碍鉴定的学生都跑来找我们求助。我们到底应该怎么去支持他们？这是我们非常关心的一个话题。

除了这个之外，我们现在在一线当中有很多的老师和家长也经常来和我们求助探讨的。现在我们在如何教育这类儿童，其他的常见的几类特殊儿童，其实已经有相关的很多资源教室在给他们提供支持和服务。但是学障这一部分有很多老师非常迷茫。这个我截图的就是上周成都的一间资源教室的老师来向我求助的，她说老师你帮我看一下，这个孩子我们应该怎么去处理。现在在一线的很多老师，面对这样的一些棘手问题的时候，面对这个学习障碍的孩子的时候，实际上是不知道怎么去处理的。不光是学习上的问题，还有很多衍生的心理健康方面的问题。很多孩子到了高年级之后就破罐破摔，习得性无助非常明显。所以在这样的现实的驱动之下，我们一直在关注这个话题。

还有本身从学术角度来探讨，也是一个非常有价值的点。因为之前大概在 2000 年年初的时候，大家一直都认为，起码以英语为主流的这些研究都认为阅读障碍是单因素模型。也就是说可能主要是由于语音意识的缺陷导致的孩子阅读的问题。但是后来大家发现有部分阅读障碍的孩子没有语意识的问题，而且有的语意识好的孩子也可能出现了阅读障碍，于是发现阅读障碍的原因不是如此。

因此在 2006 年的时候，学者就提出了一个多重缺陷模型，认为其实阅读障碍和其他的发育障碍类似，都是由于遗传和环境等多重因素汇总起来，就是我们说的相互作用所导致的。导致这些孩子的神经系统上面出现了一些问题。比如说可能左侧颞叶的这个布洛卡区和威尔尼克区和语言相关的脑区激活不足导致了这个语音加工出了问题。也有可能他的顶叶出了问题，导致它在我们在视觉解码等相关的一些内容上可能出了一些问题。因此它的原因可能是多重的。

正是基于我们发现了这个阅读障碍的这种病因复杂性，以及它整个表现的高度异质性，所以我对这个问题非常感兴趣。到底我们如何去支持我们这些孩子呢？我们现在可以查到的很多研究，关于阅读障碍都是从某一个侧面来的。

比如说针对学生的工作记忆，针对学生的语音意识等等，从不同的角度来探讨去干预。但是我想在一线的老师，他们可能更需要的就是，我们应该有一个整体性的判断，我们应该有一个整体性地对阅读障碍学生的支持体系。就是基于这样的一个想法，也是结合了国外的 response to intervention，就是那个干预反应模型和 MTSS 这样的一些模型，来做了一个本土化的支持体系。也就是说我们还是一个多层的支持体系，我们把全校的学生语文的成绩，以及把阅读的能力都纳入监控。这也是我在我们重庆市目前十所小学在做的东西。

我们在十所小学都在尝试做这样一个全校的支持体系。首先就是在第一层的时候接受筛查，把全校学生前几次的语文学业成绩全部监控。我们能够根据学业成绩来了解这个孩子在班里面的排名，从学校排名可以发现他的语文是否存在困难。如果这个孩子，比如说前三次标准化的测验当中每一次都出现了语文学习困难，在班里面都是比如倒数前五名，或者他的标准差低于了 1.5 或者 2 个标准差，那我们就可以怀疑这个孩子有可能有阅读障碍。

这个时候，我们就对这些孩子进行小组评估。大家都知道在国际上来讲的话，阅读评估其实是非常规范性的评估。但是在我们汉语阅读障碍当中，我们刚才提到了，我们很多的评估是零散的。我们有视觉空间能力的，有工作记忆的，等等。我们到底如何去建构小组方面的评估，到底如何全面地去梳理它到底存在什么样的缺陷。所以这是我们在小组干预这个部分一直在探索、一直在做的一件事情。经过小组干预之后，我们大部分的孩子实际上都能够有明显地提升了。

因为我们小组干预的时候，主要针对的是其最明显的缺陷。比如他的工作记忆有问题，就干预他的工作记忆；他的视觉空间能力有问题，就干预他的视觉空间能力。大部分孩子都可以，但是我们会发现有一部分孩子他还是没有反应。在这个小组干预当中，就算我们给他相对来说比较密集的小组干预，比如说每天都有差不多半个小时到一个小时的干预时间，但还是会发现这部分孩子的效果不好。因为刚才我们提到的异质性很强，单纯的这种小组干预可能不能满足他。因此我们再往上推，对学生进行更全面的、更系统的、个别化的干预。通过这样的一个框架，搭建起来一个全校的支持系统。

具体而言，我们在每一部分怎么操作的呢？第一个部分，在我们的这个全校筛查的时候。大家都知道可能现在筛查的时候，我们的切截点，我们的工具都不统一。不光是在中国不统一，在英语当中也不统一。比如在美国有的州有的时候用的两个标准差，有的用了 1.5 个标准差，有的用的

1个标准差。它是根据不同州的资源来确定衡量的，所以来给它进行不同的界定。在我的这个研究当中，为了让孩子们更好地、更多的孩子纳入小组干预当中，我并不给他贴标签，我只是把他纳入我这个系统当中，给他提供支持和干预。

所以我用了1.5个标准差之后，我们监测的是他的整个的阅读流畅性和阅读准确性。我们从1到6年级都用了1.5个标准差和年级差异来做。同时我们也非常关注家长和老师的反馈。家长和老师对孩子平时在学校的学业、在家里阅读的情况给我们的反馈，也会纳入考量。这是第一个持续阅读困难。

第二个就是刚才提到的，他的语文学习成绩持续地每一次在班上都是倒数前几名。每一次的平均分都低于了我们的平均分的1.5个标准差。另外我们也进行了相应的排除，比如说我们排除智力的一些障碍，还有是否有一些视觉的障碍、听觉的障碍等等。这样一些问题排除了，我们才把他纳入了我们第二个小组干预当中。

我们刚才提到了在国际上小组干预它是一个非常标准化的。比如说做语意识的，还有一些字母知识的，还有印刷知识的这样的一些干预，非常规范性的干预已经形成了。但是在我们国内没有，那怎么办呢？我是基于现在我们对汉语阅读障碍的一些亚型来去确认的。因为亚型就意味着主要就存在这样一些问题，于是我根据这个亚型的划分，针对几乎所有的亚型，我们来进行小组的干预。这个干预包括了语音的缺陷、快速命名的、正字法的、视觉空间的、听觉的，做出来相应的小组的评估和干预。

在第一个当然关注的是阅读能力的持续监测。其次刚才我们提到了他的一般认知能力，包括工作记忆，还有视觉空间能力，还有与语言密切相关的正字法意识、语速意识，还有行为捆绑等等这方面能力，都是我们在做这个小组干预当中密切去关注到的。

因为每一个部分测评的内容相对比较多，所以我就简单地从正字法来举一个例子和大家来探讨。正字法我们关注的主要是部件基本意识、组字规则和偏旁意识这几个部分。为什么要从正字法来入手呢？因为考虑到从简单阅读观来说，他们的障碍主要是涉及解码和理解两个部分。

但是一般我们从阅读障碍的根本定义出发，这部分孩子最大的缺陷、最大的困难可能是存在于解码当中。而解码在我们的英汉的过程当中，很大一个区别其实就在于正字法差异特别大。正字法的深度完全不一样，汉语的特征和英语的书写系统有极大的差异。

我们在做这个正字法的评估的时候，就是包括了刚才提到的部件基本意识，包括了部件的方位，还有部件的识别。组字规则包括部件的位置，部件组合，以及偏旁意识，主要是声旁意识和形旁意识这几部分。这个图有点小，可能看不太清楚。这个是我们第一个部分，关于基本部件的评估。这个主要考察的就是正反字，看这个孩子能不能快速地判断出来这个字体有一个反转，它是正的还是反的。另外还有就是部件的缺笔画和少笔画，也是在这个基本的意识里面去进行评估的。

第二个部分，我们判断的是他的组字的规则。比如说我们知道的四点底，它是不能放在上面的。但是可能在组字的时候就把它放到上面，看这个孩子有没有意识，能够判断出来它的这个部件基本是什么样的构成，以及部件的位置应该是什么样的。通过这样的一个方式来对他进行评估他的组字规则。

第三个部分就是我们刚才提到的声旁意识和形旁意识两个部分。声旁和形旁其实是能够帮助我们快速解码出来这个汉字，能够读出来它的语音，能够理解它的语义的一个很重要的方面。但是我们研究发现，汉语阅读障碍孩子评估出来的正字法意识的每个方面都是非常弱的。那评估出来他在这个正字法意识到这个问题之后，我们主要的干预方式，用的是我们刚才提到的小组干预。主要就是用的意义化识字的形式，来教会它基本的部件的知识，帮助他去积累相应的知识。有的老师可能会说，这些内容小学老师也在讲，为什么你们还要单独来去讲？因为刚才我们提到了，小学老师在讲的时候，他可能不会去把某些部件全部来归类总结，也不会去比较这个正字法意识在哪容易出错。而我们就是针对阅读障碍的学生，他在哪些部件当中容易出错，哪些部件的笔画笔顺，哪些部件的部位容易出错，我们全部评估出来，然后对他们进行这种比较系统化的干预。这就是我们小组干预的内容。当然这只是其中一个板块，正字法意识的板块。

在个别化干预的时候，我们就针对小组干预当中效果不好，对很多孩子进行密集的小组干预，之后，效果还是不好。我们小组干预一般是 10 到 12 个人一组，然后分成了正字法组、视觉空间组等等，很多不同的组同步进行来进行干预的。我们就发现什么呢？发现很多孩子小组干预效果不好，为什么呢？我们就去把这些对于我们的小组干预没有反应的这些 non-responder 全部集中起来，又对他们进行系统化的干预。就发现有很多对小组干预的同学，其实他的问题更加复杂，为什么呢？因为他在最底层的时候，行为是有多种差异的、多种表现的。正是这种多种差异的表现奠定了它的共病。

现在在阅读障碍当中共病的发生率非常高。其中一个很常见的共病就是 ADHD。当然还有视觉障碍，还有语言障碍的很多问题。因此我们在这里面就把这些更特殊的这部分孩子进行了个别化的评估。比如说我们挑出来的这个孩子，发现他有非常典型的 ADHD，它合并了多动症、阅读障碍。而且他在小学二年级的时候，连一年级的字都还没有认识。就是说他识字量特别少，而从二年级就开始破罐破摔了。

刚才前面我提到了，有很多阅读障碍最大的一个问题，到了高段的时候，他不是学习上的一些困难，而是在心理上已经非常排斥学习、讨厌学习、厌倦学习。老师也不理解他，家长也认为他不认真，不爱学习。因为他可能在很多方面是因为他主观的一些意愿不愿意去导致的，其实不是。因此面对这样的一些孩子，更复杂的孩子，我们就对他们进行了个别化的一些评估。比如说这个孩子，就发现他的多动是一个很大的问题。

现在大家都知道，刚才提到的，其实阅读障碍孩子在神经层面有很多的问题。就比如说刚才可能在前额叶皮质上的执行功能这方面有很多缺陷。他的整个组织能力、时间管理都有很大的问题，注意力也不太好。因此面对这样的一个孩子，我们就想先来解决他的注意力的问题。因为这是我们说的一般的认知技能，这个方面对他学习有很大的驱动作用。通过前额叶皮质的进入电刺激这样的干预方式，是得到了我们西南大学的伦理委员会的审核的、经过批准的这样一个做法，来对孩子们进行了进入电刺激。进行了 20 次，一共四周的静电刺激的训练，每次大概是 15 分钟的。同时在做进入电刺激的时候，也结合相应的注意力的训练的一些内容，都是用识字来训练他的注意力的。然后经过了这样的训练之后，效果是比较好的。所以这是我们在做的这个三层的支持体系。从最开始的筛查到小组的干预，到最后进行的更复杂的针对个案进行的个别化的干预。就是他们在注意力各个维度都得到了提升，包括阅读的能力也得到了迁移，这是我们的整合的一个形式。

在我们进行全校支持体系的梳理的过程当中，我们也发现了还是有很多问题需要各位同仁引起关注。在未来的时候，我们可能要去做一些事情。首先刚才我已经反复提到了，就是工具的问题。我们现在很多切截点是不一样的，包括我们的筛查的工具，每个学者用的工具都是不一样的。可能这个孩子筛出来他是特殊儿童，但在另外学者团队里面筛出来他就不是特殊儿童。所以这个是需要我们去关注的，我们要统一形成一个非常明确的规范的鉴定标准。但这个鉴定不是为了贴标签，而是我们更好地去给他们提供服务，这是第一个。

第二个是干预效率的问题。虽然刚才我们提到了我们的效果还是不错的。但是我们也做了很多关于阅读障碍的 Meta 分析。我们会发现关于阅读障碍的，在国际不管哪个语言当中，它的效应量都是低到中度，就是效应量没有那么高。我们推测这个原因可能也和现在它的异质性过高，我们统一的一刀切的这个模板，很难去起到一个有效的方式。所以如何去给孩子们提供更加多元的，能够结合他的个性化的需求给他提供支持，是我们未来可能共同地去探讨一些话题。

第三个刚才其实我也提到了，就是它的发生机制。虽然我们从多重训练模型来去解读，但实际上具体有哪些因素，到底它在神经层面、认知层面到底有哪些缺陷，还是非常值得我们去关注的。另外虽然刚才我前面那个图片是我们来探讨这个亚型，但其实它还是有些争论的，包括他的共病，ADHD、数学障碍、阅读障碍、语言障碍的有些共病也是需要我们去关注的。

最后一点就是特异性的评估工具。我们现在很多工具是来自英文当中的一些工具，包括视觉空间能力的这个工具也是英文的。但是我们汉语非常特殊，比如说笔顺笔画和英文有极大的差别。所以这个也是我们未来要去解决的，特异性的、针对汉语当中的评估工具的一些问题。

以上是我们团队这些年的一些工作的收获和体会，还有一些不足，还请各位专家、各位学者多多批评指正，谢谢！

报告 4：基于评估的数学学习困难学生的教学与干预探索

主讲人：朱　楠　副教授（华中师范大学）

非常感谢主持人王老师的介绍，还有前面三位老师的分享，我今天就延续李欢教授的分享内容来分享学习障碍或者学习困难这一类群体。我聚焦的这个类别是数学学习障碍。首先关于学习障碍的这个群体，刚才李老师也讲到，我们学习障碍群体当中其实有很多的亚型。其中一种分类方式最受大家认同或者认可的，就是从不同的学业领域来进行分类。其中一类是阅读障碍，另外一类就是数学学习障碍。数学学习障碍的流行率其实比例也是比较高的，同时数学学习障碍在已有的研究当中，包括我们的实践当中，它受关注的时长、力度是远远没有阅读障碍来得早，或者说关注力度大。

在所有学龄段的孩子当中，其实不仅仅是有障碍的孩子存在数学学习的问题。很多学龄段的普通孩子，他也是有数学学习困难的。那数学学习障碍在已有的研究当中，因为它也是一个异质性的群体，所以在这个群体当中，我们已有的研究者，就是大家比较认可的一种分类方式，是分为有没有存在阅读障碍共病，就是我们所说的混合型的数学学障。另外一类是单纯型的学障。这两类学障因为他们存在或者是不存在阅读障碍，会影响到这些孩子在整个学业，特别是数学上这样一个表现。

关于学障的鉴别，李老师也有分享到，就是我们现在关于这个学障的鉴别，我们传统的一种模式就是智力－成就差异模型。智力－成就差异模型其实一直被我们的专家和实践者所诟病。一个主要的原因就在于智力－成就差模型它是一直等到孩子出现了比较严重的障碍，即智力和成就水平之间的差异达到了 1.5 个标准差或者是两个标准差。等它出现了这个问题，我们才去关注它。所以智力－成就差异模型跟特殊教育当中一直所提倡的早发现早干预，其实是有违背的。所以目前国际上，尤其是以美国为代表的国家，在 20 世纪 90 年代就开始去探索另外一种新的鉴别模式，干预反应模式，它是把预防和干预相结合。

除此之外，在目前还有另外一种补充性的模式，就是认知优劣模式。我们对于学障的认识，从仅仅关注到他在学业上的这种缺陷，逐渐地去拓展，拓展到更为广泛的一些基础的认知能力，或者是其他方面的一些缺陷。所以这个认知优劣模式，它不仅去评估孩子的学业的问题，同时也关注到这个孩子内在的认知过程的问题。

但是我们在国内的学习障碍的研究一直关注得比较少，确实是非常少，可以说是近些年才有个别的学者来关注。一个很主要的原因，就是我们国内的标准化的评估工具是非常缺乏的。所以我们很难真正地从孩子当中鉴别出来，到底哪些孩子存在学习障碍。所以在这里我为什么没有用这个障碍来作为我的报告题目，就是因为我们很难鉴别出来哪些存在学习障碍。所以我们从预防、评估和干预相结合的这样的一个角度去来看的话，那可能我们更多的不是给他贴标签，而是更多地去为这些孩子提供支持。所以今天在这里的分享就用到了数学学习困难这个术语。也就是说他在学业上表现出来的一个困难，非常值得我们的特教老师或者普教老师来进一步地去关注。

同时为什么是数学领域，数学学习障碍它要比阅读障碍受关注的更少，可能有一些来自数学领域本身的原因。因为数学领域它更加的复杂，它的复杂性就体现在知识类型很多样，有一些是涉及概念，有一些是陈述性的知识，有一些是涉及程序性的知识，同时还要涉及更高级的思维能力，比如说问题解决能力。因为它涉及的知识类型更复杂，那同样我们可以参考普通学校的课程标准，我们标准当中对于领域的划分，也能够使我们看到数学领域当中小的知识点，或者说小的知识类型是非常的多元的。所以在这样的一种情况下，可能也给我们去探讨数学学困或数学学障带来了很大的挑战。

基于这样的一个背景，普通学校当中的这些数困生，我们怎么样来开展干预、开展教学？这里就需要关注两个核心的问题，一个是教什么，另一个是怎么教。基于教什么，这里就是回应刚才魏教授所讲到的在融合环境当中的这种评估，可能我们会非常关注这个课程本位测量或者是课程本位评估，它给我们提供了一个非常好的方法，能够帮助我们去找到所面对的这个特殊孩子在数学领域的技能方面，哪些是需要去关注的。而且课程本位测量具有这种对教学的敏感，或者是与课程的一致性，可以进行重复的测量等。像前面魏教授所开发的这套系统，我们以后都可以合作用起来，然后共同为后期针对孩子进行进一步的干预来提供一定的支持。PPT上我所呈现的这个图片，是我们团队在做相关干预研究的时候所开发的，针对这个加减法应用题或者是针对数感的一些课程本位的测验。

第二个理论基础就是这个 RTI 模式。RTI 模式给我们提供了一个非常好的如何来教的一个大的框架或者是思路。针对第一个层级的，也就是普通班级的孩子，需要提高课程本身的质量或者说班级教学质量，对集体教学没有反应的孩子，我们就需要用小组的干预。对小组干预仍然没有反应的孩子，就需要用到个别的干预。在数学学困的这个领域，就需要把这样的一个框架和具体的数学领域相结合。所以我们接下来要做的这个工作，未来一段时间需要开发出来的一套工具或者材料，它需要针对不同的层级，比如针对集体教学、针对小组教学、或者针对个别教学。也需要针对不同的数学领域，比如说数感、计算应用题、测量等，每一个层级到底我们应该怎么教？这就为我们提供了进一步研究探索的整体思路。

接下来我跟老师们分享的是我们团队目前做到的一些事情。首先针对不同的层级，我们进行了一定梳理。比如说在班级数学教学当中，什么样的要素是非常有效的。这些是基于国内外的一些研究，基于元分析的结果，我们提取出来的一些主要的核心教学原则，老师在进行融合课堂的设计的时候，就可以把这些原则给融入进去。第二个方面就是在小组干预上面，我们采用同样的元分析的方法，以及在大量的文献分析的基础之上，我们也提取出来了一些有效的要素。比如说像直接教学、视觉表征等。在小组教学当中，就可以结合着具体的数学领域的内容，把这些要素融入进去。在第三个层级，也就是针对个别化的这个层级的教学，也有大量的研究去探讨。比如说像策略性的教学、直接指导学习策略的教学，就是教给孩子一些具体的问题解决的策略，或者是一些方法规则。对于数学学困生包括其他特殊孩子，只要是数学方面有困难的孩子，这些方法都是比较有效的。

在文献的基础之上，我们也做了一些实证的探索。我挑选出来最近几年针对不同领域所做的。在文献的基础之上，基于国外的一些实践的情况，因为国内相关的研究确实是比较少，特别是数学领域非常少，所以我们就基于国外的文献，以及国外的循证实践评价的基础之上，挑选了一些比较适合我们本土化的策略。针对不同的数学领域，进行了不同层级的，主要是以个别化的和小组式为主的一些研究。因为时间的关系，所以这个部分我就简单地给老师们介绍其中的一两个。

首先关于数感的干预。在整个研究过程当中，我们首先对于数感进行了一个构成要素的系统分析，然后进行了进一步的细分。在此基础之上，因为目前国内标准化的课程本位测量中，其实是没有相关的、非常系统的测验。所以基于这个领域的研究需求，我们就编制了一些数感测验。这些测验用以我们整个干预效果的检验，也是对于学生的数感发展水平的评价。

具体到一些干预策略，在数感的这个领域，有涉及比如说关于近似数的、数学故事教学的训练等。这几种训练方式是分别针对数感不同的、具体的、小的技能近似数的。例如近似数的训练，我们就用作数的关系的训练或者是数的估算，根据教学内容我们开发一系列干预材料，实施整个干预过程。

在数感的干预过程中，我们采用了一些干预的策略组合。因为不同的训练所用的时间、针对的数感内容是有一定的差异的，所以我们做了一些组合。同时为了保证个别化干预的强度，每一周训练的次数是达到了一定的密集程度的，这是一些具体的训练方案。

再一个想和老师们分享的就是应用题这个部分。因为对于数学学困的孩子来说，应用题一直是他们面临的最大困难，所以在应用题的这个部分，我们做了两种形式的探讨。其中一种是关于图示教学策略，我们借鉴了国外在数学学障领域非常有名的两个团队的教学策略，拿到他们的教学手册，进行了本土化的修订，应用到我们的教学当中。另外一个是认知策略教学，涉及对孩子的数学解题的认知能力和元认知的能力训练。屏幕上是我们在进行干预的过程当中所做的一些记录。

我们在研究的过程中，采用了单一被试的研究方法以及群组实验设计的方法，然后得到的结果都验证了这些方法本土化的成效，是能够提升数学学困学生的数学能力的。比如说数感的部分、加减计算的部分。我们还将数学干预拓展到智障群体，做了一项分数教学的探索，这是采用的小组教学的方式。同时我们也采用群组实验的设计，来验证我们的这些教学策略是不是也可以用作我们国内的班级教学，因为它在国外已经得到验证，可以用作班级的教学。我们为此也做了一些探讨。

最后我们在做学困的研究当中，其实遇到了很多的困难障碍。第一，我们开展研究是缺少一些基础的，比如说目前本土化的课程本位测量工具的缺乏。所以我们每做一个领域或者一个非常小的技能，需要前期付出大量的工作去做评估的工具。所以未来我们是需要进一步形成比较成熟的课程本位测量工具，能够给我们的研究者，包括给我们的教师，其实更主要的是给教师在做资源教学的时候，或者是在做个别化的辅导的时候可以拿过来使用。

第二，现有的本土化的干预策略确实是非常少。目前基层老师有很多很丰富的数学教学的经验，但是老师们，特别是来自普通教育领域的老师在整个的话语体系，还有老师的思维方式上面，可能跟特教的实践者之间还是有一些领域的差异的。所以就需要我们不断地在实践和研究的层面去探索适用于不同的层级、不同的学科领域，以及适用于不同类型的特殊学生的干预策略。

第三，也是我在一系列的研究之后所思考的，我们学习困难、学习障碍的孩子，都是在普通学校当中。刚才跟李老师在沟通说，学困的孩子一直在很多的地方是不被纳入特教的范畴的，而普教老师又很苦恼，他们就往往处于这个夹层当中，他们的处境很艰难。那这样的一个问题，其实是让我们能够进一步地去思考，到底融合教育、普通教育和特殊教育之间怎么样建立一种关系。我们谈融合教育，在以往的几十年更多的是从理念或理论，或者说从这个实践的理想蓝图方面来思考融合教育，但真正是需要走到学校教育的实践当中，比如说怎么样去构建这种多层级的支持体系等等。

最后我也发出一个倡议，就是我们特殊教育者应该更将自己的使命根植于儿童本身。因为儿童才是我们教育最终、最中心的需要关注的群体。扎根于实践教学当中，发展和验证更多有效的循证实践策略，是我们特殊教育研究者包括实践者的责任和使命。非常感谢各位的垂听，希望以后有更多的机会跟老师们交流，谢谢！

交流与研讨

点评人：郑荣双　教授（岭南师范学院）
主持人：王庭照　教授（陕西师范大学）

点评人：郑荣双

我们学校是岭南师范学院，可能大家都不太熟悉，但在特教里面还是有一点影响的。我们是广东省一所省属的师范院校，所在地是湛江，被称作祖国大陆的最南端，离海口就是隔了雷州海峡四十海里。今天下午我们四位教授的演讲信息量非常大。我不知道别人怎么看，我个人觉得是收获颇多。我们涉及主要是几个方面，首先就是后面两位教授讲的学科学习困难，因为时间关系，我就大概地谈一下我自己的看法。首先李欢教授和朱楠教授研究都特别系统、深入、扎实和深刻，我觉得我们做学问体现出来了我们的一种精神，踏踏实实，认认真真，这点让我特别佩服。

关于学习困难方面，其实我之前在珠海几所融合教育学校，是对三个学生做过追踪访谈的，印象特别深刻。还有一个就是很多年之前，不知道大家还记不记得珠海有一所中学，有一个特殊儿童掀起了轩然大波。我就是对这个学校进行重点考察，获得了一手资料。我入班观察的孩子，给他起的化名叫乐乐同学。他们主管的副校长很支持，把那个学校所有教过这个孩子的任课老师，包括数学老师、体育老师、心理老师，还有特教老师都组织起来，让我对他们进行访谈。然后我见了大量的那个学生的材料，我与孩子的父母也做了深入的访谈。当时颇多感受，现在具体细节就不讲了。我非常震撼，整个非常震撼。时间来到现在，我就觉得我们现在融合教育的这个环境要好了很多了，现在不会有人把我们孩子赶走了，这是巨大进步，但是还有许多醒目的具体问题。

听了李教授和朱教授对数学和语文学科方面的研究，很有启发，我个人也有一点看法。我们能不能在教研的基础上，在评估和干预方面，尤其是干预方面，构建一个模式。这个模式第一具备一定的普适性和推广性，当然普适性是相对的，永远不可能有普适性的。最好有一个大概的模式框架，已经非常成熟，能够复制。因为按照之前的方法来做的回报效率确实太低了。一个孩子搞个一年可能搞不定，还有对孩子进行康复干预的效果，改善效果的可持续性又是怎么样的，这也是需要认真去思考的问题。比如说这个孩子在干预期间，一切慢慢变好，如果停下来会怎么样？我觉得这是非常值得认真考虑一个问题。似乎是我们付出了十二分的努力，孩子进步了六分，结果停下来他却不到三分了，当然总比一分没有强，所以我就觉得这似乎也是以后应该努力的方向。但是这也很不容易。

接下来是孙颖主任的。孙颖主任是首都来的，可以介绍北京经验，做得也是非常完整。有一个词我非常想说，就是要解决实践中的真实问题，这点我觉得说得太好了。为什么这么说呢？融合教育不停地开会，不停地研讨，提出很多新的建议意见和理论的方法等，但是关键是要落地，要解决问题，我觉得这才是我们进行教育研讨的最终目的。还有就是因为我们是属于广东省省属院校，每年都要有很多省培的项目。从项目当中我们也发现这个问题，我们就添加了一些比如说特殊学校教师科研能力提升的相关的培训内容在其中，可是最后发现其实效果并不是很好。您刚才讲的一些模式，我觉得很有参考价值，尤其是怎么样来推动普校中的融合教育老师，包括学科老师来进行教研，这才是从根本上可持续的一种管理方法。比如学校中的一些学科老师，他们面对一些学科障碍的孩子时该怎么办？其实肯定是很不容易的。

我有一些感想，现在融合教育在学术层面的研究取得了非常大的进展，也有很多可执行的、非常科学系统的理论方法和干预。但是由于行政方面的一些管理，其实融合教育从学术上来说，真的不是那么容易的。比如说在融合学校读书的特需儿童，显然他们一开始是需要辅助，需要支持的。我们也培训了一些所谓的“影子”老师，家长也愿意花高价钱去聘用这些老师。在广州，一个影子老师一个月至少八千。但问题是什么呢？有些学校根本不让进，就宁愿让孩子家长进，不让“影子”老师进来。我们虽然觉得不可思议，但是也没办法，所以孩子根本在学校待不住。那么只有推动普校中教特殊孩子的老师去科研，这样才能落到实处，就可以避免人家不让“影子”老师进学校，这个孩子没有相应的支持。可以避免这些问题，这是我简单的想法。

魏教授分享的数字时代的融合教育，我觉得还挺有意思的。魏教授做的线上的项目，我觉得也是你们学校的传统，比如说你们做的 IEP，也是同样的模式。我们在做省培的时候就推给省培老师，就说 IEP，可以参考这本书，一扫什么都可以扫出来，可以节省很多做 IEP 的时间等，您做的这个方向是挺好的。

而且在当下 ChatGPT 相关的技术研发出来之后，我们都在讨论这个对我们的特殊教育会产生什么样的影响，促使其怎样改变，大家想到很多。尤其是马斯克有 12 个孩子，之前还是 11 个，昨天一看又生 1 个了，12 个孩子中有 3 个自闭症孩子。那么我们就想，马斯克应该出于对他儿子的爱，然后再加上他超强的科研能力，能不能研发出来一个芯片，植入孩子的脑袋里，然后说已经给解决了。我们特别希望能够这样，但是希望是希望。不过科学无止境，我们一定要密切关注数字是如何改变、如何运用到我们特殊教育的。

主持人：韩晨　博士（华中师范大学）

各位老师和同学们，大家好，我是华中师范大学特殊教育系的韩晨，很荣幸能够主持今天下午下半场的会议。这次的会议，因为有外宾的参加，所以我将使用中英文进行混合主持。那么首先呢，根据我们的日程安排，分会场二的第一次报告，是由来自澳大利亚昆士兰科技大学的 Suzanne Carrington 教授来进行，她的报告主题是实施融合教育国际研究的证据。

那么，在 Suzanne Carrington 教授开场之前，请允许我简单地介绍一下她。我们非常荣幸能够邀请到 Suzanne Carrington 教授参加今天的会议。在 Suzanne Carrington 开始报告之前，我想先简单介绍一下 Suzanne Carrington。Suzanne Carrington 教授是澳大利亚昆士兰科技大学融合教育中心的一名教授。Suzanne Carrington 教授的活动领域包括融合教育、领导面向融合学校残障人士的道德变革以及针对融合学校的教师培训。她已经发表了超过 100 篇期刊论文、相关书籍和研究报告。那么，让我们欢迎 Suzanne Carrington 教授！

Good afternoon, everyone. Thanks for coming today. It's my pleasure to invite Professor Suzanne Carrington to join us at this conference. Before your presentation, I would like to briefly introduce you. Professor Suzanne Carrington is a professor at the Center for Inclusive Education, Queensland University of Technology, Australia. Her areas of activity are inclusive education, ethical transformative leadership for inclusive schools, disability, and teacher preparation for inclusive schools. She has over 100 journal publications, books with chapters, and research reports. Let's welcome Professor Suzanne Carrington to give her presentation on implementing inclusive education based on international research.

报告 5：实施融合教育：国际研究的证据

主讲人：Suzanne Carrington

Thank you, Chen. Thank you very much for inviting me to speak with you all today. I'm very lucky to be here at the university for two weeks, so I've been in Wuhan for one week and I have one more week here. I've had a great opportunity to conduct workshops with some students, academics, and staff here.

This is my fifth time in China, but my first time in Wuhan. I'm from Brisbane, Australia. Here are four pictures I'd like to share with you. The top one is the front building of my university, Queensland University of Technology. We don't have normal universities; they're not just for teaching, but education is within the broader whole range of disciplines within the university. What's this? Yes, it's a koala! This is the Brisbane River, and this is where I live. The fourth is a beautiful man-made beach in the city of Brisbane. If you get hot, you can go for a swim at the beach.

Today, I'll talk about several areas. Universal Design for Learning (UDL) and Differentiated Instruction are key focuses of today's conference. In Australia, we use these inclusive pedagogies more extensively, and we teach our pre-service teachers how to use UDL in inclusive classrooms and apply Differentiated Instruction. I've also done a lot of school-based research in Australia, and I'll discuss how we've used our research findings to develop a community learning platform called "Inclusion ED," which is an online platform with resources from our eight years of research in Australia.

UDL is a set of principles for designing curriculum to provide equal learning opportunities for all individuals. It emphasizes that "universal" means for everyone. There's been a lot of discussion about the Response to

Intervention triangle and Multi-Tiered Systems of Support (MTSS), which also has a big triangle at the bottom. We use a similar process to support our teachers in thinking about the 80% of students in mainstream classrooms. This work is about inclusive classrooms, not special schools. Our focus is on supporting teachers to consider the learners in their classrooms, understanding their needs, backgrounds, strengths, and barriers to learning. We want teachers to use UDL proactively in their lesson planning to support the majority of students in their classroom.

We also have students who need additional or intensive support. The focus is on all individuals and providing equal opportunities to learn. We want our teachers to plan for the needs of all learners by creating lessons where all students can participate and demonstrate learning. I'll also talk a little about lesson planning and what we need to consider.

UDL principles are complex and require careful implementation. The three key principles of UDL are engagement, representation, and action and expression. Engagement is about motivating students and getting them interested in learning. Representation involves presenting information in different ways to accommodate diverse abilities. Action and expression support students in demonstrating their knowledge and skills equitably.

UDL thinking influences how we plan and implement teaching in the classroom. It's about knowing your students, not just the curriculum. It's about identifying learning goals and potential barriers to learning. We need to be aware of these barriers and provide adjustments to support all students in the classroom. We identify universal supports that can benefit the majority of students, and use UDL guidelines to design, teach, evaluate, and revise our lessons.

In engagement, we focus on recruiting interest, sustaining effort and persistence, and self-regulation. For example, we can optimize individual choice and autonomy, provide flexible time arrangements, and use visual aids. We also emphasize relevance, value, and authenticity, connecting the curriculum to students' lives and experiences.

In representation, we consider customized display of information, auditory information, and comprehension options. For students with hearing impairments, we can provide captions and visual diagrams. For those with dyslexia, we can use pre-taught vocabulary and charts on the wall.

In action and expression, we vary methods for response and navigation, and use multiple media. For example, we can give students more time to complete activities and provide alternatives for responding.

UDL and Differentiated Instruction are complementary. UDL expects student diversity and requires designing accessible curriculum and learning environments. Differentiated Instruction adapts content, process, product, and learning environment based on ongoing monitoring and assessment.

Classroom supports based on UDL and Differentiated Instruction include visual cards, timetables, work systems, and daily schedules. Inclusion ED, a community learning platform for teachers, provides resources and practices informed by UDL and Differentiated Instruction, with research and journal links.

To support teachers in planning lessons, we consider the lesson goal, students' needs, and potential barriers to success. We anticipate variability and plan for it, thinking about each part of the lesson and how to support learners.

In engagement, we consider student interest and effort, making the topic more interesting and addressing barriers. In representation, we anticipate student background, experience, vocabulary, and perception, and plan accordingly. In action and expression, we anticipate the range of student responses and demonstrations.

UDL and Differentiated Instruction are different but complementary. UDL expects student diversity and requires designing accessible curriculum and learning environments. Differentiated Instruction adapts to student differences and supports adjustments based on monitoring and assessment.

Classroom supports from my work in Australia include visual cards, timetables, work systems, and daily schedules. Inclusion ED is a community learning platform for teachers, with resources and practices informed by UDL and Differentiated Instruction. It's designed with teachers and for inclusion, with a dedicated resources section for downloads and updates.

I've been working in inclusion for a long time. My tips are to model equity and social justice, treat others with compassion and dignity, have the courage to ask tough questions, and be brave, intentional, and strategic. I can send you related articles if interested. Thank you very much for listening!

真的非常感谢华中师范大学的邀请，让我今天能够来到这里与大家交流。我已经来武汉一个星期了，接下来还将在这里与大家度过一周。这是一个能够和大家一起交流分享的好机会。实际上这是我第五次来中国，但却是我第一次来武汉。我来自澳大利亚布里斯班，这有四张图片我想分享给大家，最上面这是我任职的大学的前楼，这是昆士兰科技大学。这是什么？是的！是一只考拉！这是布里斯班河，这是我住的地方。这是一张美丽的人造海滩的照片，它位于布里斯班市中心。如果你感到很热，可以前往体验人造海滩上的海滩游泳。

今天我将与大家分享几个不同的领域。本次会议的重点是使用 UDL 和差异化教学。在澳大利亚，融合教学应用得更为广泛，我们会为职前教师提供培训，内容包括如何在融合课堂中使用 UDL 以及如何使用差异化教学。我在澳大利亚也开展了大量基于学校的研究。我将在讨论的最后与大家分享我们如何利用大量研究成果开发社区学习平台的差异化指导，这是一个在线平台，叫作 inclusion ED，包含我们在澳大利亚历经 8 年的研究后开发的一些资源。

通用学习设计是一套真正用于设计课程的原则，旨在为所有人提供平等的学习机会，适用于所有个体。请记住，universal 这个词意味着涵盖每个人。在今天的会议上，大家进行了广泛的探讨，形成了这个可爱的三角形——关于干预的反应三角。大家可能对多层支持系统 MTSS 也有所了解，它的底部也有一个大三角形，所以我们也用类似的思维支持我们的老师去思考那些主流课堂 80％的学生。实际上，这项工作是关于融合的，而不是局限在特殊学校的教室，所以我们的重点是真正支持我们的老师去考虑课堂上所有的学生。他们是如何学习的，他们的背景是什么，他们的优势是什么，他们在学习中遇到了什么障碍，然后尝试让老师以一种积极的方式使用 UDL，在更少的课程计划中真正支持班级中的大多数学生。

当然，我们有收获支持的喜悦，也有泪水。我们有更多需要额外支持、密集支持的学生。所以我们关注的重点是所有人以及我们想要给予所有人平等的学习机会。同时，我们希望老师们能够通过设计所有学生都可以参与的课程来考虑所有学习者的需求，所以我也想和大家分享课程规划，以及我们需要考虑什么。

关于 UDL 原则，大家可能已经有所了解了，接下来我将带大家回顾这些准则、要点并列举一些实例。因为 UDL 是一个大框架，当第一次开始学习和思考它时，你就会知道 UDL 是一个大而复杂的框架。并且我们真的需要考虑如何在实践中使用 UDL。我们需要思考这一切都是如何实现的，在实践中是什么样子的？我在研究中做的很多工作都是与学校的老师进行合作。因此对于 UDL 的三个关键原则，我们都有参与，这也是我们今天所要讨论的焦点。

首先，如何培养学生对学习和学校的热爱？这是关乎学生参与度的问题，我们希望学生有动力、有兴趣并参与其中。我们希望他们对学习感到兴奋。所以这一切都在于为学生提供能够激发学习动机和持续热情的选择与支持，这就是我们所期望的。我们希望所有的学生都能做到这一点，特别是一些有障碍的学生。其次，这要求我们思考如何在课堂上以不同的方式呈现信息。当我们考虑学生的能力以及障碍类型，我们需要探索如何表达和呈现这些资源，以确保他们可以在课堂上了解到所有信息，所以今天早上的会议有很多关于使用数字技术的讨论。这太令人兴奋了！这是一种很好的参与方式。最后，关于多元行动和表达。我们该如何支持我们的学生呢？我们如何提供灵活性与选择空间，使所有学生都能以一种真正公平的方式展示他们所知道的和他们所能做的。

那么，让我们来看看这些 UDL 思维。

首先，这是一种会影响我们思维方式的心态，我们要思考我们在计划方面做了什么，在课堂实施上做了什么以及我们对学习者和环境了解多少。我们要了解学生，而不仅仅是了解课程和提供课程。我们的学生在教室里，我们来这里干什么？这是课程也是我们的学习目标之一。在澳大利亚，我们通常称学习目标为学习意图，即我们希望学生们做什么？我们想让他们学什么？其次是要识别潜在的学习障碍，例如班级里可能会有存在学习障碍的学生，也可能会有听力障碍、视力障碍的学生，甚至会有学生因为生活贫困而带着不合适的设备和材料来到教室。所以学生们在课堂中存在很多潜在的障碍，这阻碍着他们的成长与发展。因此，我们需要意识到这些障碍的存在。所谓 UDL 思维就是，如果我们能够提供相应调整，以支持所有学生在课堂上学习，那么我们就明确了普遍支持的内涵。最后，我们在课堂上能做些什么来支持大多数学生？80%是这个三角形的一部分。那么，怎样做才能真正为课堂上的大多数学生提供普遍的支持呢？我们又该如何使用 UDL 指南来设计我们的教学、评估和修订呢？

接下来，让我们来回顾这些原则。

我们要探讨的第一个原则是多元课堂参与方式。其第一条准则是吸引兴趣。那么我们如何吸引学生，激发他们对这节课的兴趣呢？在 UDL 框架中，多元课堂参与方式这一原则包括了很多要点。首先就是优化个人选择以及自主权。我们有一个国家课程，澳大利亚也有国家课程，但是我们能做些什么来为学生提供一些选择呢？对于学生来说，我们可以在较困难的水平提供选择，这取决于他们的能力或他们对特定主题的兴趣。我们在奖励方面要有一定的灵活性。我们可以提供一些视觉辅助工具。允许学生参与任务的规划，制定个人目标。另一个要点是我们要强调相关性、价值和真实性，我们要将课程和学习与学习者的生活和经历联系起来，考虑学习者的年龄和能力。学习结果应该是真实的、是源于现实世界的，是对他们有意义的。

然后让我们来看另一个准则——持续地努力与坚持。我们如何支持学生切实完成任务？我们可以采用什么思路来使他们更容易完成任务？这些例子都在强调目标和目的的重要性，我们希望确保学生理解课程的目标和目的。在澳大利亚，每一节课的开始，我们都会提出学习意图。我们会告诉学生“这就是我们今天关注的重点，也是我们希望在年底前实现的目标”，让学生真正清楚他们需要在课堂上达到什么目标。当然我们可以以不同的方式去展示学习目标，例如我们有长期和短期目标，也可以使用多种日程工具、可视化提示或者评估示例模型去尝试帮助学生了解学习步骤是什么，他们需要做什么才能在这节课上取得成功。同时，我们需要改变需求或资源以优化面临的挑战，所以这就是差异化教学发挥作用之处。例如，在学生可能使用的不同工具和资源中，我们一直在强调努力和改进的重要性。

下一个准则是关于自我调节的。那么，我们如何帮助学生进行自我调节，管理自己的行为，保持冷静，专注于他们的任务，完成所需的工作呢？我们可以提高优化动机的期望和信念，由于我们设有评估准则，所以学生知道选择标准是什么，将根据什么进行评估。例如，孤独症学生，他们可能有自己的清单来帮助规范自己的行为和想法。你知道他们需要做什么来保持冷静吗？我们在课堂上需要有明确的期望，包括我们教室里的残疾学生，我们要提供机会让他们能够进行自我反思和设定目标。同时我们也要注重其自我评估和反馈。我们需要提供能够监控目标实施情况的图表和设备来确保定期反馈以支持和推动学生取得进步。作为教师，我们真的非常支持我们的老师能够把这一切都阐述得非常清楚和明确。并为学生提供大量指导，使他们能够在课堂上进行此类学习。

第二个原则是多元表征方式，这是关于我们如何表达课程内容的。例如，视力障碍的学生，他们需要字体更大的文本。这一原则强调学生的感知，即他们如何感知老师与他们分享的信息。信息呈现方式的个性化定制是其中的一个要点。我们需要考虑文本的大小和颜色，改变音量和语速甚至是材料的布局。其次我们需要考虑听觉信息的替代方案，为听力有困难的学生配上字幕、视频的书面记录或图表。对学生来说，这些感知的补偿确实会产生显著的影响。同时我们也要提供可供选择的语言、数字表达式和符号。例如，如果你正在教学生学习新词汇以及新的符号，我们可以预先教授一些复杂的术语，或者在墙上挂上图表来帮助学生理解和学习新语言。我们要尽我们所能为学生提供支持，记住这一点。并且这些类型的策略对课堂上的大多数学生都有益处。最后一个准则是促进理解的多元选择。那么，学生们如何理解课堂上发生的事情呢？UDL 真的是良好教学的典范，例如，我们可以激活背景知识，使用概念图链接到以前的知识和经验，必要时预先教授关键概念和技能，并建立明确的联系。

最后一个原则是多元的行动与表达方式，这给学生提供了一系列的机会来表达他们所知道的和他们能做的。例如，孤独症学生写字往往存在很多问题，所以我们可以在早期就教他们如何使用键盘，这就是改变回应和引导方法这一要点的一个很好的例子。我们可以给学生提供更多的时间来完成活动，然后我们也要给予他们多样的回应方式。针对这一原则，另一个要点强调的是多种沟通媒介，除此之外还有很多的策略，这只是我们现在在课堂上所做的普遍方法的一部分。当我们在课堂上使用这些策略与要点时，我想我们就能够支持大多数学生的学习。身体动作这一准则也包含很多要点，比如指导目标设定、制定计划和策略、我们如何管理信息和资源以及提升监控进展状况的能力。例如，我们可以使用提示和支架来真正支持，提供真正清晰的指导，我们可以明确动作的顺序步骤，实际上，用我们的话来说，我们也可以在黑板或白板上呈现一些图表。例如，用图形组织者或模板，嵌入提示和清单来帮助学生记笔记和完成任务。不只是有学习障碍的学生或需要额外帮助的学生，这些策略实际上能够支持课堂上的大多数学生，我想这就是 UDL 的关键。

现在，我想向大家介绍一些支持教师合理规划课程的想法和思路，因为我们希望教师能做些什么。我们不希望他们只是做常规的课程计划。我们希望他们能主动使用 UDL。在规划课程时，教师要考虑你课堂上的学习者，然后考虑目标以及你要做什么，确保你制定了一个明确具体的目标。教师要记录学生应当知道和做的事情，考虑课程内容和活动形式，思考小组活动和个人工作所需的不同技能，以及希望学生在这节课上达到什么目标。所以，想要真正清楚具体地做到这一点，教师还需要了解学生的优势、兴趣和挑战。知道他们存在哪些障碍，有什么会阻止他们在这堂课上取得成功。例如，如果他们是孤独症学生，他们可能在小组工作中遇到诸多困难。那么，我们能做什么？我们需要主动做出有效的课程计划。那个教室里除了那名学生，可能还有其他学生也不太擅长小组合作。所以，了解学生，然后预测变数并为其做好预案。那么，你的学生在课堂上取得成功有什么障碍呢？从一开始就好好想想，并做好计划，考虑一下课程的每一环节：导入、教师教学、指导性练习、个人练习，最后总结。

在参与中，我想关注一下学生的兴趣和努力，他们对这个话题感兴趣吗？我怎样才能使他们更感兴趣？我的意思是，我们有时都要在课程中教授一些学生不太喜欢的内容，但是我们怎样才能把它和有趣的东西联系起来呢？对于我们的学生来说，参与的障碍是什么，然后我们如何使用 UDL 框架来规划战略并做出调整以解决障碍。在表征中，我们要预测学生的背景、经验、词汇以及感知。了解学生在理解知识方面存在什么障碍？他们会有什么困难？我的课堂上是否有特定的学生群体？我在初期能做什么？我能计划做什么？在行动与表达中，我们要预测学生行为和表达的范围。学生展示他们所知道的东西时会遇到什么障碍？他们知道什么？他们能做什么？

我们在 UDL 中使用的另一个概念是差异化教学，虽然他们很相似但是却不一样。差异化教学是一个综合的教学策略，通过调整内容、过程、结果和学习环境以适应学生学习的准备程度、兴趣和学习特质。UDL 和差异化教学需要协同工作。那么，课堂上的差异化是什么？我们谈到了内容、过程、结果和学习环境。所谓内容，这就是学生需要学习的内容以及辅助学习的材料。而过程，是老师用来吸引学生参与课堂并让他们理解学习内容的活动和游戏。结果，就是基于学习者已知的话题内容要求学生测试、应用和建构的一系列项目。因此，为了更好地满足学生的需求，特别是对于有特殊学习障碍或残疾的学生，我们可以对所有这些不同的要点，包括学习环境，进行修改、调整和区分。

如果我们把 UDL 和差异化教学结合起来，我们可以探究它们有什么相似之处和不同之处。这两者都预想到了学习者的差异，今天上午的报告中，这一点被广泛讨论，毕竟学生个体之间各不相同。我们也希望作为教师，能够设计无障碍的课程和学习环境，这是我们的责任，这是我们在澳大利亚的责任，这也是你们的责任，因为现在你们有了很完善的国家政策。UDL 要求预测学生的需求，支持融合课程规划。这就是我们的责任，我们要对学生的差异抱有期望。差异化教学通过持续监控，对内容、过程以及环境进行调整。因此，这两种方法都是积极主动的策略，它们都意识到学习者是不同的，他们需要通过不同的方式来获取理解和展示学习成果。这种思维在今天早上我们的许多汇报中也有体现。

这些图片展示的是一些课堂支持的实例。这是我在澳大利亚做的一些工作。我们经常给学生提供一些视觉卡片，例如："这是什么时候？你应该干什么？你要收拾东西回家"，提供了很多视觉支持，特别是对于可能有语言困难的学生。这些类似于时间表，所以对学生来说，时间表非常清晰，他们知道发生了什么，顺序是什么。这些就类似于工作系统，它们是一种颜色协调的程序和文件，供学生使用。

最后我们为教师设计了基于 UDL 和差异化教学的融合社区学习平台 inclusion ED，这是澳大利亚历经八年多的研究成果。所有的页面，我们称为这个平台上的实践。所有这些都附有相关研究以及大家所熟知的期刊论文的链接，作为基于实践的证据，还有大量信息供教师使用。这个学习平台是和四位教师一起设计的。它的存在是为了支持教师的专业学习，并且它是免费提供的。它是可用的，我去查了一下，可以在中国访问它，这是英文的。这一平台与通用学习设计框架保持一致，以帮助教师在整个课堂实施以及教学实践中，支持每一位学习者，无论其障碍如何。

其中也包括丰富的教学实践，例如这张图片，展示的是一个页面，是这个平台在网站上呈现的画面，这个页面都是关于使用视觉日程表的，这对学生来说是一个很好的练习，这是一种普遍的做法，它通常是为支持孤独症学生而设计的。帮助他们减轻焦虑，能够搭建脚手架，让他们在白天做他们需要做的事情。目前，它给予学生很多视觉上的支持，因为我们的很多学生都非常喜欢这种视觉效果。同时这一平台也能够帮助老师，网站上有教学视频，有实践计划模板，然后还有其他资源或延伸阅读的链接。因此，至关重要的是，这一平台的真正目的是支持教师改进他们的实践。它借鉴了我们许多人熟悉的行动研究式的探究周期。教师需要先明确要教授的核心内容，然后根据学生的需要和融合的教学实践来规划课程，最后进行教学和反思。整个网站的设计也是为了支持这个练习周期。

平台还设置有一个专门的资源专区，用户可以从网站上下载信息。它一直在更新，也提供播客，可以收听不同主题的信息。这对老师来说有极大的帮助。

我从事融合教育工作已经有相当长的时间。以下是我想分享给大家的一些建议。我想对教师以及那些对融合教育充满热情的人说，要在你的语言和实践中体现平等和社会正义。即使你不同意这一观点，也要以同情和尊重之情对待他人。要有勇气和信念去解决棘手的问题，带着同情心从容优雅地阻止不公正和排他的做法。要勇敢，有意识、有策略、敢于冒险并长期坚持。

如果大家对我的研究感兴趣，这里有我给出的建议和本次汇报的相关参考，这是我们对教师进行的一些研究，所以如果大家对其他内容感兴趣，我可以将相关文章发送给大家。

最后，非常感谢大家！

报告6：泰国融合教育学校对特殊需要学生的教学策略

主讲人：Sasipin Sukbunpant

大家下午好！感谢您的介绍，我叫 Sasipin Sukbunpant。首先，我想借此机会衷心感谢华中师范大学的邀请，我很荣幸能来到这里。接下来，我将为大家分享一下泰国融合教育的现状，以及未来我们对融合教育的一些建议。

报告的第一部分，我们要讨论的是有关课程调整的问题。当教师为所有学生提供相同的内容，那么这些有特殊需要的孩子可能会难以适应，如果我们想让他们更好地融入课堂，我们必须确保任务与其能力相匹配，教师应该为学生选择什么样的课程内容是极其重要的。这里我列举了一些方法，比如精简内容顺序，调整课程的进度与呈现，以及将特定的主题至少分为三个类别：必须知道、应该知道及可能知道。我们不需要在课堂上为学生提供过多的内容，而需要明确什么是孩子必须知道的。

对于课程内容的呈现方式，我们可以通过简化任务或使用替代材料如视觉词汇表等方法进行。在泰国，让孩子们使用个人地图是一个很好的方法。教师可以使用个人地图来概括课程内容。这张图所展示的就是使用导图的例子，虽然这门课是学习水果的，但孩子们可以从中学到黄色这个颜色的同时，了解各种水果的名称并进行随堂测试。他们可以在学习中整合许多知识点。我们不应该事先预测学生们只能学习这一个内容。这张图片是我们所使用的时间安排表，这对孤独症儿童很有帮助。例如，这个孩子他在班上总是问老师他妈妈什么时候来接他？于是我们和班主任讨论了一下，为他制定了时间安排表，他就放心了，因为他可以通过时间安排表知道当他完成了今天的所有任务后，他妈妈就会来接他。这样的安排可以强调时间的重要性，并让孩子知道自己的责任。在某些科目中，例如上数学课，我告诉老师，你可以让学生使用计算器，不要过分要求过程，我们不认为使用工具有何不妥，因为我们关注的重点是答案而非过程，只要他能通过使用计算器得到正确答案就好。

当我们关注学生学习时，我们要允许孩子做出口头回应而不必要求他们进行书面回应。教师应该提供哪些学习风格来开展活动，支持学生在课堂上的学习呢？对于视觉学习者来说，教师可以用书、电脑或者一些视觉辅助工具、闪卡等来支持其学习。大家来看这两张图片，你能看出哪张图片示范的是正确的做法吗？左边的还是右边的？是的，是左边这张图。当老师要求学生们画重点时，有些学生往往用红笔圈画出所有的内容，因此应该由老师来告诉学生哪些知识才是重点，否则这个例子就毫无价值了。这张图片你能猜出是在教什么学科吗？哈哈，是的，是生物课，因此老师穿了这件衣服。这是一个教师在课堂上使用视觉线索为学生带来乐趣的例子，我认为通过这种方式学生可以学得更好。对于听觉学习者，可以通过大声朗读笔记、使用词汇联想和重复记忆、与其他学生一起学习和使用录音设备等方法来增强学习效果。这张图片所示的例子，展示的是教师用模拟类似声音的方法来帮助学生更好地理解和学习课程内容。而对于动觉学习者来说，则可以通过实验、实地考察、角色扮演以及模型建造等活动来促进他们的学习。教师不要只在教室里上课，还可以带学生去户外进行实地考察。我认为学生们可以打破常规进行学习，例如我们可以带学生去动物园，培养他们的社会技能。同时，学习环境也是极其重要的，例如我们可以将学生安排在教室的前排，让他们拥有独立工作的空间，极大地提高学生的注意力和学习效果。

报告的第二部分，是关于融合课堂中针对有特殊需要儿童的具体教学策略。

第一个策略是同伴辅导。让学生两两配对，互相帮助。这一策略的优势在于，它既对教师有益，也是一种责任，能敦促教师更好地掌握学习内容。第二个策略是合作学习。组队学习是21世纪儿童学习的特点，因此我们在很多方面应用了合作学习。推荐的小组人数是2名到4名学生，小组人数越少，参与度就越高，但不建议3人一组，因为比较难管理。小组中的孩子必须知道他们各自的角色，通过角色分配帮助学生专注于特定的学习目标。与同质分组的学生相比，灵活的异质分组更具优势。合作学习的关键在于让学生知道成功属于每一个人，而不是某个人或小组的负责人，这才是团队的重要性 。当然合作学习也是一种动态的实践，并非在任何情况下都有效，合作学习也可能会浪费时间。教师还可能面临来自学生的不配合，有些学生会认为他们被速度较慢的队友拖累，或者一些缺乏自信的学生会认为他们在团队中被忽视。第三个策略是基于游戏的学习。我们要注意的一个误区是，游戏教学不是教师把学生放在一个有很多玩具的房间里让他们自己玩。游戏教学强调的是个体在学习环境中扮演积极的角色，教师所提供的信息是有意义的，以及能让学生在社交环境中进行互动。第四个策略在泰国非常有名，即任务分析。任务分析是将一项任务分解成小的可解决的步骤以便于学生更容易尝试和减少他们的挫折感。进行任务分析最简单的方法就是亲自完成这项技能，并依次写下所有步骤。老师们可能会问，我们需要把任务分解成多少步呢，答案就在这张幻灯片上。每个孩子的步骤数量都会有所不同，这取决于孩子的能力水平。这两个例子是关于孩子上厕所和洗手的任务分析示意图。任务分析不仅可以用于学生生活自理技能的教学，还可以用于数学加减法的教学。

最后我想与大家分享的是泰国当前特殊需要儿童教学的实践和趋势。我们目前关注学生的能力以及主动学习，强调有意义地学习与独立生活，要在学习中运用当地智慧。如图所示，我们正在教一个有智力障碍的学生通过表演来学习古典文学，以改善他们的运动、情感和社交技能。老师们可以在课堂上通过卖蔬菜、唱歌、制作三明治来教学生认识三角形。针对有特殊需求的学生的课程是为儿童和家庭提供服务的合适载体，因此我们会让孩子的父母也参与进来。当地的智慧植根于社区经验与传统，通过将其融入课堂，学生可以将课堂知识与日常生活联系起来，使学习更具相关性和吸引力。图上是泰国流行的香蕉肋骨骑马活动，这就是我们所应用的本地系统。这张图片上，孩子们在发射弹弓，帮助孩子们释放情绪、应对压力。此外，孩子们还可以和父母一起剪裁泰国北部风格的纸旗，这一活动可以帮助孩子们学习数学，也可以从中学习当地的传统文化。我们强调内容只是媒介，我们可以用任何东西作为内容，当然游戏活动也可以是我们的课程内容，简单的就是最好的。关于如何克服融合教育的挑战这一问题，我们强调完善针对职前普通教师的培训，加强校长支持以及重视合作与家长参与。我们必须协同合作，强调父母以及学习环境的重要性。最后我想给大家分享一个关于孤独症儿童小超的真实案例视频。

我的分享到此结束，谢谢大家！

报告 7：新加坡后疫情时代特殊与融合教育发展的重新定位

主讲人：Poon Kin Loong Kenneth

大家好，很荣幸有这个机会能与大家交流，因为我中文不太好，所以今天我主要用英语来讲，谢谢大家。自疫情发生以来，很多情况发生了变化，且疫情实际上对年轻人的影响比老年人更大。疫情期间，有特殊教育需要的人受到了双重打击，以此为契机，我们需要反思特殊与融合教育未来的发展方向。首先，在支持学生方面我们需要考虑什么？我们可以利用哪些机会？因此在接下来的25分钟左右我想与大家分享我们目前所面临的挑战和机遇。对于融合教育和特殊教育，我们能够做些什么？

我和我的团队刚刚完成了一项针对有特殊教育需求的学生的研究，因此我想分享我们迄今为止所做的相关研究成果。这将有助于我们更加深刻地思考我们可以做些什么来帮助我们的学生。不同的研究结果与预测因素相关，除智力残疾外，对有特殊教育需要儿童的诊断在资源分配方面的作用有限，且越来越多的证据表明，将有特殊教育需要的学生纳入小学可能会产生混合效果，教师们也表示能够支持特殊教育需要学生的方法相对有限。在接下来的二十五分钟左右，我想做的是真正反思。反思关于疫情的各个方面，首先是移动和数字技术，其次是我们所了解到的疫情的直接影响，然后是气候变化，最后是人工智能和机器人技术。通过这些方面来了解我们能做些什么来为学生的未来做好准备，这是非常重要的。

首先是移动和数字技术。移动和数字技术既带来了挑战也创造了机遇。现在手机、平板电脑以及笔记本电脑的普及率极高。这意味着我们的学生有更多的机会参与互联网，这对他们来说可能非常有帮助。但我们也知道互联网的使用存在一些问题，在新加坡，我们非常关注这一问题并为此付出了很多努力。我们从研究中了解到，屏幕使用时间过长的问题，以及一些孩子沉迷于网络游戏，尤其是青少年社交媒体成瘾的问题，我认为这是值得被广泛关注的。包括有些孩子可能存在极度社交退缩，以致他们中的一些人甚至不愿走出家门去上学。当然随着在线社交机会的增加，我们还要关注网络欺凌的风险。对于我们一些有特殊教育需求的孩子来说，在社交方面可能存在着被欺骗的风险。虽然存在这些风险、挑战，但我希望也能谈谈我们在数字和移动技术中看到的机遇。有挑战并不意味着这是坏事。对于需要更多时间的特殊教育需要学生来说，我们与互联网的良好连接，以及随之而来的混合式学习，为他们提供了一个可以按照自己节奏学习的机会。此外有些人可能在面对面的社交互动中存在困难，因此线上社交平台为他们提供了良好社交互动以及协作学习的机会。最后生成式人工智能的出现，也为我们提供了一个得力助手，帮助我们进行个性化学习。就像现在，当我说话的时候，我在屏幕上看到的是实时字幕翻译。

其次是我们所了解到的疫情的直接影响。无论是在国际上还是在新加坡，我们一直关注的问题就是学生的心理与情绪健康状况。我们发现疫情后，尤其是青少年和年轻人，虽然他们已经恢复了身体健康，但他们的幸福感却有所降低，这一现象引起了广泛的关注。由于许多年轻人在疫情期间经常待在家里，他们的身心健康均受到了影响。疫情带来的另一个挑战是由于学校停课，很多学生失去了学习机会，当然这一影响因国家而异。然而，疫情也推动了技术进步，如虚拟会议、隐藏式字幕和语音转文字技术的应用，例如我现在不必从一个地方去往另一个地方，而是可以通过这个平台来线上参会。这些改变为许多有特殊教育需要的人带来了新的机会。此外，人们对在线学习的态度也发生了改变，越来越多的人接受并认可了在线学习的价值。

再次是气候变化。这一方面是我们能够强烈感受到的。就在这次会议前的一个月，新加坡陷入极端高温，我们感受到很多不适，对于特殊学校的学生来说，极端的天气变化可能会增加学生的不适感和焦虑感。那么我们就需要思考对于特殊教育和融合教育而言，学生能够获得什么样的新的工作机会，以及需要学习什么样的生活技能，例如戴帽子、涂防晒霜等。此外，气候变化也促成了与企业的合作，例如远程工作和进行灵活工作安排等。

最后一个方面是关于人工智能和机器人技术。这些技术的应用可能带来潜在的失业风险。例如之前的一些被认为是为有特殊教育需要的人提供的职业可能会被取代。就像这张图片上的扫地机器人，它可以清洁地板。每当我意识到这一点时，我都会问一个问题，那就是我们为学生们准备了什么样的新工作？当然，新技术的出现也会带来机遇，机器人可以帮助学生更好地学习语言，提供个性化学习和差异化教学的机会。例如我们可以使用 ChatGPT 来帮助特殊学生简化复杂的学习材料、提供有效指导以及多元输入模式。正如我们之前已经谈到的多元呈现方式及差异化教学。同时我们强调机器人在学习中的整合作用，以帮助我们走向更高水平的个性化学习。

后疫情时代作为教师，我们需要提高自己的数字能力，了解 ICT 的应用，并在教学中教授新技能并进行补救教学。我们的学生现在需要学习新的生活技能，我们要让学生掌握新的职业技能，这样当他们进入就业市场时，他们就能更好地适应。我所接触到的许多孤独症学生都很难应对变化的任务。因此我们不能只让他们记住一套技能或者一组步骤，而要让他们能够灵活按照自己的日常指示行事。此外，教师还需要与家长、其他教师和专业人士（如治疗师、心理学家）合作，使他们将所学会的技能进行迁移。现在的情况是，很多负担实际上都转移到了教师们的身上，因此我们需要学校提供一些软件或硬件作为资源供教师们使用，而不必自己出钱购买这些东西或进行实验。改善环境也是很重要的一点，包括温度的控制以及重组便于使用机器人或者生成式 AI 的班级，为孩子们提供空间，让他们能够真正参与个性化学习。同时，专业发展也很重要，教师需要有更多做计划和准备的时间，我们要为他们提供时间学习和开发新的资源。此外，就像学生经历的压力一样，教师们也在逐渐适应环境的变化。那么我们需要思考能为教师们提供什么样的支持呢？尤其是当前环境开始要求他们做更多的事情来为学生的未来做好准备的时候。我想说，很荣幸能够听到前两位老师所分享的很多关于教学法的内容，特别是使用 UDL 以及 Sasipin 所提到的课程内容及教学的调整策略。

最后这张幻灯片分别列出了我们经历的改变、面临的挑战与机遇。特殊与融合教育需要重新定位，利用技术进步和社会变化带来的机遇。教育工作者在教学中要勇敢、策略性地采取行动，推动教育公平和包容，确保每个学生都能获得公平的学习机会。通过强有力的集体行动，相信我们可以共同推进融合教育的发展。谢谢大家！

分会场三：

融合教育课程与教学的实践经验探索

主持人：王艳杰　副主任，北京市海淀区特殊教育研究与指导中心

尊敬的崔英锦教授、来自全国各地的领导、专家及融合教育同仁们，大家下午好！欢迎大家来到分会场三。我是海淀特教中心的王艳杰老师，很荣幸能够担任分会场三上半场的主持人。上午的主旨汇报，四位专家教授引领我们共商融合教育课程与教学的理论发展与路径，下午非常有幸地邀请到几位融合教育实践领域的专家跟我们一起来探索融合教育课程与教学的实践经验。

报告 1：融合教育与教育教学实施策略

主讲人：韩菁蓉　教研员（上海市徐汇区教育学院）

各位专家、各位领导、各位老师，大家下午好，非常荣幸，因为今天早上邓猛教授在会议上提到希望大家到上海，那么我是来自上海徐汇区的。那么我今天就带来我们上海徐汇区在这近十年的特殊教育教研路上的一些感悟或者一些实践，包括我们接下来将走向何方，给大家做简要的一个阐述。融合教育理念下的教育教学实践与探索是我的题目。因为我是教研员，我管的就是教育教学，这次是全国性的一个座谈会，所以我想有必要对我们徐汇区的教育工作进行一个简单的分享，因为每个城市由于机制不一样，所以在这个机制下能做什么，其实也是不一样的。

那么首先来看一下两张图，这是第一张，我们这里是叫专职资源教师，就是在普通学校专门从事特殊教育的普教老师，而不是特殊学校的老师。目前我们徐汇区是特殊教育三年行动计划的第四轮，也就是现在将近第十年了，三年一轮，现在是第四轮，在这当中其实我们最主要的是抓住我们的专职资源教师，以前叫资源教师，后来叫专职资源教师，为什么叫专职这两个字呢？在从无到有的时候，学校是把老弱病残推给资源教师，不知道其他的城市是不是这样，就是将学校里多的，不太能胜任语文、数学的等都推去做资源教师。然后在实践当中不断地去推进特殊教育的过程中，领导逐渐重视，人才梯队就不一样，我们现在进来都是做专职资源教师。因为我也是我们徐汇区的面试官，华东师大应聘的本科、硕士生都是特殊教育的，甚至还有博士，这个队伍跟我们之前语文老师、数学老师的转岗是完全不一样的。第一是层次不一样；第二是专职的含义不一样，原来是戴着专职的帽子，上两节课就把这件事儿过了，我们那时候就觉得这个专职不专是没法做事的，因此后来我们强烈地跟领导建议进行检查，如果你不专职这个教师名额就会拿掉。在这样的情况下，我们的专职老师每周在资源教室有 15 节课的课时量保证，学校可以让他做一些其他工作，但是在资源教室一定要有 15 节课的课时量，这样就保证了教研员的教育教学教研的一个阵地，否则资源老师说“我不上课或者上得很少，我根本没有办法去实践”。关于15节课方面，从我做教研员开始，我跟大家强调的就是：语文＋数学＋X，为什么是语文＋数学＋X？因为语文＋数学这是基础学科，这是一定要学的，它有利于所有随班就读孩子的生活发展，其生活是离不开语文和数学的，英语就稍微放后面一点。生活的基本能力掌握以后，X里面可以生活能力、英语、体育等各种学科为主。第二张图展示出我们是一种教研修一体的方式，是我们教育学院对我们所有教研人的一种要求，把教育教学研究、课程培养、教师培养放在一起，徐汇区近十年基本上保证这样的状态。并且从特殊教育到随班就读，再到融合教育的过程中不断深化，形成了徐汇特色的教育教学模式。

刚才说到的语文＋数学＋X的课程模式其实也是基于上海市教研员对我们区当时随班就读课程设置的建议，也就是普通课程加上特殊课程。因为我们有资源教室，那么资源教室里面可以上基础课程也可以上特殊课程，但是随班就读的孩子不能抛弃普通课程，基于此我们在市的建议下建立了徐汇区的一个特殊教育课程状态，即我们既要帮助随班就读的孩子学好普通课程，还要设置一些特殊课程以缺陷补偿和扬长避短。普通课程的调整第一个肯定是离不开评估的。早上王辉教授在说评估，但是因为我们的课程不同，我们上海是沪教版，所以他的那个评估内容我们只能看不能够完全适用。但是，因为华东师范大学是在我们上海，所以十年前华东师范大学就出了一本册子，但是没有印刷，我们当初是在这个册子上面做了评估。

以下我介绍一下评估方式，第一，对他们的期中期末考试卷进行评估。以我教研员的身份带头请学科老师对随班就读孩子进行分层，与普通孩子做同一张试卷，但根据个人特点可能在目标等方面有所调整，有利于对应普教课标，这是十年前的一种方式。第二，华东师大出版了类似于教参的评估手册，我们根据该手册进行了评估，因为那时候是没有配套材料的，只是老师对评估的题目进行理解并施测，就会发现每个老师拿着手册去评估，如果配套材料不一样，结果也是不一样的。所以我们以区级层面做了一套完整的具有唯一标准的评估手册，然后把所有的随班就读孩子请到教育学院，为他们进行了语文和数学学科的评估。后来我们发现除了语文和数学评估以外，其实我们对孩子还是不够了解，比如说他喜欢什么学科？他内心是怎么想的？其实我们专职老师不了解。因此我们又对他们的兴趣进行了调查，小学有小学的，初中有初中的。调查出来以后我们跟专职老师进行了深度交流，就说你们专职老师应该比较了解你们的孩子，那么你觉得调查结果跟你的观察一样吗？有的老师比较细致，认为这个结果差不多；有的老师就会觉得还是有差异的，会进一步发现孩子内心的一些小的点。那为什么要去做兴趣的评估呢？某个孩子说他讨厌语文课，那他是讨厌语文课的全部吗？有可能不是，他只是讨厌他不懂的一部分，他难以学习的一部分，有些孩子可能目不识丁，但他的语言沟通能力相当好，因此我们是希望老师能够去发现他的优点，去找到他的最弱的、最讨厌的部分，那么在资源教师上课时就可以通过改变教学方式进行扬长补短、补缺补差，那么这是当初做的一些学科评估工作。个人化教育计划的制定也是我们抓的重点。我们通过区里的课程培训所有的专职老师学会做个别化教育计划，另外还有各种教学评比、课堂研究。下面这些照片里面都是我们的专职老师，那么大家可以看到这些课基本上是以小组课为主。小组课的成员基本上都是随班就读孩子。第三块就是以赛助学、以评助教，这个其实也有点像机制，但是这一块我觉得是非常非常重要的。老师的动力一是来自内驱力，还有就是来自外界的一种压力，教学评比促进老师认真思考我为什么教，我怎么教、我的教学效果如何等问题。

在特殊课程建设里面我们就发现随班就读的孩子什么都需要提高，但核心中的核心是社会交往能力，因此我们带领了骨干老师就核心交往能力制定了一系列的主题。如有出行、购物、就餐、休闲和社区事务等，这里面还有很多小活动，这些小活动再进行组合就形成了特殊教育课程，那这个课程的主要实施人就是我们的专职老师。这些课程我们通过教研修的活动让老师进行进一步的设计，思考如何在课上使用这些课程资源。通过多轮磨合我们发现，普通孩子和随班就读孩子是不一样的。例如春游，普通孩子我们带出去就好了；但对于随班就读的孩子，我们需要提前有准备课，要把所教的知识讲得更细一点，让他们有充足的准备才能去上实践课。实践课以后也不是活动就结束了，他们还需要回来进行各方面的小结，帮他们回顾，强调他们的这些错误，让他有改进的机会，以提高他们的能力。这些都是我们多次磨合以后，发现特殊课程跟普通课程不一样，我们要更充分地把这个活动做好、做深入。看几张图片，比如说我们去坐地铁，那坐地铁其实有很多的数学、语文、社交等一系列问题，包括下午茶、超市购物、看电影等，另外如果关注扬长避短，我们还配有特奥运动，使孩子体育特长能够发挥得更好。

说一下我十年里面的感受。第一个就是教学特征。基本上教学点都在资源教室里面，学习方式以个训和小组教学为主，教学对象都是随班就读的孩子。这是特点，同时它有一定的局限。局限就是我们感觉有了资源教室以后，学校很开心地觉得这个孩子是你全权负责，我解放了。我们发现从无到有以后，资源教师只要出现，班主任等学校老师就处于游离状态。还有就是我们的孩子心态也会有变化，他们到资源教室以后非常放松，感觉资源教室就是自己的家，他们在资源教室里可以跟老师沟通并提任何要求，但是回到了教室甚至就变成小哑巴，默默无声，或者非常张狂。我觉得这都是存在的，并没有很好地起到一个融合作用，这是我们之前的一些问题，因此接下来我就谈一下资源教室的一个实践尝试。第一，我觉得非常重要的是从随班就读到融合教育首先需要一个机制，在机制上我们融合教育才有生存的空间。那么我们现在把融合教育从全区性落下去一层，实施学区化管理。就是比如说我们徐汇区 50 个小学、50 个中学，那么徐汇区的整个管理机制现在向集团化学区化转变，我不知道全国其他的省市是否这样，就是一块区域里面的小学、初中、高中组成一个学区，然后在学区里面开展会议，把事情落实下去。那么融合教育领域也要通过学区的方式把相关工作从区里面往下降一层，那么学区里面的大校长或者组长就会比较认真地去思考和落实这件事。其次是无障碍校园环境的创设，融合教育一定要有一个创设。另外就是一个医教结合、普特融合以及教育督导。第二，我们教育研究的服务区要向学校进行进一步的辐射。资源教师在区里面接受的建议等他不敢带到学校，这是我的个人感觉，因为他在学校作为一个小小的老师不敢发言。但如果我以教研人的身份下到基层的话，那校长还是得给我面子，那么我跟校长提议建立一个示范校，那其实对融合教育的推动是非常有用的。另外对于融合教育而言，学科联手是非常非常重要的。后来我们上海市出了一个评价手册，那么在这个评价手册的基础上，徐汇做了一个数据平台，用以减轻老师负担，你们看一下这张图，这张图是数学的一个综合评估，绿的是通过，红的是不通过。但是这是不充分的，因为数学学科还有四大领域，比如说运算、推理、几何等，那么在这个平台中我们还可以对某一模块进行深化，有利于老师有效教学和精细化评估。另外就是扩大学科补差生额，这是非常重要的一个部分，就是除了随班就读的孩子以外，学困生也加入进来，老师和校长愿意，我们的孩子其实也有多的学习伙伴，他们又是一个小团体。还有就是教学课程从课后复习到课前预习。因为补差课就是你上完以后你跟不上，我在后面给你补补小灶，但是我有的时候发现预习课有时可能比补差课更有用，但前提是这个孩子能够勉强地跟上班级。那么还有就是学科合作，各样态合作，从单纯补差向学科素养、单元核心目标进行改变。另外我们的特色课程即一些很有趣的社会化活动，我们又进行一个再升级，与其他的学科联手一块来做这个事。

最后讲一讲什么叫融合教育，我感觉就是三块融合。学科融合、活动融合以及教师的紧密融合。以人为本、因材施教是我们融合教育的理念，那么我们在共同提高融合质量上，我们再继续努力，谢谢大家！

报告 2：从“随班就读”到“同校共读”课程建设

主讲人：储昌楼（江苏省特殊教育指导中心）

尊敬的各位教授、领导大家好！下面我为大家分享从“随班就读”到“同校共读”的课程建设。

我 2013 年到昆山市千灯中心小学工作。千灯是爱国学者顾炎武的故乡，顾炎武有八个字——“天下兴亡，匹夫有责”，因此融合教育千小有责。千小可以说是中国随班就读的一个活的历史。1986 年，千小就办了辅读班，到我去做校长的时候已经有了五任校长，到目前是整整 38 年随班就读的历史，所以才说是活历史和活化石。我很有缘分到这个学校做校长，从此就融进了融合教育的星辰大海。这是以史料为证，见诸《千灯镇志》1986 年部分；以照片为证，1986 年辅读班开学典礼；以过程为证，2013 年我做校长，建立了资源教室；以发展为证，我们虽然不专业但是努力地做诵读课程、艺术课程等；以成果为证，我们的这些小尝试也取得了一些现实中的成效；当然还有以文章为证，我是教育局教科室、教研教科室主任出身，有课程和研究的背景，我把这些写成的文章，在 2014、2015 年发表在《现代特殊教育》上。然后到 2015 年的时候，我有机会创办了一个千灯中心小学南校区，即现在独立建制的昆山市千灯镇亭林小学。这时候我到台湾去自由行学习交流，回来以后按照高标准建了一个资源教室，变成我们苏州市资源教室的建设标准。这张图片是 2015 年建立的一个感统教室，在 2015 年它还是比较引人注目的。

我觉得我暂时做得最好的不是硬件，而是软件。在建立这个资源教育的同时，我就开始规划千小资源教室的课程——生命课程、公民课程、艺术课程、知识课程、专属课程、包括亲子课程等。这样一个课程建构，现在看起来它显然是有些粗糙，但是第一它是适合农村学校的，第二它确实在过程当中发挥了一定的作用，那么我把这个课程称之为随班就读的课程实践。在这个课程的建构当中，我有一点得到了邓猛教授在现场的认同，就是我在这个课程建构的时候，不仅仅做了一个资源教室的课程的系统性规划，生命教育、艺术教育、个别补偿、康复训练、亲子活动、生活适应等，关键是把这个课程放在整个学校“美雅教育”的课程体系当中。这是2015年做的一个建构图，跟资源教室课程一起规划实施的有昆曲文化课程、亲子课程、新教育特色课程，这些都是学校“美雅教育”课程的一部分，我把它称为从随班就读到同班就读课程。

我最近整理的随班就读38年阅读史，发现徐白仑先生对于盲教育随班就读，提出来随班就读不妥，要同班共读。邓猛教授也是这个观点。然后我在实践当中不知不觉就在做同班共读。到了2020年，虽然我离开这个学校的校长岗位已经五年了，但我一直在关注，这个学校的融合教育随班就读也一直在推进。2020年已经开设了一个专门的特教班收了15个孩子，然后把邓猛教授的一个研究生引进来做专职老师，做专职课程。

最近我们也在思考这个特教班，就像邓猛教授讲的，他有了物理的间隔，我们怎么样在满足这么多特需孩子专业化教学的同时，又把这个墙给拆除。因此我们就有了一个思考——同校共读。而同校共读不是一个口号，必须有行动，必须有理论，因此我们就开始建设同校共读课程理论与实施思路。

立德树人、全面发展，普特融合、融合优先，面向全体、特殊关爱，潜能开发优先、功能补偿其次，我想这是我们在座所有人都熟悉的话语。那么我们怎样实践到位呢？课程最小的调整，学生最大的融合。在一个普通学校我们怎么样做到最大的融合呢？当然，我们首先要参照两个课程标准，即《普通学校义务教育课程标准（2022年版）》和《培智学校义务教育课程标准（2016年版）》。为什么参照培智？普通学校随班就读的学生智力障碍学生占比50％以上，在三门特校义务教育课程标准当中，培智是普通学校最好借鉴的课程。那么在这样的一种思路之下，我们依然把融合教育的课程放在整个学校的日知育人课程体系当中。首先，这个整体架构顶层设计不是为专为特教课程，而是为每一个孩子的发展。融合教育课程在学校整个课程框架之下来建构。当然毕竟它是面向特殊学生的课程，因此我们专门有日知特教课程，还有专门的孤独症障碍课程。因为我们学校学生有三类班型：一是全随班，二是抽离到资源教室，三是特教班。三类班型对应三类不同的课程。在这样的一种思路之下，我们努力做到不同的课程模块面向不同的学生。实际上我们普通学校里的特殊孩子在江苏已经是7＋3种类型——7类残疾定义的学生和3类特定学习障碍，尤其是后面这

3类，我们怎么样做到既有高融合度，又有课程通用性，这些孩子的选择又能优先？这是我们思考的一个关键点。

那么，在这样的思考之下，我们进一步地从它的课程通用度、特殊需要度、教学个别化、选择优先度、覆盖选择的范围度等做一步步的课程设计，都呈现在这张PPT上，时间关系我就不展开。邓猛教授上午讲可以给我两天讲两夜，我现在就争取15分钟就讲完。日知特殊课程是满足到那个班15个孩子的所有需求，且它不是特教人做的，是我们普教人做出来的，在这么多年融合教育的探索当中，我们沿用了自己的专业认知和融合教育的课程建构能力。这是整个课程具体的设施，大家应该可以看到，它是国家课程基础上，保留我们学校原有的课程（如社团课程），并参照培智课标的特殊课程。这样的一个课程要实施，仅仅靠一个所谓的课程建构是不够的，它要全面地优化实施。因此在扩展资源方面，我们今年着重建设了一个绘本资源区，同时因为我们的学生类别增多，需要做好器具的配置。我们更要做好资源教师群，为了更好地安置评估到位，必须全员参与，必须多方合作，包括邓猛教授团队到校指导。在这样的一个背景之下，我们课程的设施必须有一个系统的组织机构，这样课程才能够规划好，才能够有效实施。

融合教育不容易。邓猛教授说得好，融合教育要面向人人，因此在我们江苏，就在我们昆山，我跟大家研讨进一步做好80％的全体干预，15％的小组干预，5％的一对一个别干预。而后面的5％加15％就是特需学生发展支持中心。每个孩子特需，或者是长久一点，或者是暂时一点，因此每一个孩子包括我们自己其实都有特殊的需要，都应该能获得特需教育服务支持。

那么融合教育不但要做还要讲，因此我们要做好制度的宣传以及文化的建设，要让融合教育成为我们办学的亮点，这样它才能在普通学校融入学校文化，融入学校课程，融入师生包括家长的教育教学的生活，成为生活的一部分。让每一个特需学生同享幸福完整的教育生活。

谢谢大家！

报告 3：多元、适性、优质：长沙融合教育新课程与新教学实践

主讲人：王　磊　主任（湖南省特殊教育研究指导中心）

各位领导、专家，下午好！因为今天时间非常紧张，我争取在 15 分钟之内把我的内容分享完，不耽误大家的时间。按照会务组的安排，我主要是谈我们长沙的融合教育的课程和教学，因此我用了一个主题叫“多元、适性和优质”。我想从以下三个方面跟大家一起来做这个分享。

几年前，研训中心都还设在特殊教育学校里面。有一次，宁宁的爸爸，在宁宁刚上一年级后不久就向特校申请，希望宁宁能到特校读书。后来经过我们的评估发现，宁宁这个孩子完全可以在普通学校随班就读。我们问宁宁爸爸原因，他表示：“在普通学校里面还是缺乏专业的支持，导致这个孩子无法适应普通学校的生活和学习。”随后我们做了一个调查，想看一看在我们学校里到底有多少孩子是从普通学校转到特校来的。令我特别吃惊，当时我们学校本部有 571 名孩子，其中竟然有共 90 名孩子是从普通学校转入特殊教育学校的。我们开始思考如何既兼顾普通学校的融合环境，又能够给孩子提供更加专业的支持。于是长沙就开始了安置方式和教育方式的探索。

从 2020 年开始，我们在芙蓉区启动了在普通学校设立特教班的试点工作。但是，我们的试点工作跟其他地区有些不同：一方面，我们是在普通学校里面设置专业的资源教室并且引进资源教师，资源教室不是一间，而是一个系列。另一方面，我们开设了特教班课程和融合课程，与此同时，实现了特教班的孩子可以根据自己的需求流动到资源教室和普通班，同时也能够获得专业的支持。我们引进特教教师进入普通学校。通过试点工作，我们发现其很有可行性，并随后在雨花区、天心区等片区扩大了试点工作。到 2023 年，长沙市就开始全面推进普特融合的学校建设，将其列为长沙的十大民生实事之一。我们所讲的“普特融合学校”的概念是：在普通学校里面设立特教部，且要达到一定的规模。另外，特教班和普通班的

学制必须保持一致，既相对独立，又相互融合，学生可以选择特教班、随班就读、资源教室安置，并获得专业支持。例如，在一个六年制的学校，一个年级必须达到两个平行班的标准，即学校必须达到12个班的规模。规模化既保证了特教班学制的独立，同时又相互融合。学生可以选择在特教班、随班就读和资源教室中流转而获得专业的支持。我们在长沙推进在普通学校建设特教部这一高标准的规模化做法时，在场地（在普校中选取最适宜融合的楼栋）、环境（中小学无障碍环境建设、以通用设计理念建设8间以上资源教室）、班额（学制健全、每个年级开设2个平行班、每班8～10名学生）和师资（按照师生比1∶3配备特殊教育专业教师）方面，我们都是参照特教学校的配备标准来进行配备的。同时也考虑到针对随班就读如何去创建更好的融合环境。综上，我们的普特融合学校是介于随班就读和特教学校之间的一种中间模式，它兼顾了融合的环境，同时又提供了一种相对而言更专业的支持。

第二个方面，我们特别重视融合教育课程和教学改革。因为我们知道，融合教育内核和质量的体现肯定要上升到课程与教学这个层面，所以花了几年时间形成了长沙融合教育“TTO”课程与教学模式。在这个模式中，我们以评估作为起点，建构了一套课程与教学的基本的方式。展开来讲，第一个“T”是指构建“双主一辅”的课程体系。刚才讲到，在普通学校里面孩子是可以在随班就读、资源教室和特教班中自由选择的。随班就读的课程还是以普通学校的基础性课程、发展性课程和功能性课程为主，辅助课程由在资源教室里面完成的学业补偿、心理辅导和康复类的课程组成。特教班的课程主要是参考培智学校的课程。它分为核心课程和外围课程（外围课程包括可供选择的优能课程和预职课程）。特教班的学业补偿、心理辅导和康复课程更多的是在资源教室进行。综上形成了“两主一辅”的课程实施体系。同时，我们也建构了基于课程组织、课程制度、课程师资、课程环境和资源的课程支持体系。第二个“T”是指形成了“三位一体”的评估体系。关于应该用什么方式安置学生，我们认为首先要在入学和每一学年初进行评估，让学生找到适宜的安置方式，并指导转衔支持。其次要依据课程评估来制定一人一案，形成“一生一课表”。最后就是教学的评估，主要是为学生的学习找到起点并以此来支持教师的目标设计、教学活动以及课程调整。最后一个“O”指的是依据“一人一案”实施教学。这里谈到的“一生一评估”是指基于评估制定目标、设计活动、检测效果和调整教学；“一生三课桌”是指每一个学生无论是在随班就读的普通班里面还是在特教班以及资源教室都设置了“课桌”，但这个“课桌”不一定是实体意义上的课桌，它更多的是代指每一个学生都可以在上述三种安置方式中流转、融合和学习，并获得相应的专业支持；“一师三身份”指的是基于学生身份的不同和流转，普教和特教班的教师也要基于课程实施来不断地转换身份来进行合作教学。例如，在普通班里普教教师是主教教师，特教教师就以辅教教师的身份来参与合作教学；在特教班里，特教教师是主教，普教教师则是以影子教师的角色来参与合作教学。“策略支持”指的是通过分层、分组、分类、同伴教学以及协同教学来给学生提供更加个性化的有效学习。

我们通过对安置以及课程和教学模式的探索发现：普特学生的双向融合，实现了他们的共同成长及和谐发展。一方面，我们看到特殊需要学生能力的全面提升，他们的融合程度、学业水平、社会适应以及沟通交往等能力方面有明显进步。另一方面，普通学生的素养得到了全面的发展。普通学生通过与特殊学生的互动，认识到了生命的多样性，同时受到激励，变得更加友善、有爱和有责任感。

再回过头来简要看一下开头所讲案例中的宁宁爸爸作为一个家长对我们的实践的评价。宁宁在我们的建议下还是回到了普通学校的普通班里学习。宁宁爸爸发现：宁宁在学业、环境适应以及情绪行为等方面得到了明显的改善。《湖南日报》也对我们的安置模式进行过专题报道。

我们发现，无论是普通教师还是特殊教育教师，在模式创新的过程当中，他们双向融合、相互学习，实现了共同的发展。我们觉得好的融合教育一定是要能撬动教师的专业成长的。融合教育驱动了普校的整体变革。通过融合教育的开展，学校在文化环境、教育理念、教育治理、课程与教学等方面会发生很大的变化。就拿雨花区长塘里思远学校举例，融合教育推行整体性地推动了该校的治理变革，刚结束不久的湖南省融合教育教学质量提升研讨会就是在这所学校进行的。当然我们在探索的过程中也发现了很多问题：一是如何满足学生的差异化的需求？这对我们来说还是一个巨大挑战。二是如何培养更多复合型融合教师？因为教师要不断地去转换身份，这不仅对教师本身是一个巨大的挑战，也对复合型教师的培育提出了更高的要求。三是如何建立更加完善的支持体系？这也是我们下一阶段需要去积极探索的。

实践证明，长沙以建设普特融合学校为契机，探索了一条符合国情、区情、校情，突出课程建设与教学变革的高质量融合教育新路径。我们知道，中国的随班就读推进仅有30多年，质量如何大家可想而知，并不是特别的理想。我觉得这种介于普通学校随班就读和特教学校之间的这种中间模式很好地兼顾了专业支持和融合环境。最后我想讲的是，融合教育既要关注孩子的知识学习的“工具理性”，同时也更需要关注平等、尊重包容的“价值理性”。在我看来，在当今一个“工具理性”战胜“价值理性”的时代，兼顾二者的融合教育才是让所有孩子受益的一种融合教育。

以上是我的全部分享，不正之处还请各位专家批评指正，谢谢大家！

报告 4：推进融合班级教学实践的区域路径及策略
——以成都锦江为例

主讲人：何　浪　教研员（成都市锦江区教育科学研究院）

大家上午好，非常高兴受大会邀请来做交流。我今天分享的题目是“推进融合班级教学实践的区域路径及策略——以成都锦江为例”。我将从实践的背景、推进的路径和策略以及成果成效三个方面给大家做介绍。

锦江区是成都市的一个中心城区，先后获得了全国义务教育均衡发展区等 16 个国家级的荣誉。在这样一个背景下，锦江区特别重视融合教育，在目标、理念、体系上进行了整体的规划和设计。

首先，锦江区的区域融合教育支持体系在不断地升级更新。早在 2011 年，锦江区处于“$1+5+n$”的融合教育支持体系的一个创生阶段。随着融合教育的快速发展，我们发现诸多问题，如区域服务对象激增且更加多样化和复杂化，教师专业能力构成发生改变，专业能力亟待提高。在这样一个背景下，我们进行了一个新升级。我们基于学生生涯发展系统、专业的支持系统以及所需服务系统这几个系统来重新构建锦江区“一体四翼”的融合教育支持体系（发展阶段）。有了体系，更重要的是要有理念的指引。关于区域融合教育发展，锦江区提出了“追求理解接纳、追求有效学习、追求生涯发展”三个追求的发展理念。“追求理解接纳”是我们做融合教育工作的基础；“追求有效学习”是融合教育质量提升的关键也是难点；“追求生涯发展”是我们做融合教育的终极目标。这三个追求贯穿于学生成长的每一个阶段，包括每一个学期、每一学段，甚至是每一堂课。也包括学校、班级以及家庭层面都基于这三个追求去评估和调整。

其次，我想跟大家介绍一下我们的推进路径及策略。

路径一，研训引领，推动融合班级教学方向明确。对此我们有三项策略：进阶式培训、专题式教研、问题导向下的课题研究。通过研训引领、教研培训、科研一体来解决班级教学中的实际问题，促进各个学校突破重点、难点来推动教学方向的明确。

具体来讲，策略一的进阶式培训，主要分为两个方面，一是主题进阶式培训，二是学生障碍类型的进阶式培训。对于主题进阶式培训，我们更多的是以融合班级教学这一个主题为核心开展相应的培训。例如，在“融合班级教学设计与实施”进阶培训中，就以教师教学的流程为依据，开展五个主题、八次具体内容的培训。通过学情研究、基础理论、教学设计、教学评价、教学实践这样层层递进的序列课程内容，促进教师深度了解学生的特征，在个别化教育框架下提高融合教育教学设计与实施的能力。在这个过程中，我们非常注重教师对多元智能、通用学习设计和差异教学等理论知识的深入学习，要求教师掌握支持特需学生有效学习的方法和操作的流程，能够更加系统地、科学地、有针对性地服务学生，从而提升班级教学质量。对于针对学生障碍类型的进阶培训，则是基于锦江区特殊学生的主要分布、常见类型以及教师比较头疼的障碍类型，如孤独症、注意力缺陷、多动症、学习障碍，开展相应的培训。例如在“孤独症学生认识与支持”进阶式培训班中，我们基于“理论与技术”“教学观摩”以及“教师的在岗应用”这三大模块，共同指向孤独症学生的班级融入、能力发展、入校适应这三个方面。这个过程中，教师不仅对孤独症学生的特征有了更加深入的认识，更加强了对该类儿童支持策略的掌握。特别是对随班就读的学科教师，可以大幅提升教师对孤独症个案的案例分析、课堂管理、教学设计，以及孤独症学生家校沟通等方面的能力。

第一个策略说完了，再来讲讲第二个策略——专题式教研。专题式教研更多的是去突破在教育教学中遇到的重点和难点问题。对此我们主要分为聚焦重点的专题式教研和突破难点的专题式教研两大部分。聚焦重点的专题式教研，我们更多是以县为单位来开展每三年一轮的相关主题研究，最后形成服务化的成果。例如分教师版和学生版的小学一年级特需学生入校适应的指导手册。突破难点的专题式教研，我们则更多的是以校为单位依托专题培训的方式开展。例如，在实际教学中我们发现普通教师和特教教师他们是分离的，普通教师更多的是在班级教学中有很多的困惑但又无能为力，而资源教师的教学技能又很难泛化到班级教学。针对上述问题，我们开展了“普特教师合作教学支持孤独症儿童发展的行动研究”。该行动研究通过主体协同、内容衔接以及评价关联行动因素的三轮，最终形成了“三视角、多学科、五步骤、系统化”合作支持孤独症儿童发展的评估流程。

最后一个，策略三——问题导向下的课题研究。这个课题研究是基于教师们在过程中遇到的问题，并通过自上而下和自下而上两种方式来系统地以科研的方法去研究、去突破教师在教育教学过程中遇到的诸多困惑。特别是普通学校随班就读，教师都会面临一个困惑，就是在班额较大的情况下如何兼顾特殊学生与普通学生的需求，我相信全国的普校随班就读教师们都会有这样的困惑。我作为一个明星工作室的主持人，召集了一些教师一起来进行“区域小学融合课堂教学调整的行动研究——通用学习设计视角”课题研究，那么通过该研究，形成了我们区域的融合教学设计的模板。同时，我们还从目标、方法、材料以及评价这四个要素进行课程的调整，该融合课堂教学流程图也在锦江区进行了推广。这就是自上而下的课题研究。再就是自下而上的课题研究，更多的是针对教师在教育教学过程中遇到的问题。例如，在“双减”背景下要提升融合教育的教学质量，设计开发学习任务单是一个很好的方式。因此，我们以龙舟湖小学为基点，开展了基于UDL的融合班级学习任务单设计与应用研究，理清要素，分析了教学的课时目标和课时设计，最终形成了“课前预习单”“课堂学习任务单”“课后巩固拓展单”三个任务单的设计开发流程。近三年来，锦江区各学校参与自上而下和自下而上的各级课题共36个，锦江区教师队伍的研究力度和研究深度可见一斑。

路径二——巡回指导，推动融合班级教学过程落实。我们怎么样才能让融合班级教学得到更好的落实呢？这需要有更好的机制来保障。所以，我们区构建了“四三三三巡回指导机制”，包括“三种巡回指导模式”（联合巡回、重点巡回、需求巡回）、“三定原则”（定时、定点、定人）、“三级响应模式”（随班就读教师——三级资源教室、二级资源教室、资源中心）以及“三有要求”（巡回指导有方案、巡回过程有记录、巡回结束有建议）。具体来讲，这里说到的巡回指导，包括教研员、资源中心教师、二级资源教室资源教师以及教育局工作人员进行的联合指导，同时也有针对一个个案的连续三次的重点巡回，以及由学校提出需求，我们介入指导的需求巡回。综上构成了“三种巡回指导模式”。第二是“三定原则”，我们会在每周五的上午和普教教师一起深入课堂进行一个试导。第三是“三级响应模式”，即当学校遇到问题时，我们会分级采取措施，从随班就读教师到三级资源教室，三级资源教室到二级资源教室，二级资源教室再到资源中心，这样三级层层递进地回应学校和学生的需求。第四是“三有要求”，它要求我们的巡回指导不仅仅就是简单地去了一次，更重要的是要做到前期有方案、过程有记录以及结束一个月以后要有追踪和反馈。以上就是整个巡回指导工作的流程，我们相信只有通过建设完善的机制，才能保证巡回指导的效果。

路径三——督导评估，推动融合班级教学持续优化。在锦江区每年都有针对融合教育教学质量的评价。我们在 2024 年版的融合教育评价细则中，就有 3.5 分是专门针对教学质量的评价（满分 5 分）。该评价细则以评促建、以督促改、分级考评、动态考核、全面督导，以此来提升融合教育服务的质量。我们重点研究了评价量规、评价方式和评价反馈三方面，在这个过程中，形成了锦江区优质 IEP 标准、锦江区融合班级教学评价标准以及锦江区资源室教学评价标准。以融合班级教学评价标准为例，评价表分为三个部分，一是针对教学设计，二是针对教师支持的有效性和学生学习的有效性，三是教师素养以及班级氛围。在教学设计方面，我们非常注重对普通学生和特需学生的学情分析，特殊类型、学习风格、学习动机、学习水平要有精确的分析，同时还要有定量观察，包括学习习惯、学习投入以及参与效应。针对课堂中的教师支持有效，我们从“有量”的支持到“无痕”的关注有很多可量化的指标。最后是学生学习有效，我们希望教师能够更加关注学生的情绪状态、参与度，以及最后学生的目标达成和个别化教育计划是否一致。在这个过程中，我们也强调通过班级的课堂来反观平时这个班级的氛围。评价是渗透到每一项活动中的，即我刚才提到的教研、培训、巡回指导等，通过观课、访谈教师、访谈学生、访谈家长的方式来开展教学的评价。通过这种方式，评价和反馈既有教学视导的反馈，还有分级督导的反馈。我们注重过程，也同样重视结果，只有这样才能促进我们的学校向优质融合发展。

最后一部分——取得成效。锦江区通过强支持、深融合，形成了融合教育的新样态。我区龙舟路小学的“构建融合教育生态　给予生命多彩样态——以系统支持智力障碍学生成长为例”案例被评为全国首届融合教育优秀案例。案例中的孩子天天从一年级到现在上职高，已经成为一个合格的职高学生。这整个过程代表的不仅仅是天天本人的成长，也代表他的助学伙伴的成长。值得一提的是，他的助学伙伴还是我们成都“天府优秀人才”的培养对象。由此可见，天天的助学伙伴并没有受到消极影响，他也成长得非常好。还有一个事例的主人公叫昭昭，他是一个孤独症学生。昭昭经过六年的学习之后可以在助学伙伴的陪同下，在我们的教研活动（“孤独症儿童学校适应支持策略探究”主题教研）上带领我们的教师做优生活动，这让我们感到非常惊喜。我们还有很多的学生都发展得非常好，因为时间关系，我就不再一一讲述了。

在这个过程中，不仅学生在成长，我们的教师也从输入者成长为输出者，家长也成了“持续提能协同者”。我们有两位教师曾经在华中师大的教育学院给在职教师们讲过课堂教学的调整。我们的家长中也有人在成都市社区教育评选活动中被评为“百姓学习之星”。

最后，我想说：在这条路上，我们希望每一个生命被充分看见，让无数个老师充满动力，让无数个家庭充满希望。让我们朝着同一个目标努力，将融合教育质量不断提升，使每个孩子都有出彩的人生！

谢谢大家！

交流与研讨

点评人：崔英锦　教授（哈尔滨师范大学教育科学学院）
主持人：王艳杰　副主任（北京市海淀区特殊教育研究与指导中心）

点评人：崔英锦

今天非常高兴也非常感动，受雷江华教授的邀请来参加此次融合教育发展国际研讨会，这是我第一次参加特殊教育领域的会议。先简单自我介绍一下，我的主要研究方向是教育基本理论，但是我关注特殊教育已经十几年了，我也是黑龙江省特教专委会的副主任委员。

今天的五位专家每一位的汇报都很精彩，让人舍不得打断。这实际上对我来说算是一种学习。我听了以后有一些想法，谈不上点评。五位专家的研究汇报大概可以分为三类：第一类是特殊教育研究对象的类型，比如针对孤独症的相关内容，我的团队也一直在进行相关研究。第二类是课程模式的类型或者说是课程建设的研究，比如储校长谈到从“随班就读”到“同校共读”课程建设和王校长所谈到的长沙融合教育新课程与新教学实践。第三类是资源教师的培训和资源教室的建设。每一类研究都非常丰富且各有各的特点和优势。比如苏州大学刘电芝教授在研究中提到的“共同关注”这个问题，现在我的一个博士研究生正在写的博士学位论文也是这个方面。上海徐汇区的韩菁蓉教研员十年来所做的对专职教师的培训，并且形成了教研修一体的培养模式，我觉得这个是值得我们黑龙江省学习的。江苏特教中心的副校长以他曾经工作过的城中心小学为例，构建了“同校共读”的课程模式，而且已经形成了可实施的扎实的课程体系。湖南省特教中心的王校长提出了“一师三身份”的模式，其中有一个在特教领域特别容易忽视的问题——影子教师。还有最后一位来自四川成都锦江区的一个区域性的模式汇报，提出区域融合教育模式以及发展理念的同时，也提出了一些具体的做法，案例十分生动。

今天的内容非常丰富，每一个分享都十分精彩。我希望能够形成一个学术联合体，可以相互走动、相互学习，为我们中国未来的特殊教育领域做出自己的贡献。以上是我听了五位专家汇报的一点想法。每一个专家都是教育家型的专家，我看到了我们中国特殊教育的一些希望。我曾经听一些前辈，包括朴永馨老师在内，很多人都提出过我们中国在特殊教育研究领域里教育基本原理、课程论的专家比较少。如今，我欣喜地发现，我们很多的研究生都在做相关的研究。我所在的哈师大虽然没有特殊教育系，但目前我的团队中，今年毕业的有一个学生是研究特殊教育的启蒙教育，跟踪了听障儿童四年，在我的团队中做得非常好。虽然很遗憾他最后没留在黑龙江，但是我给他推荐留在了东北第一个研究特殊教育的高校——辽宁师大。他算是我们新生代特殊教育的新生的力量吧！希望未来有越来越多的力量加入特殊教育，希望我们中国的特殊教育越来越好！再次感谢各位专家的精彩汇报！

谢谢大家！

主持人：贺荟中　教授（北京师范大学）

大家下午好！先简单做一下自我介绍。我叫贺荟中，来自北京师范大学特殊教育学院，同时也负责北京师范大学教育学部融合教育研究中心的工作。我是在三年前由华东师范大学引进到北京师范大学工作的。

这么多年来，我的研究领域当中有听觉障碍儿童，也做了大量自闭症相关的研究，曾任华东师范大学自闭症研究中心主任。华东师范大学从2003年起就开始给本科生、研究生开设自闭症儿童的发展与教育课程。我做自闭症相关的研究做了20多年，在华东师大的自闭症研究中心当中，带领我的研究生团队做了很多关于自闭症的早期干预，不少的孩子在我们的支持和帮助下进入了普通学校学习，融合教育给这些孩子带来了非常大的变化。从我自己参与的案例当中，我看到了孩子们在融合教育环境当中取得了最大的胜利。之前还在上海的时候我就在想：轻度的孩子能取得如此大的进步，那么重度的孩子干预后会怎么样呢？我们当时也做了一些尝试，但是很遗憾的是，在那个孩子跟着我们的研究进行了两年的干预也取得了一定进展的时候，我调到了北师大，孩子的干预没能持续完整地进行下去。对此我想跟大家说的是：大家都可以感知到孤独症现阶段在融合环境、融合学校里面面临的挑战更大。

我之前关于学前教育的研究是在北京进行的，“所有的融合教育安置给我们特殊儿童或者高危特殊幼儿带来怎样的挑战？”“一整天的流程会带来什么样的挑战?”，对于上述问题我们做了大量研究，也总结出了一些面临的挑战。关于融合教育的课程和教学方面，今天上半场的专家给了很好的分享，那么之后还需要我们在这条路上继续努力前行。

今天下半场将有五位来自全国各地的教师介绍他们在融合教育的特征和教学方面，为了提高特殊孩子的受教育质量所做出的积极探索，分享他们的成功经验以及他们未来的道路和方向。

那么接下来就让我们有请第一位要分享的郑云宏校长。他来自北京交通大学附属小学，他们学校在融合教育的方面做出了非常杰出的探索，也取得了非常好的成绩。我还没有到北师大的时候，就去北京交通大学附属小学拜访过，也见到过郑云宏校长，听到过他精彩的演讲。接下来我赶紧就把时间交给郑校长，让我们用热烈的掌声有请郑云宏校长!

报告5：多元支持体系下的融合教育课程与教学

主讲人：郑云宏　校长（北京交通大学附属小学）

特别感谢大会的邀请，也向一直以来从事特殊教育、融合教育的各位专家致谢。我来自北京市海淀区北京交通大学附属小学，我们学校是一所全日制的普通小学，所有的孩子是以基础教育正式学籍的方式入学的。现在我校一校两址，共有2100名学生，120位教师。大家从这个建制大概可以听出来，我们只是在普通教育里面为了孩子们的成长，来探索有特殊需求的孩子如何在普通学校里成长的。我今天将从三个方面简单汇报一下交大附小对传统教育、融合教育的想法，以及我们做过的和正在进行的一些简单实验、实践及其心得。

首先向大家汇报的是交大附小的办学理念。交大附小的校训比较长，但是我们一直以它为荣，并且一直以它为我们的教育原则。我们的教学理念是："问题比答案更重要，过程比结果更重要，成长比成功更重要"。那么，在这个理念的支持下，我们从2013年就开始特别关注所有孩子在学校里的生存状态，尤其关注普通孩子在特殊事件当中需要的特殊关怀，以及越来越多的在情绪、身体健康方面有特殊需求的孩子，在大量的普通孩子当中所需要的关怀。因此慢慢地也诞生了特殊学生与普通学生的融合教育。但是交大附小的融合教育始终是从面对全体学生来体谅特殊孩子的生存、生活状况，从对全体孩子的培养目标来看对特殊孩子的培养的这种过程。因此，特殊教育对我们来说是日常教育教学管理当中的一个重要方面，但绝不是一个单独设立出来的特别的、特殊的、隔离进行的教育内容。特殊孩子们的教育也给一线教师的教育教学带来了巨大的挑战。因此，交大附小从2013年起有三项基本功成为我们在新时期对自己提出的教育理念——"我们应该学会积极期待、智慧陪伴、有效帮助"。面对着我们的办学理念，其实学生跟我们是一起成长的，或者说教师的成长正是源自和孩子们共同完成的教育实践。

接下来，我将从两个方面向大家汇报我们在普通学校里的融合教育的想法、做法以及点滴收获。首先，我们经过十年的积累逐渐丰富起来的因势利导和因人而异的多元支持生态环境。学校一直以来受家庭和社会的共同支持，同时也受学校和家庭的干扰和影响。学校跟家庭及社会的各种关系最重要的连接点是学生。学生的特殊需要和特需学生在我们心里其实是高度融合在一起的。我们认为，学生在不同阶段一定会需要有不同的、特别的心理上与物理上和学习上的支持。比如幼升小刚刚进入陌生校园的孩子们，从教师围着他们突然转到需要开始认识不同学科的教师，进入不同的、分割开来的学科教学的教室。这些孩子原本在幼儿园是很正常的，但是突如其来的转变可能会让孩子在短时间内有心理情绪的应激反应。诸如此类的还有小升初之前孩子过度、过分的青春期早期的反应，以及对未来学习生活的焦虑。因此在交大附小，所有的融合教育都是从关注所有学生、关注学生的需要，特别是从关注孩子的成长需求做起。那么，我们与学校、与家庭和社会的重要的联系是主动承担对孩子的教育责任，同时积极地联络家庭，给予在校的孩子们更多的情感支持。此外，我们较好地动员了小到周边社区、周边单位和大到我们整个的招生地区的其他单位，给予交大附小一年级到六年级不同学段的孩子们，特别是有不同的心理、情绪、生理、实践需要的孩子们以文化资源的支持。

我们以学生为中心，学校主动牵头建立了有助于孩子们的家校社支持体系。因为越来越细致，我们把它表达为一个生态环境。在这个环境里面，学校首先根据入校孩子们的需要逐渐筹备资源教室。这个资源教室最开始是为幼升小进入学校且有学习适应困难的孩子们建立的游戏室。在海淀区特教中心的指导下，随着每一届每一学段都有孩子出现特殊情况，学校现在已经筹备了四个资源教室，并且做到周一到周五全天开放，周六、周日因为家长和学生的定制而定期开放。在资源教室的建设过程当中，一方面，我们按照标准购置了适应两个校区不同年龄段孩子的心理支持和情绪保护的主要设备，并安排了相应课程。另一方面，我们分别从不同学年段来筛选特殊学生，再为这些特殊学生购置专门的培养材料。因此我们的资源教室是全校使用和因年定制的。这也是学校的教师团队因为细致的工作，特别是基于全天候、全体学生以及保护所有孩子的生活差异的这种想法。交大附小很荣幸得到了特教专家的支持。我们学校现在的团队已经包括了定期到学校指导工作的特教专家和两名专职资源教师，并且已经在海淀区取得正式的培训资格。我们的全体班主任都纳入学校资源课程的上课团队，特别对特殊学生加大了支持。全体的学科教师都知道每一年度所在任课最多16个班，最少8个班的每个班特殊学生的基本情况。交大附小有一份“校内机密”，是分层授权的。不同的特殊的孩子，在每个学年，他的身体、情绪特别是特殊情况的这种记录，以及与家长沟通的情况，都在学年初统一作为学校的档案下发给相应的班主任和学科教师。我们每一位学科教师和班主任都会定期补充对特殊学生的工作记录到这份档案中。

到现在为止，交大附小的教育团队，除两位受了专职培训但也是普教教师在内，我们的教育团队应该是在专家指导下的以普教教师为主的一支队伍。在这个过程当中，为了让我们更多的教师能够理解到，或者说让全体的教师意识到，以学生的终生成长为目标，让孩子们在小学阶段获得他们人生起步的最扎实的这个基础，每一节课、每一天的生活，都应该是我们的孩子们所需要获得的最重要的支持。所以我们对全员、全学科的教师都进行了相关融合教育的培训，并且学校支持教师们申报特殊孩子教学、特殊孩子教育为主的校级、区级和市级课题。交大附小的融合教育团队就是在北京市海淀区的融合教育理念支持下成长起来的一支团队。在2023年进行的全国的融合教育案例遴选当中，我们的特殊教育团队的《携爱同行　伴你成长》获得了教育部的特等奖。在这个过程当中，我们除了对内把教师培养作为重要的内容，我们还特别加强对负责与家长沟通和陪读人员的培训。我们现在有一支令人羡慕的陪读教师队伍，这个队伍中有两位教师在学校里面支撑一些特殊情况，更多的陪读教师其实是家长在充分了解了学校对孩子们的教育培养目标和方式之后，家庭自费邀请的陪读教师，全天候或部分时段在常态学习当中在学校进行陪读。和对教研组一样，交大附小对陪读教师也有专门的培训，即定期的主题培训，同时也有一些和教育、陪护言行相关的培训。家长学院、家长学校的培训和陪读教师的培训，让我们的这个生态更加丰富，也更加有利于对孩子们的支持。

在这样一个有了很好的人员支持的情况下，我们已经连续四年实现了特殊孩子在学校、家庭共同支持下，家长对孩子的发展发育情况有了非常客观的认识，并且寄予无限的希望。我们每年都会给这些特殊的孩子制定专门的毕业典礼，并且在区特教中心的支持下，这些孩子能够以特殊转例的方式直接升入他们指定的中学，中学的教师会到小学来接护他们，也会接续这些孩子从一年级到六年级的成长档案以及发育和发展的案例介绍。这些孩子的青春期的成长也是比较顺利的。

交大附小的整个活动得到了各个专业部门的支持，在这里面能看到很多的专家。我们每学年都会邀请特教的教研员、研究员和专家们到学校来对我们一线教师面临的不太熟悉的特殊案例进行指导，指导如何开展教育活动、如何开展家庭工作。我们做到了定期邀请，主动开展教研。每一个在学校出现的特殊教育的案例，都是交大附小的资源教师乃至全体教师共同的丰富其教育人生的重要课题。在这个过程当中，我们会把孩子当作自己的科研课题来研究，而不会把它当作困难或者是负担来应付。我们交大附小最开始比较依赖资源教室的课程和生活指导课程来显示我们对孩子的已有特殊关照，但是经过十年的时间，现在每一个学年我们的一线教师都会和特邀专家一起重新对学生进行评估，一方面有医疗机构等的建议，另一方面也有孩子学习行为、学习习惯、学习能力方面的建议。普通孩子以及与其他孩子略有差异的正常孩子也都纳入学校整体的观察评估。同时，在这个观察评估的过程里面，我们学校内部的学生名册就已经划分给全学科的教师。所有的教师都会知道，同一个年级里面和本学科当中有哪些孩子在学习方面需要特殊的指导。普通教师在备课过程中就在为已经在学校造册备案的这些同学进行全学科融合教育准备教案。如果有些孩子在接受能力、融合与集体教学上面的需要差异比较大时，学校的资源教室课程和社会实践课程将会按照专家和我们的资源教师的判断，开始进入周度、月度和季度，即每周几课时、每月几次活动和每一个季度考评的资源教室课程和社会实践课程。从 2020 年开始，虽然有疫情这种特殊干扰，但我们在这个过程中克服困难，在一次次特殊孩子家长对教师的求助过程当中，我们从线上的点滴指导，在线上给孩子们进行了一些训练、安抚，到现在我们的线上亲子云课程陆续建立。我们在校内对孩子的这种指导，更多的是对孩子学习需求的关注。我们也反过来让家长跟我们一起学习，让家庭和学校的教育给孩子的一致性和融洽性更高一些，让孩子从家到学校没有跨度，从学校回到家里仍然能够接受到有质量的学习或者是生活的指导。

最后，我谨代表我的同事们说一点我们共同的看法：教育有特殊需求的孩子确实是学校常态工作中特别重要的，同时也是会让我们这些教育工作者备感压力的一件事情。但是在与这些特殊孩子共同成长的过程当中，教师们的教育能力和爱心不断成长，让交大附小的教育团队也越来越壮大和越来越坚韧。将来我们还会面临着很多的这种重要、艰苦的教育难题的考验，但是有了这样一份共同的要给予入校学生一个完整的童年，希望他们有一个完美的、有个性的人生的决心，我们将继续与大家一起坚守爱与责任。

谢谢大家！

报告6：UDL理念在孤独症儿童随班就读语文课堂中实践运用

主讲人：袁新欣（成都市成华小学校）

尊敬的各位领导、老师，大家好！我是来自成都市成华小学校的袁新欣。今天，我非常荣幸能够在这里，与大家分享我们学校在孤独症儿童随班就读语文课堂中的实践探索——以口语交际课《我们都来讲笑话》教学为例。

在正式开始之前，我想先简要介绍一下我们成都市成华小学校。我们学校秉承“美浸生活，美润人生”的办学理念，以“爱相伴，美相随”为校训，形成了“各美其美”的学风，“成人之美”的教风，以及“美美与共”的校风。在这里，我们致力于打造一个普特共存、适宜融合的校园环境。目前，特殊儿童进入普通学校的学习状态，可以说是既充满挑战也充满希望，他们需要与普通学生共同学习、共同成长，但同时也在面临着诸多困难。接下来，我将通过三幅图来简要展示他们的学习状态……（此处省略具体图示描述）。好的，接下来我将从三个方面进行详细汇报：一是教学设计思路；二是教学实践策略；三是UDL运用思考。

首先，我们来看教学设计思路。此次设计紧扣教学中“教学评一体化”思想，结合随班就读的孤独症儿童具体学情，围绕UDL原理（通用学习设计），从提供多种形式的知识呈现方式、创造多种形式的参与和表达方式、采用多种形式的激励和评价方式三个维度展开。我们设计了“会选笑话、会讲笑话、讲好笑话”三大学习任务，引导特殊学生和普通学生通过个人学习、同桌学习、小组学习三种方式，在学习和评价中达成目标、学到方法、改善不足。

接下来，我们重点来看教学实践策略。主要分为三个方面：

第一，立足学情，提供多种形式的知识呈现方式。我们班参与随班就读的孩子叫祺祺，今年11岁，属于孤独症儿童且智力三级残疾。他在语文学习上存在诸多困难，主要表现为理解能力较差、语言表达动机较弱、识字量偏低、书写能力较弱、学习兴趣不高、不主动参与课堂学习。但同时，他也具有大部分孤独症儿童的典型爱好，喜欢绘画，会经常在纸上以简笔画形式创编故事。基于此，首先为其实施个性化的作业设计。考虑到祺祺的学习障碍，我们在设计前置性学习任务时，为他单独设计了数量更少、留白更多、表达方式更灵活的笑话收集任务单，并制定了避开不足、能够达成的评价标准。其次是多样化的视觉提示。在学习讲笑话的技巧时，我们设计了不同的学习方式，如通过阅读课本文字提取概括讲笑话的技巧，将人工智能机器人讲笑话与真人讲笑话视频进行对比分析。同时，以颜色鲜艳、直观简洁的关键词条板书对讲述技巧进行提炼，从多个方面吸引祺祺和班级普通孩子的关注。

第二，着眼目标，创造多种形式的参与和表达方式。教学目标是统领整个教学活动的关键。在制定教学目标时，我们既要考虑学科教学重点、普通学生的学习需求，还要考虑特殊学生的需求和现有水平。为特殊学生安排助学伙伴，有利于他们在学习上得到帮助和指导。但为了避免特殊儿童被“隔离”，我们通过安排全班同桌练习的形式对特殊儿童提供无痕性支持。小组互动有利于引导学生畅所欲言、扩展思维，也有利于带动特殊儿童在群体中积极思考、展示自我。对于祺祺来说，小组互动是一个很好的展示自我的机会。不同的特殊儿童有着不同的学习需求，学校和教师应尽可能地为他们提供支持。除了显在的设施设备支持外，其他方面的支持如人员支持、精神支持、行动支持应体现出无痕性、隐秘性。比如，本次口语交际课上我们提前为祺祺准备了任务闯关单，届时根据情况灵活安排。

第三，增强互动，采用多种形式的激励和评价方式。对于特殊学生的学习评价，我们不能只关注学生掌握的知识与技能，还应该结合情感态度、思维发展和行为表现进行多维度的评价。首先是评价维度和主体多元化。在本次课堂中，教师引导普通学生既对特殊儿童在笑话内容的选择上进行了评价，也对他的讲述表现进行了评价，实现了评价维度的多元。教学中设计了教师评价和特殊学生与普通学生互相点评，还在课后练习中增加了家长点评，实现了评价主体的多元化。其次是评价方式和过程多元化。孤独症儿童不擅长语言表达，因此我们不能仅凭口头评价来体现他们的优势和课堂参与度。于是，我们增加了书面评价来丰富评价形式。

最后，我想谈谈对 UDL 运用的思考。通用学习设计这种开放的、多元的、灵活的、具有前瞻性的理念，对我国教育教学过程的研究具有很大的启发作用。我们应结合当前的教学现状、人文环境和时代发展趋势进行综合考量与深入分析，摸索出本土化的新模式、新方法。通用学习设计强调将现代数字技术渗透于课程设计的各要素之中。教师可以使用不同的媒介与学生的个别化需求相结合，开展灵活多样的课程教学，以适应学生的不同学习风格与偏好。

在成都市成华小学，我们始终秉承“以爱为径，向美而行，各美其美，美美与共”的理念，不断探索、不断改进。我们相信，通过我们的努力，特殊儿童将不再一人一个世界，而是和普通孩子一样绽放光彩、被人瞩目。

感谢大家的垂听！

报告 7：普特融合学校随班就读课程与教学调整的路径探索

主讲人：邹　娟（长沙市教育科学研究院）

尊敬的各位领导、专家、同仁们，我是长沙市教科院的特教教研员，感谢华中师范大学教育学院提供的学习机会，很荣幸能与大家一起探讨融合教育的课程与教学改革，接下来我从下面的四个方面跟大家分享我们的做法。

首先，我想跟大家分享的是我们市级普特融合教研活动的典型课例——同研共训教学研讨的案例，请大家观看一个课堂教学的实录片段。刚才的视频是我们教科院 4 月 26 日在岳麓区第一小学主办的融合教育课例研修的美术课堂，这不仅是一堂普特融合的课，而且也是音乐与美术的融合课。由于时间关系，我不能够展示整个视频。这节课里面的孩子叫轩轩，是一个孤独症的小朋友。在这个课堂中，为了帮助轩轩达成他的个人学习目标，老师采取了一些支持策略。在绘画过程中，首先给予这个孩子言语提示以及肢体辅助，帮助轩轩建立信心和集中注意力。然后通过音画结合，调动视觉、听觉和触觉多感官来融入学习活动。另外，整堂课都有学习小伙伴来帮助他。针对他用色彩表现情绪比较困难的情况，学习小伙伴协助他初步建立了色彩与情绪的联系。还有教师在设计个性化作业评价单的时候，由于轩轩的识字量较少，所以把他的评价单的文字改成了趣味图片，以此让他能够更好地完成这个评价单的作业。我们特殊教育“无评估，不教学”，正是因为前面我们对轩轩开展了科学的评估，所以老师在课堂上才采取了这些比较适宜的支持。

轩轩这个孩子今年十岁，医学诊断为孤独症谱系障碍儿童。他的评估刚才我们也从视频里面看到了，分为发展性评估和美术学科课程本位评估。课前我们采用《孤独症儿童发展评估表》，结合普通学校《艺术课程标准》及培智学校《绘画与手工课程标准》，分别对轩轩的基本能力与学科能力进行评量。接下来就是他的评估结果。从这个剖面图可以看出来，轩轩的这个综合能力相当于四岁六个月的儿童的水平；八大领域中感知觉的领域发展最优，相当于六岁六个月的儿童水平；精细动作相当于四岁八个月的儿童水平。发展空间最大领域为语言沟通领域和认知发展领域。语言沟通领域中，对长句的理解和复述能力比较弱。认知发展领域中，概念的识别能力比较弱。下面，从情绪行为表现图可以看出来轩轩的情绪是相对稳定的，整堂公开课下来，他的情绪很稳定。只有一项是重度异常，具体表现为，不会安慰和帮助他人。他有理解感知他人情绪的能力，能在提示下给予肢体安慰，但是无法进行语言上的回应。我们特教老师和美术老师合作，对轩轩进行了美术的学期目标评估。这个评估表里面分为18个评估项目，我们从这些得分可以看出轩轩在使用各种绘画工具和合理地选择材料方面是满分。但是在画直线、曲线和创意表达、想象创作方面得分比较少，或者是零分。在上这堂课前，我们对轩轩进行了课前的评估，分为三个评估项目。在绘画表达歌曲中，能够保持线条的流畅度，但是不能根据音乐的旋律画出比如曲线、圆等，他画出的元素都是直线。在绘画表达情绪中，因为我们这堂课就是用你的绘画表达情绪。他能够区分开心和伤心的表情，但是不能够按照指定的心情拿出相对应的画笔，所以后面这两项都是零分。还有创作也是他的弱项。

基于轩轩的评估结果，老师在制定他的特性目标时，在班级的共性目标上进行了调整。比如班级共性目标是能用点、线、色来表现旋律与心情，轩轩就只需用画点和线就可以了。通过评估和教学支持，组织老师进行观测后，在课堂上发现轩轩基本能够融入学习活动，情绪一直很稳定，然后初步完成了他的作品创作，这堂课他的个人目标还是达到了。后来我们又对他进行了课后的评估。在绘画表达歌曲的时候，通过上了这堂课，他能够画出曲线和直线还有圆圈，然后第二个是绘画表达情绪的时候，他知道了用红色是可以表达生气，但是其他颜色的还是不太能够理解，进行绘画创作比原来好一点。前面的两点还是变化比较大的，因此说明我们这堂课老师采取的这个策略还是有效的，孩子的学习也还是有效的。我们对他进行了课中的支持，即小组合作。这条鱼是他课上画的，形状可以看得出来。因此这次的课例研修通过前测，为我们老师的教学提供了支持策略的选择，通过我们课后的测评，又检验了这个孩子的个性目标的达成度，为老师后续的教学提供了行动改进建议。

像类似的融合教育课程支持策略、教学研讨活动，我们教科院还组织开展了基于差异化理念随班就读的语文课例研修，还有合作教学课例研修等不同主题、视域层面的，这都是我们的研修的总结。视域层面的普特教师同研共训的教研活动，我们教科院也把这个融合教育列为20个精品项目之一，我们每一科教研员都非常重视融合教育，每次的教研活动都是学科联动。普特专家一起参与，4月26日的课例是一堂美术课和数学课，我们的美术教研员和数学教研员都全程参与。而且从学科方面提了很好的建议，然后为了让这个研究能够更加体系化，我们院里面于去年五月份申报了教改项目，即融合教育背景下特殊需要儿童的课程知识策略研究。

其次，我分享的是我们教改项目的理论模型。我们从特殊儿童生命发展本位的理念出发，初步构建了三环的课程支持策略。我们这个理论也是不成熟的，由于时间关系，我就不在这里多说了。

最后，我们是基于这个融合教育教师的专业现状创设了融合发展到特殊支持的课程开发流程。为了更加客观了解我们融合教师的课程专业现状，我们对全市的融合教师发放了调查问卷，还前往八所普特融合学校开展了现场访谈，收到了1383份教师问卷。调研的结果显示，在个别化教育，还有一生一课表方面做得很好，但是由于我们的教师以普通教师为主，他的专业知识储备不够，所以我们基于这一个问题，我们初步设计了融合发展到特殊支持的课程流程图。最后一点跟大家报告的是我们合作校的课程实践，我们的合作校就是岳麓一小。我们把三环模型，即共性课程、补偿课程和实践活动课程作为理论模型，岳麓一小以此为孩子们提供了比较好的全面发展的课程。

以上就是我们团队基于项目实践研究总结出来的一些不成熟的经验，请大家批评指正。后续，我们还是会继续开展随班就读的各学科的课例研修，扎根一线课堂教学，扎实推进融合教育的内涵发展！谢谢大家！

报告 8：国际融合教育课程研究的热点、趋势与启示

主讲人：刘礼兰　博士生（南京师范大学）

尊敬的各位老师、同学，大家下午好！我是刘礼兰。非常感谢母校华师教育学院能够给我这次机会，让我来做这个分享。我分享的题目是《国际融合教育课程研究的热点、趋势与启示》。从这个题目就可以看出来，我的这个分享和前面几位老师可能不太一样。前面老师是侧重于融合教育课程教学实践经验的分享，那我是从理论、从已有的研究来做了一个文献综述，从理论与实践两个方面对融合教育课程进行阐释。我们统计了从1989年以来，在Web of Science核心合集中发表的有关融合教育课程主题的文章。

首先，通过这个图可以发现这个主题的研究它是不断地增长的趋势，指数趋势线也能够预示着在未来这个主题也会得到研究者持续的关注。对来源期刊进行分析，我们能够发现共有112种杂志发表了这个主题的文章。发文量在5篇及以上的共有11种，共计114篇。其中，国际融合教育杂志发文量是最多的。对杂志领域进行分析，我们能够看出在国际上面发表的融合教育课程的文章，主要还是在特殊教育领域，普通教育领域发文还是比较少的。发表文章在5篇及以上的作者，总共有7位，合计发文有49篇。通过这个机构，我们能够知道这七位作者都来自美国。460多篇文章中，有244篇都是美国学者发表的，占到了一半之多。

我们用Citespace软件对研究进行了一个热点分析。分析关键词共现知识图谱并结合施引文献的阅读，我们能够发现该主题的文章主要聚焦在如下几个热点。第一个热点，是关于融合教育课程内涵的认识。在某种程度上来说，你要理解融合教育课程，你就要全面地把握普通教育课程获得，融合教育课程跟普通教育课程获得这两个概念是密切相关的。有一个研究总结了三种视角来理解什么是普通教育课程获得。例如理论视角，就是从理论的角度去阐释这个概念，那也有的研究它比较强调特殊学生在普通课

程学习中的实质参与。由于理论视角和态度视角是调查比较多的，所以我在这里主要介绍这两个视角。态度视角主要是去调查普特老师对于学生去获得普通课程的一个态度。普通老师对于融合教育课程到底是何种类型的课程，他们的认识是存在差异的，也就反映出老师们对普通课程、特殊课程在融合教育课程中的成分占比是没有达成共识的。总的来说，从对融合教育课程的内涵的认识的研究来看，他们共同表达的认识就是融合教育课程是一种对普通课程的获得，而特殊教育就演变成普通教育背景中的一项支持服务。

第二个热点，是融合教育课程的多元学生主体。我们知道融合教育课程肯定是以特殊学生为主体的。其中，中轻度学生占比是较大的。随着融合这个词的发展，学生群体的范围会更加的扩大，像重度障碍学生、LGBTQ 群体、少数族裔等。这些群体的教育也受到了学者的关注。学生群体范围的扩大，其实是与融合教育理念相吻合的。因为融合教育就是要为所有有特殊教育需要的学生提供相应的教育与相关的服务。

第三个热点，是融合教育课程的通用设计。已有的研究对这个学习通用设计关注得比较多，在今天上午还有下午会场的老师的分享中也可以知道学习通用设计确实现在是非常重要，也是很多学者都关注的点。在国际上，主要是关注学习通用设计这个概念、理论基础、设计的原理、应用的领域和现实的效果。学习通用设计有三项基本的原则。三项基本原则下面又包含了 9 条准则和 33 个检核点。在课程设计的时候，将这些原则和检核点贯穿到课程的核心要素之中，以此设计出满足学生参与、获得进步的灵活的课程。研究发现，所谓通用设计其实已经运用到了各种障碍学生的不同学段的各个学科之中了。有研究经过系统的综述和原因分析，发现学习通用设计的总体效应量为 3.56，学习通用设计的它设计出来的课程对学生的干预效果是更明显的，与各类技术相结合，也能够增强学习通用设计的运用。

第四个热点，是融合教育课程的内容构成。有研究是从纵向的角度去总结课程的内容。研究发现，课程内容的侧重点随着时间的推移，它就会有阶段性的特点。早期的课程比较关注学生的个人生活能力的提高。之后，会关注学生的社会融合，新进的研究更为关注学生在普通课程中的学业进步。也有研究它是从横向的角度去总结融合教育课程的内容，把它分为功能性课程和学业课程这两类。其实这两类的划分是为大多数学者所采纳，而且与学业课程相关的文献数量在不断地增加，且增幅较大，占比最高。功能性课程和学业课程到底谁是融合教育课程内容？在研究的过程中这是被大家所争论的。最后，大家达成了一个基本的共识，就是在选择课程的时候，要重点考虑学生的学习需要、学生的年龄、年级、障碍程度、现有成绩、未来规划等都是重要的预测因素。因此，目前来看学者是倾向于将功能性课程和学业课程内容进行整合的。第五个热点是关于课程的实施，目前的研究就是从实施的策略和影响因素两个方面进行的。实施的策略是从学生的"学"和教师的"教"两个维度展开的。学生"学"的策略，就包含积极学习共同体的创建、同伴支持以及自我决定。教师"教"的策略，包含先行组织者策略和合作教学策略。关于影响因素，研究将其分为技术、教师、文化与制度三个方面。

最后一个热点是关于融合教育课程的评价。目前研究重点聚焦于课程本位测量、替代性评估。课程本位测量它主要是用于测量特殊学生在阅读、拼写、数学书写表达等技能的掌握程度，其实它就是侧重于对学生的学业课程掌握程度的测量。课程本位测量的结果是可以运用到很多的领域之中的。替代性评估主要是为重度障碍学生准备的，因为重度障碍学生可能很难参与到市级范围的学业评估之中。另外，替代性评估已从之前的以功能性目标为评估标准转向以学业目标为评估重点，且将学业能力和功能性能力进行整合以促进学生的学业领域发展。

为了理清研究的演进趋势，我们首先进行了一个关键词共现时区图分析，已有的研究可以划分成三个阶段。第一个阶段是 1989 年至 2000 年，这时候融合教育课程的研究开始引发关注，这个阶段的研究主要是围绕融合教育课程的一些基本问题展开的。像教师的态度、课程的理解、学生的行为与能力分析等。第二个阶段是 2001 年至 2012 年，融合教育课程研究的主题得到了进一步的拓展，重点学生群体得到了关注，像重度障碍、自闭症、发展性障碍等。研究的内容也得到细化，包括普通课程获得的策略与路径研究、课程获得的影响因素、学生学业表现与成就的评价研究等多个方面。第三个阶段是 2013 年到 2024 年，融合教育课程研究进入了深化阶段。主要表现在研究范围和研究的具体主题上。在研究范围上来看，研究对象的范围进一步扩大了。在学龄段上面得到了延伸，下至幼儿，上至成人。在群体类型上纳入了 LGBTQ、HIV 的人群。另外，相关的研究也更为聚焦，更加注重对融合教育课程的认知与观念，如课程设计、教学支持与辅助、课程的实施效果与困难的分析。

我们对国外的研究进行分析，得到以下启示：第一个是深化本土融合教育课程的认知研究，第二个是要关注学习通用设计研究，第三个是要加强普通课程获得的研究，第四个是要丰富融合教育课程评价研究。

以上就是我的分享，请各位老师批评指正，谢谢！

报告 9：普通学校如何构建融合教育课程体系

——以中山市东区竹苑小学为例

主讲人：刘　颖　主任（中山市东区竹苑小学）

各位专家，各位同行，大家下午好！我是来自广东省中山市东区竹苑小学的一名普通老师，我们学校是一所普通的公办小学。接下来我会从我们学校如何搭建一个课程体系来支持特殊需要的学生发展。

首先，请大家看一张照片，这张照片在我们学校的运动会上，一位妈妈推着她坐在轮椅上的孩子昂首挺胸地走在队伍的最前面，这个孩子是一个脑瘫儿童，虽然他因为脑瘫没办法完全起立行走，但他的面部表情是非常开心的。下面的老师和学生没有一个人觉得他有什么特别的，她们也很坦然的走在我们队伍的最前面。我想通过这张照片告诉大家，我们学校所呈现的融合的氛围。这也反映了我们学校从 2015 年开始，一直持有的教育理念就是“不落下任何一个孩子，让每一个孩子都有机会站到中央”。

特殊孩子来到我们学校之后，我们会有一个工作流程。首先我们新生入学，会有班主任去接应，去了解孩子的情况。有一些是家长提前跟班主任说，有一些是班主任发现，然后我们资源教师评估，之后把评估结果告知家长提出建议，再然后对个案做分流。我们学校有心理老师，驻校医生，之前我们还有社工。我们聚在一起共同研讨之后，给班主任科任老师反馈，提供适当的建议。我们根据特殊孩子相关的人群来搭建课程，所以接下来我的汇报会从我们学校的融合课程体系的内容以及课程的效果来呈现。

为了帮助这些随班就读的学生更好地适应普通学校的学习和生活，我们搭建了三维课程体系。学生方面，针对普通的学生。今天上午我一直在听报告，我觉得找到了我们学校最有共鸣的一点，大家不是提倡专门针对特殊学生的特别干预，而是应该建设共同的课程。我们学校针对普通学生建设的共同课程特殊学生也会去参与。三个年段的融合宣导课程：低年级、中年级、高年级，每个年段都有一节关于融合教育课程的宣导课，告诉他们：我们这个世界是不一样的，每个孩子有每个孩子的特点，不一样也可以很美好。然后在孤独症日这一天，我们也会有专门的孤独症的宣导课程，是班主任上的。针对随班就读的学生，我们有专门的资源教室，有专职的资源教师给他们上课。那我们就会思考，资源教师很多学校都有，一个特殊的孩子进入普通学校，我们应该给他们什么样的教育？我们认为应该是适应教育。除了班级常规的课程，我们开发了三大主题课程。比如注意力，他要坐在教室里那么久，小学的课程是挺多的，有一些是需要注意力比较集中的，他要跟小朋友相处。因此我们会开发相应的社交课程，等一下我会专门介绍。我们的教师课程也分层次，有一些是融合教育的骨干教师，他要去推动这个融合教育的发展，我们市里面、区里面针对这一部分老师有素养培训课程。针对普通科任的老师，我们开展系列融合宣导课程，告诉他们什么是融合教育，如何认识特殊的孩子，怎么样去帮助有特殊需要的孩子。针对班主任，因为班主任他要时时刻刻面对这样一个群体，我们有融合理念和技能的课程。针对家长，我们普通的家长每年有新生家长培训，有一个环节就是告诉他们，我们学校会有一群这样的孩子，作为普通的家长，应该怎么样去教育自己的孩子去接纳这样的孩子？除了普通家长，我们还针对随班就读学生的家长，给他们做系列培训，开发一些知识手册，每个学期定期进行 IEP 指导。我们学校还有一部分是陪读，家长是日陪或者半日陪，或者就是某一些课陪，某一些课不陪的。针对这样的一群家长，我们也开发了一系列的培训课程，同时邀请专家开发了针对他们的实用手册。

接下来展开讲讲我们的课程，针对普通学生，我们开发了三个年级的融合宣导课。低年级的宣导课《蜡笔小黑》就告诉他们，“黑”我们都不喜欢，觉得黑色不如彩色漂亮，但是黑色它也有很棒的功能，它不一样也可以很美好。中年级的融合宣导课是《星球历险记》，是我们心理老师上的。告诉他们每个人都是一个星球，我们到孤独症孩子的星球去历险，如果我们住在孤独症的这个星球，那是不是我们就变成了特别的呢？所以我们通过这样的课程去告诉孩子，我们只是住在不一样的星球，但我们可以去了解他们。高年级是《不一样也没关系》，因为高年级他的认知水平高一点，他们可以看到我们这个世界有很多不一样：有的人是发型不一样，有的是穿着不一样、性格不一样，有的是很容易看到的，有些人是不容易看到的。告诉他们差异也可以很美好。所以我们不是去强化他们这个特别、特点，我们是告诉他们“我们都一样，如果有不一样，我们也没关系”。自闭症日宣导课程是班主任上的。《爱在竹小，点亮星梦》是以一个妈妈的口吻讲述她在养育这个孩子的过程当中遇到的困难，以此来呼吁这个社会去关注她的孩子。通过这样的课程，也提高班主任对他们处境的共情。很多孩子听了会哭，会很感动，会觉得“原来他们那么难”。针对随班就读学生，我们有一个课程规划，主要是从常规管理、学业补救、社交融合、情感互动、感觉统合这几个方面去开展他们的一对一课堂。我们认为随班就读的核心课程是三大方面的课程：注意力的发展、情绪识别与自我调适、社交技能与校园生活适应。因为我们也做了将近九年的融合教育，我们遇到很多问题，在这个过程当中，我们发现这三大问题是他们比较困难的。我们还有一个实践课程，就是让他们去了解不同的职业，然后去看看他们未来可能会有什么样的发展。实践课程是家长、学生一起参加。最后亲子融合课程。普通孩子跟特殊孩子一起，普特家长也一起参加，这个也是让普通家长更好地了解随班就读的情况。

针对教师，我们也分梯度开展了不同的课程，骨干教师的课程，我们的培训从市级、区级、校级，包括专家的督导，里面有心理医生、有社工督导、有特教督导，针对普通教师，开发了融合宣导课《没有真正的残疾》，技能课《认识特别的他们》。还有班主任的理论和技能课程和个案研讨。我们的成果有《班主任支持手册》，是直接给到班主任的，让他们了解随班就读的学生、随班就读学生班级管理策略、随班就读学生沟通策略等。

针对家长我们也开发了系列课程，我们分三类家长：普通家长、随班就读学生家长和陪读家长。针对普通家长，我们开发了“普通家长融合理念课程”，用视频的形式告诉他们，“特殊需要孩子为什么不去特殊学校”“如何让自己的孩子去接纳他们”，普通孩子跟特殊需要孩子在一起对普通孩子来说是可以相互成长的等观点。第二个部分是随班就读学生家长，我们有去做调查，有去做访谈，了解他们最核心的困难点在哪里，比如跟班主任沟通。针对我们的调研结果出了《随班就读，家长支持手册》，比如幼小衔接与入学准备、校园适应问题的家庭处理策略、家长与班主任沟通策略、家长自我调适策略等。还有陪读家长的支持课程，这是一个系列培训课程。最后根据这个培训我们做了一个陪读手册，给到陪读的家长，包括他们在学校要做到一些什么样的要求。这个是我们三维课程的体系。

通过这样的课程实施之后，我们实现了一个什么样的效果呢？第一，我们随班就读学生与普通学生“各美其美，美美与共”，他们在艺术运动、社会生活、生活实践方面崭露头角。这是前一段时间我们本市的残疾人联合会会议上，我们学校的孤独症孩子，他们在做陶笛的表演。第二，形成了帮扶友爱的融合班级。看这个是帮扶小组去帮助特殊需要的孩子，支持他的一些活动，这是我们在课间还有在研学的时候拍到的一些照片。第三，形成了“和衷共生，携手并进”的融合校园氛围。这两张照片是我在疫情封锁的时候拍的，这个孩子情绪困扰比较大，但是家长进不来，我们又不能面对面去谈，所以是校长戴了口罩隔着门在跟家长在谈。包括我们在一些重要的节日上，我们也会让普通的孩子去体验，视障的孩子他们会遇到什么样的困难？在新年的时候，我们校长还提前收集了一些微心愿，在那天也去给他们一些惊喜。我们还会给特殊需要孩子开一场专属的毕业典礼。第四，融合教育变成了学校的德育品牌，起到了示范引领作用。很多家长斥巨资买学区房，就是为了让孩子在这上学。我们学校也被评为广东省随班就读示范校，对周边也起到了一些辐射引领的作用。例如广东省天河区、东莞市、珠海市都邀请我们去做一些分享。

这几年的融合教育经历让我明白这条路任重而道远，需要加大宣传和普及，让更多的人加入到我们的队伍中来，让更多的特殊需要孩子和家庭受益。

交流与研讨

点评人：李彦群　副教授（邯郸学院）
主持人：贺荟中　教授（北京师范大学）

点评人：李彦群

刚才以及上午的各位专家都在推荐自己的学校和家乡，我来自邯郸学院特殊教育学院。邯郸是一个 3 000 年没有改名字的一个城，是杨露禅的故乡，咱们所有的成语里边有三分之一的成语，大概一千五百条成语跟邯郸有关。所以他有一个宣传语叫“成语之乡”“太极之乡”“成语之都”“一座等了你 3000 年的城”，欢迎各位领导、各位专家到邯郸进行指导工作，我们也非常真诚地希望能够跟咱们基层的各个单位建立实习的关系。我们现在有三个专业，一个特殊教育、一个教育康复学，还有一个康复治疗学，有 800 多的本科生，这是我们学院的一个基本情况。所以这是第一个，就是欢迎各位专家和领导到我们邯郸去，给我们指导工作。第二个，听了刚才五位专家的报告，刚才贺教授做了非常精彩的点评，那我汇报一下我自己的一个心得体会。我的心得体会分为三条。不当之处，请各位批评指正。

首先，融合教育是一个体系，这个体系是需要家庭、学校、社会联动的。它不是一个名词，不是一个概念，而是确确实实存在于我们的现实之中。比如说一个校长，你有没有这个融合教育的一个领导力？比如说在我们邯郸一个普通学校的校长，当你去申请经费的时候，你能要来钱吗？在非常有限的经费前提之下，你去要钱，你去要人，你去要政策，你去要资源，那么你如何能够要回来？另外，比如教师的执行能力，我们在座的各位老师的分享都是来自经济发达地区，那么在我们广大的中西部地区，我们的老师在落实贯彻上级政策我们怎么做？还有我们的一些专家也提到了，比如说要给特殊儿童配备相应的同伴，那么如果说当这个同伴的家长知道自己孩子在学校里边是在为一个自闭症儿童、一个聋生、一个盲生做同伴，做导学，他支持吗？如果他反对怎么办？在经济发达地区，这不是一个问题，但是我觉得在大量的中西部地区，很多的家长是不希望自己的孩子和特殊儿童建立关系的，这是一个现实。所以说我觉得这是一个体系，需要我们特殊教育的同仁不断地推动，使这个体系更早地建立。

其次，我觉得我们需要提供给特殊儿童全部的知识，在提供这个知识的时候，知识不应该有差异，而只是在要求上或者在最后的目标的落实上有差异。我举一个不太恰当的例子，比如说姚明，他是一个打篮球的，那么他在很小的时候，他的个子已经很高，已经决定了，他肯定要当一个篮球运动员。那么他那个时候是不是说你要当一个篮球运动员，所以那么数学你就不学了，语文就不学了。不是的，他所有的都在学，只不过他学得不好。其实这个我拿来做类比，也就类比到我们的特殊儿童身上，我们应该给特殊儿童提供没有歧视的知识，只不过这个知识在最后的要求上可能有所差异。我再举一个例子，我们中小学的时候都学了历史，但是我们都不是历史专家，我们对历史有一个基本的框架，但是我们对历史的细节了解得并不是那么很清楚。那你这就够了，因此同样的道理，我们对于特殊儿童的要求应该是“培优促优”，而不应该是“保底”。我们看到刚才也有专家报告的时候，提到我们有的特殊儿童绘画特别好，那么我们就发展他的绘画，而其他的能力有的强有的弱，我们不去保底，为什么呢？因为我们每一个正常人也不是一个全面发展的人。我们都是多少有一定缺陷的人。

最后，我听了这个汇报，其实我们这些学校，我们特教学校，我们普通学校，包括我们一些老师，都在融合教育里边做了相应的探索。但是我觉得，这是个性化的探索，我觉得这个还不够，还需要像贺教授这样的领军人物，能够在理论探索里把中国教育推进一步。我们知道教育部发布了三到六岁儿童的学习发展指南。我们国家是一个行政主导的国家，在这样一个国家里边，如果没有行政主导的一致性的标准要求的话，那么很多的地方，虽然说是在探索，但是我觉得一定程度上是各自为政。这个探索大家都费了很大的力气，都做了比较个性化的探索。但是这种个性化的探索，它可能就是有点散，如果能够集中起来，形成一股合力，形成一个非常大的一个力量，进行一个理论化的探索，那么这个可能就大大提升我们国家的融合教育的发展。此外，也是按照咱们习近平总书记所要求的，构建我们自主的中国教育的知识体系。这是我给大家的汇报，那么接下来，也就是第三块，就是我们在座的各位领导、各位老师，如果说还有什么问题，我们把这些问题可以做更深层次的交流。

问题 1

我们学校做这么多课程，如何去评价课程的有效性呢?

李彦群（点评人）：

评价是教育里最大的难题。教育里边现在讲教学评的一体化，我认为就是差异化的评价，就是你教的时候，是把所有的知识教给所有的人，只不过最后的要求不一样。

贺荟中（主持人）：

非常感谢李老师给的很好的回答。在刚才的汇报中提到的相应课程，你们谈到是怎样去向特殊孩子介绍，向家长介绍的，我觉得这个做得很好，你们搭建的故事、绘本等，它到底是对孩子们接纳性有效呢？还是对他的社会交往有效呢？关于这两个问题我是很好奇的。自国内开始重视特教以来，就开始出一些绘本来介绍特教，尤其我在做孤独症的，我会思考去做什么样的绘本算高质量的。首先我们按照国际的标准做了很多绘本。另外我们把国内所有有关孤独症的绘本全部买到，提取一些有关孤独症孩子的进行评估。然后按照评价指标，筛出质量高的绘本去做研究。之后我们再来看这种绘本是有利于他们接纳特殊孩子的，还是更有利于他们之间的交流互动的。最后再去验证出来。同时，什么样的标准是高质量的绘本，我们也要去建立评价体系。例如，针对听障的孩子，绘本是怎么样的？我们现在在做孤独症的绘本，团队人数 240 个，去年做了普通学校的绘本教学，就是怎么样提升他们的教学，不同的绘本内容到底促进什么？所以我们做绘本要细致。

刚才我们有老师提到通用学习设计，提到在随班就读课程中进行“无痕干预”，还有老师提到应当培养孩子的综合能力，而不是单一能力，这些都非常的棒，把我们平时的课程概念都放进去了。另外，有老师提到让孤独症孩子意识到非言语沟通和言语沟通整合起来才能更好地表达，其中的目标评价体系做得非常清楚。总之，对于融合教育，我们把康复课程和教育课程结合起来，是一个很好的实践路径，是有效果的。

好，我就简单说这些，同时也回答另外一组问题，谢谢大家！

李彦群（点评人）：

大家还有问题吗？时间关系，如果大家没有问题我们就到这。如果大家后续还有问题可以在我们的 QQ 群里交流，那我们今天下午的分论坛分享到此结束，谢谢各位专家，谢谢各位老师。

分会场四：

融合教育实践基地圆桌论坛

主持人：孙玉梅　副教授（华中师范大学）

尊敬的各位专家、学者，亲爱的老师们、同学们，大家好。欢迎来到融合教育实践基地圆桌论坛的现场，今天我们汇聚于此，围绕着融合教育课程改革这一重要的议题展开深入的讨论和交流。融合教育作为教育发展的重要方向，实践基地更是承载着我们探索创新经验积累的成果转化的关键使命。各位专家在我们融合中心和融合教育专业发展的过程中也给我们提供了重要的支撑作用，在这里表示深深地感谢。在现场有众多在融合教育领域有着深入研究和丰富实践经验的专家们，今天下午我们会聆听他们的见解、智慧和成果，为我们共同描绘融合教育实践的美好蓝图。下午的会议分为上下半场，上半场是四位专家，下半场是三位专家，请每位专家发言控制在 20 到 25 分钟左右。首先，让我们热烈欢迎北京海淀区特殊教育研究与指导中心的王秀琴副主任，她将为我们开启今天的思想碰撞之旅。王主任分享的题目是《由支持性课程到班级融合课程的调整》，大家掌声有请。

报告 1：由支持性课程到班级融合课程的调整

主讲人：王秀琴（北京市海淀区特殊教育研究与指导中心）

尊敬的各位领导，各位专家前辈，大家下午好，非常荣幸今天能够有机会跟大家进行一个有关课程领域的交流。课程本身是一个非常宏大的领域，今天上午郭教授和邓教授已经分享了非常丰富的内容，我代表海淀区特教中心来做一个抛砖引玉的交流，在我们海淀区怎么样去做一个班级融合的课程，怎么样使每个孩子都能在这样一个课程中得到一个成长。

首先，我想和大家再介绍一下咱们这个会议的共同承办方——海淀区特殊教育研究与指导中心。海淀区特教中心是 2016 年 8 月正式由海淀区机构编制委员会批复成立的具有独立法人的“北京市海淀区特殊教育研究与指导中心”，负责本区域内特殊教育教学、科研、教师培训、资源开发和康复训练的组织统筹，负责对本地区随班就读工作的管理和指导。虽然我们成立于 2016 年 8 月，但是我们融合教育的支持其实早在十多年前就已经进行了比较系统地开展。在 2010 年，王红霞主任就带着两三位老师“用脚步丈量海淀”，调研需求，再到区级如何架构。海淀区特教中心从组织机构上分为四个部门：第一个是发展规划部，起到顶层设计的作用，包括统筹重大项目、拟定融合政策、拟定发展规划、项目合作交流。第二个是融合指导部，由我负责的，包括统筹巡回指导、进行筛查评估、加强家庭指导、学生个案支持。这部分是直接面向学生、家长和教师的需求、学校的问题以及家校之间的一些冲突。我觉得融合教育是在冲突之中发展的，没有冲突就没有发展。在这部分标红的学生个案支持即为我们怎么去支持学生，与今天课程的这个主题是密切相关的。第三个是教师研修部，包括教师专业培训、开展专题教研、支持教师发展的一些内容。第四个是教育研究部，研究与教育有关的活动，包括管理融合课题、固化研究成果、学术交流活动、期刊编辑。虽然课程似乎只跟标红的学生个案支持有关，但其实各个部门之间是共同的一个架构，从不同的角度切入，通过培训、教研、科研和项目政策的支持，最终汇集到我们学生的个案支持。因此我主要想跟大家介绍如下三个内容，第一个是由我们海淀特教中心梳理的“5＋P”支持性课程，第二个是课程调整的案例，第三个是在整个过程中的总结与反思。

首先，我想说一下这个“5＋P”支持性课程的概念。虽然这个题目是一个命题作文，但这个支持性课程我们要限定在一个场域里、一个范围里去谈，所以这个支持性课程我想能不能直接用资源教室课程来代说，某种程度上我觉得是可以的。最后，我觉得这个命题挺好的，因为支持性课程，可以不在资源教室的场域里面，突破一个空间的限制，只要有实施的老师在，就可以去进行。在海淀区目前随班就读备案类型达到了14类，其中包括传统的智力障碍、视力/听力障碍，以及一些在“应融尽融”的政策保障之下，越来越多的特需学生进入到普通学校班级，包括孤独症谱系障碍、注意缺陷多动障碍、情绪行为障碍。这三个障碍类型被重点突出的原因是我们能够想象出这些特殊儿童对班主任、融合课程带来的影响。在我们6月的一个教研活动中，一个班主任在经验分享时，介绍了一个多动症的案例。这个班主任提出了几个问题，即如何面对投诉的家长、告状的孩子、反映问题的科任老师。这三个问题的抛出，不仅给我，我相信也给在座的每位前辈和同仁们一个现场感。融合教育看起来美好，也是我们要去做的，但落实到一个个特需学生的身上时，我们要走的路还很长，面对他们怎么办？这个班主任提出了一个问题，他/她怎么学？这个班级里的其他学生怎么办？到区级特教中心的层面，他们又更广阔一些。那么这些老师怎么办？课程的融合是融合教育的难点，也是融合教育的关键。我觉得课程还谈不上我们要说的高质量。基于一个学生的视角，同时也是教师的视角，再谈融合，只靠一个区特教中心是不够的。一个区特教中心能给几个人编制？海淀区可以给到15个编制，到别的地方就不一定有那么多编制了，但一个区域那么多学校，应该怎么办？所以有一个很现实的问题，我们如何去培养一个专业的教师，使他们能够辐射指导到每一位班主任。而课程连着两端，一个是学生，一个是老师。在这样一个基础之下，海淀区特教中心从2010年就开始进行一些基于当时都是特教学校和特教老师背景之下的探索，致力于支持学生、赋能学生，朦胧之中架构了资源教室的课程，最后梳理成体系。在2018年，梳理了一个“5＋P”支持性课程，当年也在北京课程评选中获得一等奖。这个课程体系包括两个方面，一个是缺陷补偿，包括5个领域：感知运动领域、生活自理领域、认知发展领域、沟通交往领域、社会适应领域，P是potential为潜能发展领域，合起来就是“5＋P”支持性课程，予以学生一个直接的支持。这是我们初期的一个路径，也就是“5＋P”支持性课程是怎么来的。现在展示的是“5＋P”支持性课程在海淀区特教中心以及资源教室里实践的场景，通过这个课程体系，在包括海淀区特教中心、资源教室和学区资源中心，年服务学生近500人，每年30 000多直接课时。最重要的是我们培养了一批具有课程设计和实施能力的骨干教师，但是这个课程还聚焦在狭窄的资源教室的课程的设计和实施的层面。

第二个部分，我想分享三个案例，也就是说明“5＋P”支持性课程如何去支持一个特殊学生。第一个案例是“暴躁”的小宁。她在2016年我们特教中心刚独立时就进入了。那她为什么进入了我们的视线呢？课上点名，老师不叫她，之后在整个课堂上产生了持续将近30多分钟的情绪爆发，导致整个教学无法进行，影响所有学生。课下排队时，她没有排在第一排，无法接受，产生打同学、推椅子等一系列的情绪问题。因此，学校以及家长找到我们，通过对她进行全方位的评估，不仅限于工具化的评估，了解她的目前情况。我们就从2016年开始进行“5＋P”支持性课程，为期两年，每周两个半天，以团体社交、游戏课程为依托，聚焦冲突情境的处理。在小学阶段，进行特教助理进班指导，观察她是否在真实教学情景之中，使用在支持性课程上教授的策略。目前，小宁已经步入初一下学期，不久前在班级又出现一些问题，用东西打砸同学。因此，对小宁的支持是一个持续性的过程，不是一蹴而就的。在中学阶段的班级融合课程里，小宁是作为一个独立的个体进入学校，但我们依然提供支持课程。首先包括每周一次的心理咨询，因为这个学生是有学习动力的，她感觉到学习的压力特别大，所以从上个学期到这个学期发生的冲突事件都是在期中考试、期末考试左右，包括最近的这次事件也是发生在期末考试的时间节点。第二件事是允许她使用手机拍板书，这是基于我们对她的了解，知道她什么时候容易出现什么问题。因为她书写比较慢，但是她比较刻板的是老师的每一个板书都必须抄下来。所以允许她拍照，把板书留下来，课间誊写。最后是家校之间的预警机制，包括明确联系人，即爸爸和班主任之间的预警。比如，晚上小宁的作业没做完，出现情绪问题，一直强调写不完作业不睡觉。当这种情况出现时，爸爸要与班主任预警，反映孩子在家中的情况。预警机制还包括当班主任在学校的一些重大活动中有挑战时，要与家长共同沟通。在前期的课程中，对其在沟通交往领域和社会适应领域提供支持。比如在社交课上教她如何直面问题，包括如何决定先后顺序、如何面对挫折、面临不公时怎么办等，在面对这一个个问题时，教她策略和方法，然后在游戏情境中去观察她有没有迁移使用。同时，很重要的时候引导她学会去了解情绪。我们进行了许多情绪类的游戏设计，比如如何去演绎“喜极而泣”。在当时的小组课中的三个孩子都是孤独症和多动症，她参与得特别好。针对小宁的支持性课程聚焦到非常核心的沟通交往和社会适应的领域。

第二个案例是“出逃”的阳阳。阳阳是在2023年进入我们视野中的，他进入我们中心的原因是他所在的学校中没有资源教室和资源教师，并且也有剧烈的家校冲突，具体为家长多次投诉班主任，觉得孩子遭到了不公平的待遇。基于这样的情况，我们进行了专业的介入，了解孩子的特点，提供一些课程的支持。综合从两个方面进行。首先是支持性课程，从“5＋P”支持性课程的认知发展领域、沟通交往领域、社会适应领域和感知运动领域进行绘本课、社交课、注意力训练课和运动课，全方位补足。发现他在课程参与上有优势，能够跟上班级进度，所有课程都参与其中，但是需要对教学策略进行调整。我们通过巡回指导以及教师研修进行介入，带着老师一步步去做。以数学课为例，我们在支持性的课程中发现学生对结构化任务很敏感，对复杂任务有所逃避。这样我们在巡回＋研修的过程中，指导任课老师进行教学策略调整。比如将视觉提示的策略加入班级整体教学设计中，然后结构化地应用，最终落实在一节课中。以“搭配中的学问”这节数学研究课为例子，整体的思路是从实物到符号的一个表征，用数学的语言去表达生活，用数学的思维思考现实生活，实现从实物到符号的提炼，最终的算法不是主要的，不是简单地学会2×3，而是能够感知两顶帽子和三条裤子的搭配，也就是2×3＝6。通过对阳阳的分析评估，得知阳阳是个高功能自闭症儿童。通过图片我们可以看出，阳阳能够连出来六条线，但在符号表征的时候，可能会漏掉一个。对于有阅读障碍并且识字量少的阳阳来说，如果给出一大段文字，他会产生畏难心理。针对这个情况，老师可以加入一些应对策略，比如说对学习单的关键词加大加黑；小组同伴、老师辅助阅读理解题意；与同伴复述题意要求；在黑板上贴明确主题和主要问题情境任务的标签。在这种策略之下，让他参与到数学课程上。

第三个案例是一个“吵闹”的包包，他是一个轻度孤独症谱系障碍者。我们在中心为其提供支持性的课程，在“5＋P”支持性课程中里面的“P”这一块儿，也就是potential，去发掘他的潜能，提供美术潜能课程的支持，再到班级融合课程。在学习同分母的加减法的时候，如图展示，他和普通学生的作业单是有区别的，最大的区别在于那个西瓜，八分之几的西瓜。普通学生面临的是整个西瓜，让他自己去折，如何分成八份。但是对于阳阳来说，一个西瓜分成八份就是八块儿了，如图中在整体一个圆里面切成八块儿。在这样一个支持下，能力要求稍微降低了一些，但还是和普通学生一样学习同样的内容，都是八分之几的一个同分母的加减法。通过作业单的完成情况可以发现，在支持的策略之下，包包能够清楚地计算这个西瓜一共被吃掉了多少，以及猪八戒比孙悟空多吃了多少西瓜，还剩下多少西瓜。

通过这三个案例，可以发现，我们在讨论支持性的课程和班级融合课程的时候需要有一个场域。但实际上，我觉得班级融合课程也包含了支持性课程，将其放在一个更高的维度。今天上午郭教授讲的也给我们很大的启发，最终的目的都是让这个孩子能够成为美好社会的一员，能够为社会做一些贡献。但是前提是他们需要有成功的体验，当包包能够做出来的时候，他在那节课上情绪很稳定。最后，总结与反思部分，也就是实现由支持性课程到班级融合课程的调整，需要哪些要素？高质量的融合教育需要做到四个方面：课程的调整、环境的建设、协作的教师和灵活的评价。因为我这些年跟着王红霞主任做学生的直接支持融合指导工作的时候，我就觉得融合教育和普通教育其实是相通的。

首先应该是在环境建设上做到安全接纳的班级环境。我举个例子，一个初中老师的班级里有一个多动症的孩子，这个孩子主要问题是课上到处跑，无法安静就座，正如前面PPT所标识的问题“投诉的家长，告状的孩子”。针对这个多动症的孩子，这个老师一开始找了班级里面一些同情心比较强烈的女孩子共同去帮助这个孩子，理解这个孩子，而不是每天都有学生来反映，这个孩子又出现了什么问题。为此，这个班主任就举办了一个每周一次的吐槽大会，讲一下这周你发生了什么，班里的其他人又发生了什么。然后吐槽大会渐渐变成了夸夸大会，学生开始说身边的同学发生了什么好事情，做了什么贡献。慢慢地，这个孩子从刚开始在吐槽大会中高频出现，逐渐出现在夸夸大会中。然后在初二他生日的时候，所有孩子给他送出一个祝福视频。最终，通过这样一个班级环境建设，使每个孩子都能被看见。

再到第二块系统是课程的调整。从实践层面来看，支持性课程也可以说是资源教室的一个课程，是基于学生的需要直接支持到学生。班级融合课程是学科课程，从课程的角度支持环境中的所有学生。标红的地方是所要做到的从个人能力提升到周边环境支持，系统推进，促进他们的全面发展，最终使所有学生有所受益。包括第一个安全接纳的班级环境，班级的环境整体是和谐的、向上的、相互支撑的。班级里的所有孩子都能够得到支持，因为每个孩子其实都有他的特异性。还有我们所说的隐形的课程，是整体文化层面的，包括班级，再大一点儿的学校，再到整个家庭，全生态的环境去予以支持，支持到所有学生。课程的调整这一块儿，直接从孩子个人能力的提升以及周围的环境系统这样的架构进行推进，促进学生的全面发展。这里不仅是指特殊学生，而是所有的学生都得到发展，老师在其中也会有所受益。

第三个是班级课程的融合，关键是一个教师团队的分工协作，而不是资源教师一个人的课。我们海淀区特教中心有一个融合教育团队，巡回指导教师是核心，资源教师是骨干，随班就读教师是主体，然后特教助理教师和行为指导教师是补充。但在具体的实践过程中，我觉得班主任是越来越重要的，是第一道防线，班主任这一块不做好，后面所有的问题都会随之发生。这边的图片是我们骨干老师、资源老师以及班主任去研讨课程，去改变班级文化时留下的。

接下来以海淀区行为指导教师研修室研修活动为例，主要是孤独症、多动症和情绪行为问题的学生，在班级里怎么去对待，怎样去提升他们融合的质量。我们聚焦的一个教研目标就是提升他们的融合质量，主要从两个方面入手：第一个是提升学生基础能力，从学生本身直接入手；第二个是提升环境的支持度，这个环境支持度就是班级整个氛围怎么创建，家校合力怎么凝集，再到资源教室课程怎么创建。在教研的过程中，巡回指导教师、资源教师以及班主任老师每个人都要参与进去，共同去想办法。我们通过教研也让每个教师被看见、被尊重，因为班主任会在教研的过程中介绍她们如何进行班级的创建，我们能够发现许多班主任好的策略和方法，也是让每个老师被看见。

班级融合课程最重要的一点是灵活弹性的评价标准。我们可以看到这里展示了三张图，大家经常能够看见的，第一个就是什么是平等？是不是大家都参与进去了，但是结果是会有一些孩子可能会达不到标准线。第二个图是予以他们支持。一个孩子能力越弱，就予以更多的支持，能力好一些的就稍微予以一些支持，另一个孩子不需要支持，他就能达到标准，但这样公平吗？我觉得似乎也是不公平的，我们的教育应该是让每个人都能得到最大化的成长。我记得我有一次去一个学校巡回指导，那个老师说我们随班就读的学生变化特别大，刚开始跑操的时候，他在操场到处跑，但是今天你看他跟着队伍在跑了，虽然动作不标准。当时我觉得很欣喜，我们班主任老师眼里有这个孩子。但是紧接着，这堂课结束了，老师就说了一句话，跑操跑得好的孩子先打饭，他点了一些孩子的名字，但是没有随班就读这个孩子。这个班主任老师看见了这个孩子的进步，但是没有给孩子及时反馈进行巩固，所以他的评价标准是不够灵活的，需要进行调整。我觉得我们这样的融合课程，每一个孩子哪怕能力再好的孩子，都是需要去支持。正如我们所说的垫在他们脚下的箱子是不一样的，策略是不一样的，最终会发现每个孩子都能达到标准线。但每个人成长的度是不一样的，如果每个班级里的孩子都能达到中间的这幅图，我觉得这样的教育也不是成功的，所以我们需要灵活弹性的评价标准，让每个孩子的成长都能被看见，让每一个孩子的个性化特点都能被充分尊重，让他的不足能够得到改进。《融合教育教师团队本土化建设与专业发展》和《孤独症儿童融合教育生态支持的本土化实践创新》这两本书是我们在融合实践中，讲述关于资源，关于整个融合团队怎么去培养，以及我们针对最难的孤独症儿童怎么从生态知识的角度去实践。右边是我们的微信公众号，我们的活动也会在里面进行公告，欢迎大家关注。今天讲的这个课程是特别有意义的一个视角，我前面跟大家分享的是这些年基于海淀区的一个情况，我们做实践的一个切片，但是更多的一些东西，需要到现场才能去感受，去了解。也欢迎各位专家、各位同仁有机会到我们海淀区特教中心来了解我们怎样去支持这些学生的。谢谢大家！有什么不对的可以进行批评提问。

报告2：学前听障融合课程与教学的宁波实践

主讲人：王　韬　副主任（宁波市特殊教育指导中心）

尊敬的各位专家、各位同仁，跟在座很多特教的前辈相比，我的资历还是比较浅的，我是三年前从普通教育转到我们特殊教育领域。那么在这三年里，我们也做了一些事情，进行了一些思考。那么今天我想以这个话题为切入点，跟大家来汇报一下我们在普特协作视野下开展融合教育的一些实践做法，特别是以学前融合作为一个主要的内容来介绍。

首先，来介绍一下我们整个宁波市特殊教育的概况。宁波市共有特殊教育学校10所，其中市本级1所，就是我们学校，其他的类似达敏学校、鄞州特教中心这样的区义务段培智学校，其中区级9所是浙江省标准化学校。全市在编教师大概是369个，还有一些特技教师。目前，宁波市特殊教育已经形成以指导中心为核心，随班就读为主体，特殊教育学校为骨干，卫星班和送教上门为补充的良好格局。我们也做了一个调查，把这些数据呈现给大家。以我们这一轮的调查为例，目前3～17周岁的适龄儿童，我们入学安置的有3242个，其中，在普校的占比超过了一半，那么在特校大概是42%，还有一部分161人是送教上门。浙江省也有指标是到2025年要控制在5%以下。各个学段，学前在普通幼儿园特别多，比例大概超过了85%，在特校以及送教上门的比例相对较少。小学段占比一半，高中段相对来说到特校来就读的会比较多一点，这就是我们宁波特殊儿童、青少年的一个安置情况。那么大家也看到了，我们党的二十大包括全国的和省的《“十四五”特教发展提升行动计划》都强调了要推进融合教育，实现高水平融合。我们宁波市第三轮特殊教育提升行动计划也提出了要以特殊教育“优质融通”为主要目标来建设高质量教育体系和高标准的育人方式。接着呢，我想从两个方面介绍一下。第一个方面就是融合教育“宁波支持”的概况，第二个方面是学前融合教育实践。

这些年呢，我们是多措并举给孩子们营造了一个良好多元融合的氛围。那么，融合教育的宁波支持主要体现在以下几个方面。第一是随班就读+资源支持。我们会在普通学校（或学区所在的中心学校）设立资源教室，开展个性化教学支持。在宁波建成的资源教室有 388 个，其中有一部分是示范性的资源教室。另外各区（县、市）的特教指导中心（资源中心）、指导中心也会有专职人员对随班就读孩子进行个性化追踪辅导。市级学校也会建立一些融合共建单位，比如我们跟庄桥街道中心幼儿园建立一个融合共建的关系，让学前的资源教师来服务他们园区的一些特殊孩子。第二是随班就读+巡回指导。市特殊教育指导中心实行分类单独指导和不分类团队指导。我们现在已经组建了一支由医疗、康复和教育系统等专家组成的强有力的巡回指导队伍。我们会通过定期和不定期的方式深入到各个区县进行巡回指导，针对随班就读的视障和听障学生，开展分类单独指导。以 2020 学年为例，市视障巡回指导教师赴全市 35 所普通学校辅导视障学生 66 人次。各区（县、市）指导中心也配备了兼职的巡回指导教师，主要是培训学校的老师来担任，实行划区包干责任制。第三个是特教学校+卫星班。目前宁波市各类卫星班共有 19 所学校 19 个班，学生 120 人，教师 45 人。以宁波市特殊教育中心学校为例，在不同的学段，选取了一个普特融合的示范点来积极打造融合教育的模板。经过这些年的努力，我们也摸索了一套具有“宁波支持”范式的经验做法。现在这张图表是我们的支持体系，建立了“多元融合、全面支持、促进发展”的模式。

第二部分具体分享一下学前融合的一些实践做法。对于学前融合，我们是跟与我们学校相距大约六七公里的一个学前教育集团合作的。经过一段时间的准备酝酿后，2017 年我们在他们园区建立了一个学前示范性资源教室。目前为止，我们的合作越来越常态化，越来越良性循环。一开始主要是以听障儿童为主，在他们幼儿园就读的障碍类型越来越多，在幼儿园随班就读的孩子除了听障还有孤独症的孩子，发育迟缓的孩子等。今后，这些孩子的体量会不断增多，十年来有 6 名孩子进行了全融合，5 名孩子顺利融入了普通小学。我们已经形成了一个可操作、可复制、可推广的样板。今年，我们又跟这个集团签订了融合教育的共建单位协议，还挂牌了一个孤独症儿童的教学研究与实践共同体。我们定期在幼儿园或者在我们学校进行双方的工作研讨，也会进行一些课堂或者活动的观摩。主要的保证有哪些呢？第一个是场地，我们做到了硬件到位，功能完善。这些硬件资源的配备以特殊儿童为主体，但是不完全围绕特殊儿童来的，可以覆盖到广大的健全孩子。在 2017 年投入了大概 30 多万元，后续还有一些其他的投入。进行了一些场地的改造升级，占地大概160平方米，有卫星班的教室、家长接待室、多功能厅、器械室，充分地利用幼儿园的一些空间，来实现不同功能的体现。在幼儿园的角角落落都能体现对全体幼儿包括残疾孩子的一个关爱，比如趣玩吧、乐学吧，主要功能是对特殊儿童进行运动训练和感统训练，里面也放了许多的器械和学具，对于普通的幼儿也是适用的。第二个师资方面也实现了多元化的组成、代系传承。大家可以看到我们的师资是比较优良的，有来自华东师大、浙师大的研究生，还有配备了专门的言语康复师，还是教师新秀等。

从2017年开始到现在，一直坚持下来形成了一个运行机制，从评估开始到制订一个教育计划，实施教育服务，最后进行总结评估，每一个环节都是有效落实的。具体展开一下：第一个是精准多维评估。在特殊孩子入园前我们都组织相关的专家组进行评估、反馈并提出教育安置的建议。我们还会根据普特双方的师资采取集体教学和个性教学相结合的方式。另外，我们通过融合游戏和社会实践的抓手让孩子们真正地融入正常的一个社会环境、教学环境中。除了开学初的评估外，在日常生活中，我们一直常态化地做观察、访谈和测评。通过这些手段，能更好地了解孩子以及一些动态变化，特别是对家庭和亲子关系能全面掌握。同时，我们也建立了良好的幼师关系，让所有的老师关注这些孩子，予以支持。在精准评估方面，学期初进行一些专家组的评估，平时也会做一些信息的记录，做到一生一案。对于日常的言行、情绪、认知都会做一些记录，包括孩子的生长变化。平时我们也会召集家长或者入户进行一个家访，对孩子的情况进行反馈，也听取家长的意见或者建议。因此在评估方面，我们尽量做到常态化，不是一时之功，而是有效持续地观察和评估，直到他毕业。第二个是建立良好的师生关系。我们的老师要积极了解这些孩子，积极参与到他们的教育教学工作中，跟家长进行常态化的沟通，把孩子在园里的表现实时反馈。第二是个性课堂，通过开发潜能来弥补缺陷。最初我们每周都会派老师过去，但是方式方法主要是把他们带到资源教室进行个别化的教学，是抽离式的。现在我们是通过融入式再到嵌入式，不是单独地把他们割裂出来，而是在普通的课堂里面或者游戏时间做一些个别化的跟踪辅导。第三个是融合的游戏，也可以说是学前的游戏是非常丰富多彩的。我认为，即便是特殊孩子，都应该做到一视同仁，让他们去劳动，去值岗，履行相关的任务，享受教育平等的机会。所以，给他们点对点、人对人安排，让他们在不同的岗位去体验，去实践，去提升能力。这个融合游戏在课堂里面进行，我们派去一个特教老师在课堂里面对孩子进行个别跟踪，对精细动作进行辅导，在教学环境中提供支持，而不是隔离。我们这些年采用的是“低起步，补台阶，拉着走”的方式，让孩子一点一点进步。第四个是通过社会实践的抓手，让孩子在真实的社会生活中加强与他人的交流和沟通，走出去，走到社区街道，走到公园，走到企事业单位，学习一些基本的生活技能，基本的与人交往的能力。我们现在的个别化补充已经从抽离式转变为融入式，刚才看到我们老师还有华中师大的实习生，有些也是融合教育专业，我们把这些实习生安排到幼儿园里面去跟踪这些孩子，加强一个全能课堂的学习体验。

这些年，我们也有一些成效，第一，立足于学生的发展利益和需求，服务学生的成长。孩子的进步大家有目共睹，从一开始的他们不敢跟其他孩子融在一起，认知能力比较弱，到他们毕业的时候已经发生了显著的变化，所以这些孩子能够顺利融入普通小学。第二，我觉得对老师的成长也非常有帮助，应该说这些老师能积极参与的一些论文和课题，在各级各类比赛中崭露头角。这些老师的意识也越来越强，我们许多资源教师因为融合教育工作的一个具体的推进和落实，逐渐成为一个专家型的资源教师，在很多场合传经送宝，可以带动他身边更多的老师去提高融合的意识。第三，在拓展融合路径上也是颇有益处的。孤独症孩子的体量不断增加，我们创办了浙江省首个孤独症实验班，这个班级全部都是孤独症小孩，除了在校内和听障的孩子进行校内的小融合，也让孩子去参与一些校外的大融合。我们跟已经建立良好关系的幼儿园达成了协议，把孤独症儿童融入他们的一些教学活动中，园长也非常支持。大家可以看到每个月安排了一期主题活动，从三月到七月，每个成员的风格和主题活动不一样，比如有公益小游戏，有非遗，还有体育的拓展活动。因此这些宝贝去幼儿园，是真的玩得很开心，这些孩子融入的适应性也不断在提升。第五个成效是盘活优质资源。通过大中小幼的融合资源的一体化，引进了华东和华中等高校的专家团队，建立一个教学和科研一体化的平台，共同服务特殊儿童的教育教学，催生了从学前到职业高中的全学段模式。以点带面，事实上我们在义务阶段和职业高中，尤其是职业高中非常具有宁波当地特色。“贯彻三生教育理念　建设听障融合学段”课题，被评为宁波市的教育改革创新典型案例。最后一个成效是辐射效应，我们双方的融合产生的影响力是巨大的。现在，来宁波参观我们学校的，比如来自新疆、安徽等地的，我们一般都会把这些参观的团队带到融合共建的幼儿园。更别说我们华中师大以及邯郸学院的实习生，都会去感受我们融合的做法和成果。

我的交流分享就到这里，感谢各位的聆听，就让我们一起努力，从“融”前行。欢迎大家来宁波参观指导。

报告 3：学前融合教育课程建构与调整

主讲人：蔡 蕾 园长（河南奇色花幼儿园）

各位专家、各位老师，大家下午好！我想先做一个小的调查，在座有多少是幼儿园的工作人员或者你是有学前和融合教育专业背景。因为学前和义务真的有很大的不同，所以我想分享之后能让大家有所收获。我们先看一个小视频，我想请各位伙伴仔细观察幼儿园的课程，这是一日生活课程，所以里面的教师支持和同伴支持都能看到。

视频播放完毕，我再用 PPT 做一个补充性的分享。我们幼儿园的愿景是所有儿童共享美好童年，使命是推广全纳教育，支持所有儿童个性化发展。从 1991 年建园，到现在 30 多年了，一直保持这一所幼儿园，因为做融合教育，我们的身份转变了。我们现在是一个教育公益组织，一直在推动着解决教育公平和教育品质这一社会问题。我们幼儿园是哈佛大学法学院、联合国教科文组织的良好实践案例，幼儿园融合教育工作是河南省学前融合教育的最初样本。在我们这 28 年的实践中，有 10 年的普通小学的融合支持，14 年的融合教育倡导，不得不感谢我们河南省教育厅非常重视融合教育工作，在河南有肥沃的融合教育土壤。省教育厅给奇色花很开放、信任的平台，依托奇色花建立了一个河南省省级的学前融合教育资源中心，支持全省的融合教育的工作。因为有这样的平台，我们才能不断地把我们的行动研究结果在试点幼儿园去做这种验证，完善河南省现有试点幼儿园 202 所，遍布河南省的 157 个县市区。另外河南省今年已经启动了 1＋5＋N 的学前融合教育的模式，就是要建立三级的学前融合教育资源中心，大区域中心就是豫中、豫南、豫东、豫西、豫北。另外，关于地市学前融合教育资源中心和县级市学前融合教育资源中心的未来，省政府和教育厅的规划是希望所有的孩子都能在自己家门口接受品质的教育。我们现在有 356 名孩子，其中特殊需要幼儿 50 名已完全融入班级，大家可能看到孤独症儿童这个障碍类型比较多，最多占一半以上，26 名。另外，我们有一个早期介入组，每一年服务 15 名 0～3 岁的特殊需要的孩子。在自然情景中，进行家庭本位的介入和支持，支持特殊需要的孩子融到社区，为幼儿园做准备。我们的核心工作理念第一个是特殊需要儿童首先是儿童，他们的身心发展规律和普通儿童是一致的。第二个是每个孩子都是特殊的，每个孩子发展都需要个性化的支持，当然第一个理念我刚才没有强调，事实上他们的规律相同，但是发展速度和某些路径不大相同。第三个理念我们认为学前融合教育是上位于学前教育和特殊教育的，不是学前和特教的简单叠加，也不是要矫正孩子适应幼儿园，而是要改变幼儿园的环境和课程，适应所有的孩子，让所有的孩子都能平等地参与和发展。

特别幸运能在这里给大家分享，特别感恩国内外的学者还有政府的关心。我们在 1996 年到 2004 年之间，用了 8 年进行探索。到了 2004 年，河南省外国专家局帮我们联络了一个国际组织，和我们签订了战略合作协议，每一年年底评估我们在融合教育上的专业需求。第二年这个国际组织从全球选派不同的专家来支持我们的发展，从 2004 年一直持续到 2016 年。2016 年，这个国际组织觉得我们已经成长到能够独立了，就撤走了，我们现在虽然专业部分没有战略合作，但那些国际志愿者一直支持我们。我们也特别幸运，在 2016 年认识了邓猛教授。邓猛教授从 2016 年起就开始成为奇色花的王牌志愿者，除了支持奇色花的工作也支持河南省的所有项目工作。我们现在的模式是全园模式，以所有儿童为融合教育的服务对象，一定不只是特殊孩子，但一定是所有儿童，包括我们所说的普通儿童、特殊儿童，还有困境儿童、天才儿童等等。我们的课程构建理念是通用学习设计、参与式教学和多元智能理论，与教育部《幼儿园工作规程》里面对幼儿园的课程特点的描述是高度契合的。课程的目标是启蒙性的，全面性的；课程的内容是浅显性的，生活性的；课程的实施是活动性的，及时性的；课程的评价是多元性的，实用性的；课程的结构是整体性的，综合性的。在国际专家的支持下，我们解开了融合教育的面纱，打破了普教和特教的壁垒。现在很多普教老师说我没有特教专业，我带不了孩子。事实上，在没有接受培训之前，根据国内外专家研究，学前专业的学生可以用原专业解决特殊需要的孩子在教室里 80%以上的问题，只要我们愿意且有信心。

我们课程构建的基础在五大领域。我们还在融合教育课程里强调了学习品质，把学习品质从领域单中拉了出来，因为对所有学生来说，学习品质尤为重要。在教育部五大领域课程的基础上，进行了调整和创新，将普通课程和特殊儿童个别化教育计划从形式到内容上进行整合，主要体现在课程的目标、内容、活动方式和评价上，满足所有儿童共性和个性的需求。这样的课程构建让所有的孩子都可以在真实、自然和常态的环境中学习和成长，在这样的建构模型中，优质幼儿教育是基础，融入式学习是所有孩子融入一个大环境里面，还有嵌入式学习和添加式学习。我们儿童需要的支持程度不同，由低向高地增加。众所周知，国际上的特殊教育特别提倡活动本位教学法，在幼儿园是一日生活皆课程，虽然是两个不同说法但是一个完全相同的概念。所以这种课程模式因为特殊孩子的加入，调整起来更加有弹性，更加符合《3—6岁儿童学习和发展指南》的精神。课程的构建，主要是自主性的课程更多，增加了儿童主导的时间和减少同伴支持的时间，实现普教和特教的并轨，在课程中间视情况采用各种策略，把特殊儿童的发展目标和普通儿童的特殊需求融入一日活动中，将康复和差异支持无痕地融入教育中。

我们将整个工作梳理成了一个流程工具，把这个工具进行了初版修订。整个流程从服务申请到建档编班，到计划实施再到离园接案。这个专业服务流程的核心是一个评量计划实施的循环，这个循环从学期的循环到每个月的循环再到每个周的循环，形成闭环以后，我们深深地体会到普教滋养了特教、特教反哺普教的过程，所有的孩子都能够得到很好的发展。我们的评量工具主要是《学前儿童教育发展评量手册》，根据国内外专家指导建议和许多评量工具进行了调整和修订。家长和老师是主要评量人员，其中还包括治疗师。最早我们是没有自己的治疗师的，但是现在我们已经培养了治疗方向的治疗师。评量的地点在家庭、幼儿园和社区，评量的方法是在自然情境中的观察、档案的评量和访谈。如果是普通幼儿园的老师或者学前的老师，会发现普教的评量大概分为两类：一类是过程性评量。每一天都会用这种方式进行作品的记录和标准参照的量化。对于特殊孩子嵌入式和添加式的学习，我们会有综合性的评量、记录。每一个孩子入园和学期末的终结性评量。省教育厅拨了专项经费开发了一个App，把评量的结果输入进去，就会生成曲线。一类是课程本位评量。课程本位评量将评量、课程计划、实施和评鉴直接连在一起，使被观察目标与课程教材之间形成一个连贯的系统，使长、短期目标的评量项目与相关联的课程中教学内容及策略之间，形成直接的关联。计划部分大概如循环图所示，有学期教育计划、个别化教育计划、幼儿发展计划、个别化融合教育计划。幼儿发展计划是针对全体孩子的。所有儿童近半年的最近发展区目标，然后 App 自动汇总。但是 App 无法生成 IEP，所以我们幼儿园每月最后一个周末，所有老师无偿上班，给所有孩子做计划。大家可以看到图中的内在逻辑关系是相互支撑、相互影响的。幼儿园的活动主要是幼儿主动引导的活动，计划性活动、例行性活动和衔接的活动。如何在自主游戏活动里进行学习，大调整策略用于集体活动、大组活动、小组活动或者室内外的区域活动。嵌入式学习我们简单做了一个互动图，这个互动是短时间系统的互动，有些特教老师认为我们在做 ABA，但是这个和机构的 ABA 可能不太相同，这是在例行活动中的短暂的互动。比如说小哲是一个重度自闭症的孩子，老师在餐点时间让他有目的主动沟通，学习认识一些水果蔬菜。小哲已经学会了使用沟通板，可以用沟通板去选择图卡，在领餐处用沟通板中的图卡跟老师进行交换，领取餐点。添加式学习最重要的是在区域活动和户外自主活动的后半段，不将孩子抽离，而是治疗师进入班级——在活动中支持孩子。但是这过程中一定要在活动的后半段，因为第一是等待他主动发展的机会，第二是所有普通孩子都需要支持。对于没有语言的孩子在户外自主活动中，语言治疗方向的老师会对他提供支持，让他用沟通卡告诉老师，还想再玩一次。孩子的发展目标在所有的老师和家长眼里都是非常明确的，基于评量的。在自然的情境中观察记录，建档查阅，通过访谈收集资料，评量计划的实施。

这边是我们做的融合教育资源网站和公众号，大家感兴趣的也可以关注看看，相信大家会有所收获。谢谢大家！

报告 4：思维导图教学对随班就读智障学生阅读理解能力干预效果

主讲人：肖　倩　教师（武汉市江夏区特殊教育研究与指导中心）

尊敬的各位领导、各位专家，大家下午好，我是来自武汉市江夏区特殊教育研究与指导中心的肖倩，很荣幸有机会能向大家分享思维导图教学对随班就读智障学生阅读理解能力的干预效果研究。接下来我将从以下四个方面进行我的分享。首先向大家介绍一下江夏区特殊教育学校。江夏区特殊教育学校是一所反向融合教育学校，特殊学校的内部有一所普通的东林小学，在东林小学里，每个班都有显性或隐形的随班就读学生。

在我的汇报中涉及的三名学生均是显性随读生。随读智障生甲是俊俊，他是一个男孩子，10 岁，智力障碍三级。他常年穿一件灰色的秋衣，配灰色的运动裤，再加一双运动鞋，哪怕是到了现在这个季节他依然是这样的穿着。他在小学一年级时被诊断为智力障碍儿童，目前就读于普通班四年级。俊俊的优点是能够听懂日常的简单交流，对话发音很清晰，性格也比较安静，不太爱说话；识字写字绘画能力比较好，字迹清晰；课堂上的纪律和注意力都较好，记忆力也很好，老师说过的话都能记住。他的提升点在于日常的阅读教学中能够理解简单的字词，但是不理解文章中的抽象概念，对文章的概括能力比较差，缺乏整合上下文信息的能力，经常不加思考就回答问题，为了完成老师布置的任务，会重复抄写文中的句子，把空填满。随读智障生乙是瑞瑞，他 14 岁了，智力障碍四级，7 岁的时候进入小学随班就读，在进入小学以前就被诊断为智力障碍儿童，目前就读于普通班四年级。他的优点是能够进行简单的日常交流对话，有一定的识字能力、写字能力和绘画能力，能够书写简单的汉字。但他的反应比较迟钝，在发音方面，部分字词发音不清，声音比较尖锐，朗读课文不能区分语音、语调，声音时高时低；写字时会把部件写开，写字速度很慢；阅读过程不够流畅，不能理解文中复杂字词的意思和抽象概念，从而导致他理解文章困难，常常忽略文章的完整性；记忆力较差，学过的知识、读过的文章基本会立刻忘记。随读智障生丙，女，11 岁，智力四级，三年级时被诊断为智力障碍儿童，断断续续做过沙盘游戏治疗干预，目前就读于普通班五年级。她的优点是能够听懂日常简单的对话，发音清晰，识字、写字、绘画能力很好，认识很多的字词。经过两次的阅读理解能力测验，结果显示该生的表层文意比深层文意的阅读理解能力较好，学习兴趣很高。她喜欢弹钢琴、唱歌等艺术领域的活动，父母也很重视她在这方面的发展，但是对她的学业水平要求不高。这个孩子的提升点是她不太能主动表达自己的需求，需要别人引导；上课注意力不太集中，有时在课堂上为了引起老师的和同学的注意会有尖叫等课堂干扰行为；记忆力也比较差，学过的知识基本上是立刻就忘；在阅读理解方面，虽然说认识很多字词，但是不理解句子的意思，分析文章的能力也很差，难以将自己已有的经验与文章的内容相联系，不会整合上下文之间的关系，总体的阅读水平偏低。

从以上三个学生的情况分析来看，我们的学生需要提升他们的阅读能力。语文是义务教育阶段的基础学科，阅读理解能力是语文学科的关键能力，同时也是学生参与社会生活必备的能力之一。全民阅读“十三五”发展规划提出了全民阅读纲要，着重关注语文阅读任务。课程标准中也提出了要学会运用多种方法使学生具有独立阅读的能力，能阅读日常的书报杂志，初步鉴赏文学作品。那么我们的思维导图是能够通过点、线、面的层次结构，将原本孤立、复杂的语文知识点串联起来，形成清晰的知识脉络，它直观的图形和生动的图像和文字以及可识别的逻辑关系，可以降低智障生在语言方面的认知负荷和理解程度，有助于智障生深入理解文章内容，提升其阅读理解能力。而记叙文是我们小学阶段最基础最常见最重要的文体，那么学生可以通过记叙文提升阅读理解能力，拓展思维的广度和深度，丰富语言积累，提高语言的表达沟通能力。基于以上三点和学生的学情，我们开展了思维导图教学，对智障生的阅读理解能力进行干预研究。

我们主要采取的做法是单一被试实验法和访谈法。我们采用的测验工具是根据新课标、部编版教材以及记叙文的 6 大要素，结合普班和特班有经验的老师，自编了一套阅读理解能力的测验卷。我们的教学工具主要是四、五年级教材中的部分记叙文，具体实践阶段分为基线期、干预期、泛化期和维持期。首先基线期是在测试前，老师会向随读生说明测验的答题规则，随读智障生要自行阅读三篇文章，阅读完以后独立完成这一份测验，老师统计学生的答对百分比，每一次测验包括三篇文章，理解分数算三篇文章的整体答对率，时间是60分钟。进入到干预期，首先是教师直接教学阶段，教师要向随读智障生介绍思维导图的概念、思维导图的6大板块、记叙文的6大要素以及绘画的步骤，呈现出画好的思维导图。其次请学生大声地朗读文章，对文章内容进行初步的感知，到最后通过提问引导学生一步一步地回答，同时我们老师会出示自制的卡片，帮助学生理解文章的抽象概念，圈出所需要的关键词。接下来，进入到教师的示范阶段，那么这个时候老师要带领学生回顾上节课所学的知识点，引导学生回忆我们上节课思维导图的画法。再次是随读智障生大声地朗读课文，老师提问，引导学生根据自己圈出的关键词与老师一起探讨每个要素后面所要填写的关键词。教师把关键词写在黑板上，并把卡片贴在相应位置，帮助其理解。然后老师撤掉卡片，带领学生绘制思维导图，回顾本篇文章所讲的内容。最后到独立应用阶段，请学生根据思维导图的范式来独立绘制思维导图，绘制完后，请学生根据自己所绘的思维导图，完成阅读理解能力的一个测验卷。我们的题目有表层文意理解题目和深层文意理解题目，深层文意理解题目需要学生通过多种方法进行推理得到答案。进入到泛化期，泛化期的材料选自与干预材料相对应的三篇同步课后阅读，这些材料是学生先前没有接触过的。在结束训练间隔两周以后到维持期，再对这些学生进行阅读能力理解测验，要求学生自行阅读在基线期的三篇记叙文，每一次测验三篇文章。通过收集三个阶段的数据，我们做了三张的折线图，在基线期主要是收集学生未接受干预之前的阅读理解能力水平，从图中我们可以看到进入了干预期以后，随着思维导图教学的介入，学生的阅读理解能力相较于基线期有了很明显的提升，他们也越来越能够用思维导图的绘画技巧来指导自己阅读理解。进入到泛化期，可以看到三名学生能够将思维导图迁移到课外的叙事类文章里面去运用，阅读能力的正确率也保持在一个比较高的水平。结束实验后的两周进入维持期，这个阶段我们已经不再进行干预教学，从数据中可以看到三名学生都已经掌握了思维导图的绘画技能，阅读理解能力均有所上升。那么从我们的数据中分析还可以看到，学生的深层文意阅读理解能力相较于他的表层文意阅读理解能力要好一些。

从这一实践中我们发现，思维导图教学对于提高随读智障生的整体阅读能力有很好的干预效果，同时思维导图教学策略对于随读智障生干预的社会效果也较好。我们的学生自己很喜欢思维导图的上课模式，他们认为这种方式有助于他们理解文章大意。家长们也比较支持用思维导图的教学方式，有一个家长还认为思维导图在一定程度上促进了他的孩子与他人的交往。作为老师，我们觉得思维导图能够帮助孩子建立自信，而且能够听懂老师的指令来画画，这是非常好的一个做法。当然我们也有一些教育建议，首先教师要提高对思维导图的认知运用和评价能力。思维导图它是一种面向全体学生的教学方式，我们要学会用思维导图的相关知识，将思维导图和科学技术相结合，充分发挥思维导图的优势。其次教师要学会根据不同的文本灵活使用思维导图，比如说在学习《军神》这篇课文时，可以通过双重气泡图来感受沃克医生和刘伯承两个人物形象。最后我们还要丰富教学形式，加强阅读教学的综合实践性。随读智障生感知能力较弱，他们的思维更多地停留在具体形象的层面。教师通过丰富教学形式，可以激发学生学习的注意力和学习的积极性，所以我们可以将思维导图和多媒体结合在一起，利用多媒体的视听效果，使思维导图更加生动形象，从而增强学生的学习兴趣和记忆效果。

以上是我们的分享，请大家批评指正。谢谢大家！

报告 5：UDL 视角下差异教学课程设计
——基于深圳市南山区融合教育实践

主讲人：张小金　副书记（深圳市南山区龙苑学校）

各位专家、各位同行下午好。当时接到孙教授这个课题的时候，我其实是诚惶诚恐的，因为我们南山在这块还是起步的阶段。我简单介绍南山龙苑学校，或者我们这个特殊教育中心。我们南山区的龙苑学校建校是 2019 年 9 月 2 日，2016 年开始动工，中间有三年。现在简单介绍一下背景。我今天做这个汇报主要是抛砖来引出各位专家同行们的玉，主要是这么一个目的，下面就简单来介绍一下我们做的一些工作。

首先前言部分，我简单介绍一下深圳南山的整个特殊教育的团队情况或是组织架构情况。它主要的特点是政府主导，行政部门高度重视，区域架构合理的规划布局，南山区整个特教形成了双中心一实体的管理模式。南山区教育局这个层级，它上面一共有三个对我们特殊教育帮助非常大的机构，一个是特殊教育领导小组，是以区领导挂名的；联席会议制度有 8 个部门，每年召开一次会议，主要解决我们特殊教育发展过程当中所有的瓶颈问题；还有一个是特殊教育专家委员会，我们没有叫作残疾人专家委员会，是因为我们评估的对象，特别是入学安置的对象里面，除了残疾学生，还有些特殊学生，因此我们一直沿用了特殊教育专家委员会这个名称。现在是第二届特殊教育专家委员会，第一届已经完成它的历史使命。我们在 5 月 18 日—19 日完成了入学安置评估。那么中心是两个，主要是指导中心，还有资源中心。指导中心目前是由南山区教育局分管特殊教育的局领导担任指导中心的主任。那么下面有一个机构叫学前教育融合资源中心，这个中心成立得比较晚，在业务上它还是在接受资源中心业务上的指导，培训包括一些课程方面，主要是在融合资源中心。另外一个部门也在管理学前教育融合资源中心，就是资源中心，在左手边上有个实体单位叫龙苑学校，它是特殊教育学校。这个特殊职业学校是刚才我说了 2019 年 9 月 2 日开办的，目前有学生 270 人，专任教师 123 人，如果算上其他教职员工接近200多人，这个只是实体单位。所以两个中心一个是指导中心，一个是资源中心。

资源中心是业务指导，有教师的培训，课程的开发，还有对教师的一些个案的支持。资源中心也是行政领导兼任的，是由我们教育局基础教育科的科长担任资源中心的这个主任。指导中心、资源中心，它不是实体单位，它都会依托于我们一个实体的单位，就是龙苑学校来执行它一些具体的功能。整个架构，目前来说执行起来是非常流畅的，自上而下也好，自下而上也好，都非常畅顺。在政策上，在经费支持上，在人员配置上，软硬件都是非常畅顺的。在资源中心下面有个二级资源中心（8个片区），二级资源中心下面是62所中小学资源学校，建立了这个简单的架构图。在资源中心下有个运行机制，我们把它简称为100分模式。什么叫100分？就是资源中心、指导中心、片区资源中心、资源校，构成了一个像轮滑式的模式，它是滚动的，说是自上而下或者自下而上都是可以的，它是流动的，非常畅顺。100分就是我们建立的资源库，各式各样的资源库，因为我们教育融合教育云平台，就从学前到高中，所有学生的知识数据都有，包括他入学前的一些评估、他的基本情况、基本材料，那么它主要是整合了社区机构、医院、特殊教育学校专家等力量，保障学校的评估。这个云平台在我们这个资源中心里面分了一些功能组，是一个圈，叫功能圈。还有一个叫推进圈。100分模式是另外一个城市二级资源中心，目前我们是8个片区，分布了整个南山区所有的62所中小学的资源教室，这基本上就是我们的100分模式。

目前我们融合学校有些知识体系是比较成熟的，比如前海小学“儿童友好”的融合学校体系。那么教学实践，就讲到我们这个主题，通用学习设计，去年我也参加这个融合教育的论坛，当时有个澳大利亚的专家专门讲了，我们回去觉得这一块理论对我们实践帮助还是很大的。我不具体讲这个通用学习设计理念，它其实就是这个图，很简单的。一个孩子获得相同支持的情况下，有人是看不到球赛的。第二种情况都给了支持，让每个人都能看到球赛。但是还有第三种情况，我们从开始设计的时候就把所有的障碍给去掉了，这个可能是基于通用化设计最基本的一个原理，就开始你设这个课程也好，设计什么开始也好，把所有障碍统统扫掉，不需要提供支持。它基于这种理念，也就是说使用方便、减少障碍，这是通用学习、通用学习设计的基础，也是目的。基于这点，我们南山开始做自己在融合课程方面或者融合的实践教育方面的一次探索。在融合学科教学方面，我们南山主要是讲到差异教学课程设计的团队多样化。下面我来展示一下我们南山区目前具体的一些做法，供各位专家和各位同行指正。

接下来，为大家介绍南山区融合教育实践中的各类教学实践情况。我先给大家展示一下整体架构图。对于特殊学生或残疾学生，进入学校后，首先要开展咨询工作。在学生完成入学安置评估后，我们就会启动在校咨询。这是因为学生在入学时，相关信息已经明晰，此时进行咨询，能更好地了解情况。其次是若干观察支持。在实际工作中，部分家长不愿承认自己孩子存在各类障碍。这时，班主任凭借工作经验观察，资源教师也会辅助观察。若发现需要，资源老师会进入班级，提供支持并进行观察，主要包含入班观察和跟班辅导两方面内容。我们印制了统一的咨询表格，整个南山区 62 所实验学校基本遵循此标准。同时，各学校也有各自的若干观察表格，南山区有自己的一套做法。在咨询与支持工作中，资源教师每周至少要与家长进行一次咨询，且咨询时长较长。这种咨询与心理咨询不同，涉及范围更为广泛。在场的两位资源教师对此深有体会，这些是我们在咨询与支持过程中及时记录的内容。再来说说个性课或小组课。从架构图中可以看到，若干观察支持之后，便是各学科以及小组课。在融合学科教学里，个性课和小组课是重要组成部分。我们虽尽量减少个性课的量，但有些学生确实无法避免。我们在个性课上也做了不少个性化工作，效果显著。例如，在金老师的资源教室里，有这样一个场景：老师说，“我叫金老师，你叫什么？很高兴认识你”。这是针对一位孤独症谱系障碍孩子的小组课，通过自我介绍环节开展教学。这是南山区桃源小学的案例。还有桃源中学的“欣欣向荣”饮品制作案例，为尊重学生，对学生面部表情做了处理。2023 年 3 月 8 日，小溪和同学们在资源教室利用课后延时服务时间，开展了以水果制作为主题的小组活动。老师问：“炎热的夏天快到了，同学们喜欢喝甜品吗?”大家齐声回答“喜欢”。于是，就有了火龙果味水果西米露制作的小组合作课，同学们一起探讨材料准备和制作方法。课堂上，还有同学表演吉他独奏，班级融合氛围十分浓厚。我们对学生面部进行处理后，将这个制作成果展示出来，这就是我们个性化教学的一个简单示例。

当前，在南山区的融合教育实践里，融合宣导工作是我们开展得较为深入的一个方面。令人欣喜的是，目前南山区已有部分学校的兼职资源教师，成功将融合相关课程纳入学校的教学课表当中。这一举措意义非凡，因为该课程既不是个性化的一对一教学，也不是小组合作式的教学模式，而是作为一门完整的集体课程，进入了常规教学安排。这无疑是融合教育推进过程中的一项重大突破。我们所开展的融合宣导课程，聚焦于孤独症谱系的五维内容，构建了一套较为全面且丰富的教学体系。目前，我们正筹备将这一课程申报为广东省的基础课程。尽管整个课程体系已经具备一定的成熟度，但在细节上仍存在一些需要完善的地方，所以暂时还未申报。我们力求在各个环节都做到尽善尽美，以确保课程能够顺利通过审批，并在更广泛的范围内发挥积极作用。在融合宣导的实际教学过程中，我们积累了不少典型案例。以一所普通学校的融合宣导课程为例，课堂上有这样一个场景：教师说道，“同学们，请举手示意，准备回到教室”，这堂课的主题是“认识自己，悦纳自己”，其中有一位特殊学生也参与其中。我有幸在现场聆听了这堂课，教师在教学过程中，不仅能够引导全体同学积极互动，还特别关注那位特殊学生，通过耐心引导和亲切的对话，让他充分融入课堂，感受学习的乐趣。除了常规的课程教学，南山区很多学校的资源教师还充分利用助残日、爱眼日、孤独症日等特殊主题活动，以及班会课等平台，积极开展融合宣导工作。这些活动形式多样、内容丰富，为学生们提供了更多了解融合教育、接纳特殊群体的机会。鉴于案例众多，在这里就不一一详细阐述了。

接下来要讲的最后一个板块是学科教学，这是我们当下着力推进且不断完善的重要工作。在普通中小学的语文、数学等常规学科教学中，正逐步融入融合教育理念。在此过程中，有不少生动的实例。比如南山区荔湾小学的语文课，在资源教师的协助下，为特殊学生提供支持。课堂上，教师引导特殊学生参与互动，像“我选择安静举手的同学，接下来，掌声欢迎”，通过这样的方式，帮助特殊学生融入课堂。还有一段道法课的视频，同样体现了学科融合教学的辅助，由甄老师主导开展。这是南山西丽小学资源教师辅助学科教师教学的场景，班级里有随班就读或特殊学生，资源教师入班从课程层面给予全方位支持。由于涉及不同学科，对教师的专业素养要求极高。为此，南山区高度重视，投入大量培训经费，为教师开展各类专业培训，助力他们提升教学能力。

在这里，我想补充介绍一下南山区融合教育的基本情况。目前，南山区共建有 62 间资源教室，配备 63 名专职资源教师。特殊教育学校有 123

名专任教师，其中不包含资源教师。63 位资源教师分布在各普通学校，他们的编制归属于实体单位龙苑学校，由区指导中心或资源中心在全区范围内统一调配。今年 9 月，资源教室数量将增至 72 间。未来几年，南山区计划实现公办中小学资源教室全覆盖。从去年起，学生人数较多的资源教室开始配备 2—3 名资源教师，预计今年资源教师总数将达到 86 名，部分学校会配备 2—3 名。不得不承认，我们在融合教育推进过程中仍存在不足，最为突出的是缺乏专门的课程体系。目前所开展的工作较为零散，尚未形成有机整体。尽管融合宣导方面成效相对显著，但仍未达到理想的体系化状态。因此，我们诚挚希望在华中师大、华东师大、北师大、华南师大等高校的指导下，进一步深入实践探究，全力构建具有特色的融合教育课程体系。感谢各位的垂听！

报告6：聚力、融通、精进：厦门区域随班就读工作课程调整的实践

主讲人：陈莎茵　主任（厦门市特殊教育资源中心）

今天，我满怀欣喜与荣幸，能有机会在此向大家汇报我在工作中的思考与实践。一路走来，我从华中师大获得了诸多学习与指导的宝贵机会，对此深表感激。我今天汇报的题目是“聚力、融通、精进”。在听取了众多分享后，我发现大家的思路其实都大致相同，总体架构相似，只是在侧重点或着力点上有所差异。

谈及“聚力”，在我看来，做任何工作，明确目标导向都是最为关键的。不仅要明确目标，还需确保参与其中的各方，如学校、家长等，都秉持一致的目标导向。所以，“聚力”的过程，一是要解决明确目标导向的问题，二是要让各方认同并统一于这一目标导向。就课程而言，课程的目标导向必然是服务于培养目标的。在普特融合的进程中，从实际情况出发，我们不得不思考，当前普通学校的培养目标与特殊学生的培养目标是否真正一致。华中师大的校训“求实创新，立德树人”，让我感触颇深。作为一线工作人员，我深知脱离现实的设想毫无意义，我们只能依据现实条件来调整工作。目前，在小学和初中阶段，普通学校学生的培养目标，实际上可能更侧重于智育，这与我们追求的“五育并举，立德树人”的理想状态存在一定差距。特殊学生的培养目标亦不够清晰。因此，我们首先需要明确特殊学生的培养目标究竟是什么，其次要思考如何在各个层面达成培养目标的一致，我认为这是开展普特融合工作的重要前提条件。

我主要想阐述的第一点，是要在学校层面就课程服务的培养目标达成共识。其中涉及普通学校的管理层面以及其他团队。另外，随班就读学生家长的目标导向调整也极为关键。实际上，许多家长的做法存在盲目性，我常说，很多家长看似在努力，每日送孩子与普通同学一同上学、放学，还送孩子去各类机构，但对于自己所做的这些是否服务于孩子的培养目标，他们其实并不清楚。再者，教师团队，尤其是班主任和科任教师，对

于特殊孩子的培养目标也较为迷茫。他们的课程目标大多依据普通教育学校的课程纲要设定，而非聚焦于特殊孩子的特定培养需求。那么，如何在学校层面达成目标一致呢？我们采取了以下几种做法。

其一，在对学校的考核评估方面，2021 年，厦门市教育局发布 100 号文件，针对全市设有资源教室的普通学校，开展随班就读工作质量的评估，并将此评价结果与校长绩效挂钩。这意味着学校融合教育推进得好不好，直接影响校长的绩效考核。就如同高考一样，评价导向对校长的工作方向有着重要影响。当然，这也引发了另一个问题，即要防止校长仅仅功利性地关注绩效评价目标。实际上，我认为这个考核指标的重要意义在于，它搭建了特教学校或资源中心与普通学校领导层对话的桥梁。就在上周，全国开展了面向 20 万名中小学校长的直播培训课。我欣喜地看到，北京在这方面的工作成效显著。北京有两所学校的校长进行了经验分享，一位是李希贵校长，另一位来自北京第二实验小学。李希贵校长介绍，他们学校设有特教部，并非将特殊学生分离出去，而是注重为其提供支持。北京第二实验小学的校长分享道，近年来，学校做到了全接纳，并且从未出现普通家长排挤特殊学生，或要求将特殊学生赶出教室的情况。由此可见，我们设立绩效考核评价机制，目的是获得与普通学校领导或管理层对话的机会。通过这个机会，探讨如何尊重学生差异，如何为特殊学生提供差异化的教育教学支持。因为这直接关系到学校能否在未来应对各种不同孩子的差异。如果普通学校能够出色地处理好特殊孩子的差异化问题，那么学校中那些因各种原因得不到足够关注的孩子的问题也能得到更好地解决。毕竟，当前普通学校学生的心理健康问题已成为国家重点关注的对象。因此，推进融合教育实际上是为普通学校的更好发展助力，而非增加负担。普通学校应将学生差异视为一种教育资源，而非负担。我认为，这是在普通学校领导层面达成目标一致的关键要点。除此之外，我们还通过多种方式推动目标达成。从 2018 年起，每年都会组织普通教育学校的校领导和教师外出培训。另外，还会开展评估鉴定的现场核验会，以此确保学校首先从依法依规的角度做到规范，进而追求专业精进。

在家长层面，我们的目标是帮助特殊孩子的家长摆脱当前的迷茫状态。为此，我们从资源中心的角度出发，开展了大量的家长培训、讲座和沙龙活动，几乎全年不间断，每两周就举办一次。我曾专门为市直属学校随班就读的家长开设讲座。在厦门，每周我都会收到朋友委托，询问孩子的相关情况，回答多了，我意识倒不如开设讲座集中解答。讲座中，我首先引导家长从道德层面思考培养孩子的问题，比如如何看待环境的重要性，以及亲子关系才是家长与孩子之间最为关键的部分，而非过度关注孩子具体学了什么。当下，评价背后隐藏的价值观值得我们深思。我们常常看重成功，却忽略了幸福。在家庭中，到底是成功重要还是幸福重要？通过类似这样的思考引导，为家长提供一个基本规划。因为家长问得最多的就是该如何对孩子进行教育安置。厦门在这方面比较人性化，给予家长选择的权利，他们可以决定孩子是随班就读还是去特教学校，但家长往往在此问题上感到迷茫。我们希望通过引导，让家长明白在进行课程调整时应遵循的逻辑。

从培养目标的教师层面来看，除了班主任、科任教师、资源教师和巡回指导教师，还有机构的教师。许多随班就读的学生在外面的机构进行康复训练，为了让各方力量更聚焦于孩子的成长，我们将机构教师也纳入其中。在厦门，如果孩子要获得机构补贴，其个别化教育方案或康复训练方案需要学校盖章认可，即得到教育部门的批准。我们认为课程调整是全校性的协同合作，而不仅仅是几位教师的工作。从管理层面出发，主要基于三个逻辑：一是做好保障。虽然我们的保障比不上深圳南山区，但也还不错。例如，在资源教室建设方面给予资金支持，每年提供常规经费，对随读生按照 10 倍的生均公用经费拨款。在厦门，一个随读生一年大概能有 1.6 万元，若一个学校有 10 个随读生，就有 16 万元经费。由于没有编制，我们尝试用钱来解决人力问题。二是督评工作。我现在每年春秋两季对全市学校进行抽查，三年一轮。在检查过程中，曾评定过不合格的学校，当地教育局局长和校长对此十分重视，这也推动了工作的进展。督评内容包含与课程支持和课程调整相关的板块，完成第一轮督评后，我们会进行第二轮，届时督评指南会调整，对专业化水平的要求也会更高。每次督评结束后，我们都会给学校提供反馈报告，针对课程给予评价和指导。三是专业支持。通过不断加强队伍建设，我们得到了华中师大等多校的支持，包括培训、组织各种赛课，还专门设立了融合教师专项比赛。这使得普通教育学校的教师能在这个赛道上获得省、市先进等荣誉，实实在在地提升了工作积极性。以集美中学为例，该校所在的楼是国家级的，无法安装电梯，我们只能做好无障碍改造。为了让一个特殊孩子顺利上学，集美区不仅对公交系统进行了无障碍改造，学校还将座椅调配、安排专门教师、针对孩子情况采用直播的形式让他与大家同上一堂课、进行学科单独辅导等方面做了很多工作，普通教师还记录了针对这个孩子的融合日记。在前两个方面努力的基础上，我们追求最终实现专业化支持，采取渐进式的融合课程调整。在课程调整和教学调整过程中，遵循六个原则：一是尽量保持原来的课程架构形式，减少对原有教育教学的干扰；二是以学生需求为主，且该需求要以培养目标为导向；三是在课程调整过程中，要全面熟悉学生的IEP、课程标准以及功能性课程；四是要关照到学生在学校教育教学的全过程；五是适当开发一些潜在的潜能课程；六是采用多样化的方式方法。这种渐进式的调整从常规融合开始，关注孩子校园生活的方方面面，而不仅仅是课堂的45分钟，重点在于做好常规工作。

接下来谈谈与南山类似的融合举措。通过多种活动融合，力求让特殊孩子与普通孩子在理念、发展上保持一致，其中课程融合占比极大。以厦门一中一名初中学段的中重度孤独症孩子为例。选择这个案例有两个原因：其一，厦门一中竞争激烈，尤其初中阶段，如今升学压力前置，中考压力甚至超过高考；其二，该孩子属于中重度孤独症，一般来说，学前融合更易达成目标，往后难度越大，中学阶段改变更是困难重重，甚至存在为剔除低考分而突击认定特殊学生的情况。目前，这个孩子安置在普通班级，同时接受资源教室的支持。他智商水平较低，但因家庭支持到位，社会适应性行为相对较好。他在生活自理、健康安全、学习常规等方面，处于较低水平；社会交往方面，对感兴趣的事物能主动发起共同兴趣，对不感兴趣的则需提示，情绪行为较稳定，能按顺序参与游戏、懂得等待；交谈方面，根据我的多次接触，对他整体水平有一定了解。在这样的情况下，让他在初中学科教学中实现融合难度极大。首先是常规融合。孩子从小学升入一中，一中校园大，且分初中部和高中部两个校区。既要让他知晓上各类课程时教室的位置，比如语文课教室、物理实验室的位置，还要让他清楚如何乘坐地铁上学、上下课时间等学校常规内容。这就需要采用结构化的方式使其清晰明了，资源教师在此过程中要配合到位。其次是活动融合。以做操为例，孩子在资源教师的专门支持下，加强这方面的训练。同时，孩子家长培养了他弹钢琴的休闲爱好，学校乐团排练时，他也能参与其中。再者是课程融合。这又分为三个部分：国家课程融合、功能补偿性课程融合（主要在资源教室完成）及发展性潜能课程。在初中语文主科方面，融合时首先要调整目标。在同一节课中，普通学生的板块要求与这个特殊孩子的不同。其次是教学过程，利用他的视觉优势，采用图片、结构化形式，多运用视频或图片等直观教学材料辅助教学，内容上也尽量结构化，便于他提取简单信息，比如用不同符号标记章节中的关键目标因素，孩子基本能够做到。除了做减法降低难度，还根据他的能力适当做加法，比如增加制作军训小报、制作邀请函邀请老师等贴近生活经验的任务。作业方面也进行调整，别的同学写作文，他则改为写日记，记录一天的流程。数学学科融合难度较大，大部分数学课他需抽离出来单独学习，但也有一些可以参与的部分。比如家长根据学习内容提交孩子做家务赚钱及计算赚了多少钱的视频，数学老师让他负责收作业并做统计，这既能让他在班级有归属感、存在感和成就感，又符合他的能力范围。功能补偿性课程主要在资源教室完成，包括艺术赋能、增强社会交往能力、学业补偿以及根据未来生活目标和培养目标进行生活辅导等。这类孩子喜欢动手，艺术赋能的作品能让他们获得成就感；通过课程教导他们游戏规则、排队以及与小朋友友好相处等社会交往技能；学业补偿方面，拓展他们的注意力、记忆力、空间认知和逻辑理解能力；生活技能方面，教导他们打扫班级卫生、做家务等。发展性潜能课程主要为孩子未来的就业和技能发展做探索。例如制作香薰蜡烛、二十四节气美食、四喜丸子等。孩子参加三天两夜的研学活动，能与同学友好相处，同学们也发现他在生活技能方面并不逊色，这让他在班级的归属感更强，与同学关系更友好。孩子制作的作品还能带来一定收益，比如资源中心此前因学生作品有一定营收。此外，孩子还能参加市级劳动技能大赛等课外发展技能活动。

总体而言，随班就读课程调整的目标：一是要让特殊学生和普通学生一样，成为学校课程服务的中心；二是要基于现实的情况下，特殊学生的培养目标更多聚焦于社会适应能力，当然阿斯伯格综合征等特殊情况除外。在课程架构中，考虑到不同情况，厦门对随读生考试统计进行分类，分为 A 类和 B 类，A 类仍纳入学校总评，B 类在对学校总评时可剔除，这样能避免学科教师因学生是随读生而放弃学科教学。这就是我们在随班就读工作中的一些实践，感谢大家的支持，也欢迎大家到厦门指导工作 。

报告 7：融合教育课程与教学调整的路径探索

——以杭州市上城区为例

主讲人：李晓芳　主任（浙江省杭州市上城区特殊教育指导中心）

尊敬的各位领导、各位同仁，大家好！我是来自杭州市上城区特殊教育资源中心的李晓芳。今天，我非常荣幸能够在这里，与大家分享我们上城区在融合教育课程与教学调整方面的探索与实践。

首先，我想简要介绍一下上城区融合教育的发展现状。近年来，随着行政区划的优化调整，上城区的教育规模得到了极大的扩展，学校数量大幅增加，特殊教育需求的学生群体也日益多样化。为了推动融合教育的高质量发展，我们确立了“两校一中心”的战略布局，构建了“跨专业、多维度度、协同式、支持性”的区域融合教育工作模式。目前，全区 3～17 周岁持证残疾儿童少年共有 620 人，近三年义务教育入学率达到 100%。此外，我们积极拓展融合教育对象，提出“7＋N”的理念，对未持证但有特殊教育需要的学生进行认定安置，目前区内经特殊教育专家委员会认定安置的学生 315 人，这些学生与特教学校学生同等享有 15 倍生均公用经费。为了让他们得到专业的支持，我们全区有 70 所普通学校建有资源教室，其中包括 5 个省级示范资源教室、16 个市级资源教室和 49 个市级合格资源教室。同时，我们还创新融合教育模式，建立了 5 个卫星班。

然而，在融合教育的发展过程中，我们也面临着一些瓶颈和挑战。首先，随着进入普通学校随班就读的学生障碍类型增多、障碍程度加重，普通学校教师的专业知识储备不足，这给教师的班级管理和教学带来了很大的挑战。其次，普通学校基于课标的教学与学生的发展需求不匹配，不仅无法促进学生的全面发展，还可能激化师生矛盾、亲子矛盾和家校矛盾。最后，学校支持力度不足导致学生课堂参与、学校活动参与、同伴互动等均出现缺失，学生学业成绩不理想，社会生活能力提升有限。针对这些瓶颈和挑战，我们认为亟待解决的主要问题包括：校级领导办学思想、全员教师融合教育理念的提升；资源教师专业素养、融合课程设计与教学能力的增强；不同障碍类型学生的有效支持策略的制定；ASD学生系统评估与支持的知能的提升；多元合作支持行动的加强等。

为了解决这些问题，我们上城区在融合教育课程与教学调整方面进行了积极的探索和实践。具体来说，我们的调整路径包括以下几个方面。一是科学评估，制定个别化教育目标。我们采用了标准化工具，对学生的能力水平、兴趣爱好、学习需求等进行全面评估，并根据评估结果科学制定个别化教育目标。这样，我们就能更加精准地满足学生的个性化需求，促进他们的全面发展。二是基于学生的发展需求构建课程。我们基于随班就读学生的科学评估结果，构建了义务教育生本化融合教育实践课程和孤独症学生幼小衔接课程。这些课程旨在满足学生的实际需求，提高他们的学习兴趣和参与度，促进他们的全面发展。三是课程研发、教学实践，构建融合教育实践有效载体。我们注重课程研发和教学实践的结合，通过开发适合特殊学生的教材和教具、组织丰富多样的教学活动等方式，构建融合教育实践的有效载体。这样，我们就能为学生提供更加生动、有趣的学习体验，促进他们的全面发展。四是早期筛查、学段衔接，形成一体化服务接力。我们加强了早期筛查和学段衔接工作，通过幼儿园转衔申请、转衔评估、转衔安置会议等方式，确保特殊学生能够顺利过渡到下一个学段。同时，我们还注重与家长的沟通和合作，共同为学生的发展提供支持和保障。五是多元评价，正向引导，潜能挖掘。我们采用了多元评价的方式，不仅关注学生的学业成绩，还注重评价学生的情感态度、行为习惯、社会适应能力等方面的发展。通过正向引导和潜能挖掘，我们鼓励学生发挥自己的优势和特长，促进他们的全面发展。六是数字化技术，促进融合教育课程高效实施。我们充分利用数字化技术，通过建设融合教育信息平台、开发在线教学资源等方式，促进融合教育课程的高效实施。这样，我们就能为学生提供更加便捷、高效的学习支持，促进他们的全面发展。七是协同教研，提升教师教学实践能力。我们注重协同教研工作，通过专家引领、名师工作室、新教师体验学习、基本功大赛、资源教师论坛、融合教育研讨会等方式，提升教师的教学实践能力。这样，我们就能为特殊学生提供更加专业、有效的教育支持，促进他们的全面发展。

经过近年来的努力和实践，我们上城区的融合教育工作取得了显著的成效。我们的融合艺术表演在亚残运会开幕式上精彩绽放，融合教育案例获评全国首届融合教育优秀案例，随班就读学生以体育特长考上心仪的大学、研究成果《孤独症儿童幼小衔接的理论与实践》出版，多名孤独症学生在幼小衔接课程的支持下进入普通学校就读。展望未来，我们将继续深化融合教育课程与教学调整的探索和实践，不断完善我们的工作体系和支持机制，为特殊学生提供更加优质、高效的教育服务。我们相信，在大家的共同努力下，我们的融合教育工作一定能够取得更加辉煌的成就！

以上就是我在本次汇报中分享的内容。感谢大家的聆听和支持！如有任何疑问或建议，请随时与我联系。谢谢大家！

报告8：融合教育课程与教学实践
——以驻马店市残联博爱幼儿园为例

主讲人：徐春晓　园长（驻马店市残联博爱幼儿园）

尊敬的各位领导、专家、同仁们，大家好！今天，我非常荣幸能够站在这里，与大家分享驻马店市残联博爱幼儿园在融合教育课程与教学实践方面的探索与成果。首先，我想简要介绍一下我们幼儿园的基本情况。驻马店市博爱幼儿园成立于2014年，是经市委编办和教育部门批准成立的一所公办特殊幼儿园，隶属于驻马店市残疾人联合会。我们幼儿园现有教职工40名，10个教学班，其中包括3个融合教育班。在园儿童共计274名，其中听力障碍、智力障碍、自闭症的特殊需要儿童191名，普通儿童83名。自成立以来，我们幼儿园始终秉承“医教结合、融合教育、特教提升”的发展模式，致力于为特殊需要儿童提供全方位的康复与教育服务。我们得到了中国残联、省残联、省教育厅和市、区教育部门的大力支持和精心指导，使得我们的工作能够不断取得新的进展和突破。

在融合教育的课程与教学实践方面，我们主要采取了以下措施：第一，强化顶层设计，确保融合教育的顺利开展。我们注重从整体上规划和设计融合教育的课程体系和教学实践方案，确保各项工作能够有序进行。同时，我们还积极与相关部门和机构合作，共同推动融合教育的发展。第二，实施医教结合，提升特殊需要儿童的康复效果。我们深知医教结合对于特殊需要儿童康复的重要性，因此，我们与驻马店市残疾人康复中心等机构建立了紧密的合作关系，共同为特殊需要儿童提供诊断、评估、治疗、康复和教育服务。通过医康教协作机制，我们已经为1200余名特殊需要儿童实施了全免费的康复及融合教育，并有近500名儿童通过康复及融合教育成功进入普通学校。第三，注重教学内容目标化，确保特殊需要儿童的学习效果。我们为特殊需要儿童制定了清晰明确、可量化考核的长期、中期、短期教学目标，并根据每一时段的教学目标达成情况进行适时调整、分解。同时，我们结合教学内容，运用融入式、嵌入式、添加式等教育教学方法，让特殊需要儿童能够在普通儿童的陪伴下接受适合他们发展的教育，从而切实提升他们的学习效果。四是实施教育服务个别化，满足特殊需要儿童的个性化需求。我们深知每个特殊需要儿童都是独一无二的个体，因此，我们注重为每个孩子提供个性化的教育服务。我们通过收集个案信息、评估、召开个别化教育计划会议等方式，为每个孩子拟订了符合他们实际需求的个别化教育计划，并严格按照计划开展教学与服务工作。同时，我们还根据每个孩子的进步情况，及时调整和改善个别化教育计划，以确保他们能够得到最适合自己的教育服务。五是注重融合活动经常化，促进特殊需要儿童与普通儿童的交流与融合。我们注重通过组织各种融合活动，让特殊需要儿童与普通儿童有更多的交流和互动机会。这些活动不仅有助于增进彼此之间的了解和友谊，还能够促进特殊需要儿童的社会适应能力提升。六是聚焦问题科学化，解决融合教育中的问题与挑战。在融合教育的实践中，我们遇到了许多问题和挑战。针对这些问题，我们注重从生理、心理等因素进行综合分析，并制定相应的方法策略。同时，我们还协同康复医师共同制定策略，以确保方法策略的科学性和有效性。除了以上措施外，我们还非常注重科研建设和师资能力的提升工作。我们建立了交流实践平台，积极引进国内外先进的融合教育理念和方法，并邀请国内外专家来园指导工作。同时，我们还注重提升教师的专业素养和实践能力，鼓励他们积极参加各种培训和研讨活动，以及积极参与课题研究等工作。

通过近十年的积极探索和实践，我们已经取得了显著的成果。我们的融合教育模式得到了各级领导的肯定和赞誉，并被河南省委改革办等机构宣传和推广。同时，我们的教师也获得了多项荣誉和奖励，我们的幼儿园也成功举办了四届全国融合教育论坛等活动，为推动全国融合教育的发展做出了积极的贡献。最后，我想说的是，融合教育是一项长期而艰巨的任务。我们将继续秉承“真心、真诚、真干”的工作理念，不断创新和探索融合教育的课程与教学实践模式，为特殊需要儿童提供更加优质的教育服务。同时，我们也期待与各位同仁携手共进，共同推动融合教育事业的繁荣发展！

谢谢大家！

分会场五：

家校合作视域下的融合教育经验与困境探讨

主持人：熊絮茸　教授（江苏徐州医科大学）

各位专家、参会嘉宾及在座的同学们，下午好！上午四位专家的精彩发言，我们已悉数聆听，内容紧密围绕课程主题展开。今天下午，我们将进行五个分论坛的讨论，而本分会场具有其独特性。各位或许已注意到，在会议手册中，其他四个分会场的发言名单均已明确列出，唯独我们第五分会场的发言名单未予公布，而是提出了几个核心议题。本分会场的组织工作将由我负责，作为华中师范大学的博士毕业生，能有机会回到母校主持这样的分会场，我深感荣幸，同时也倍感压力。在此，我要特别感谢前排就座的几位专家，他们的支持为我减轻了部分压力。今天下午的会议将由我全程主持，同时，我们有幸邀请到武汉市教育科学研究院基础研究所副所长周所长一起参与讨论。周所长在融合教育领域有着丰富的经验和独到的见解，他在中学阶段的实践经验也是尤为丰富。

此次分论坛的主题为“家校合作视域下的融合教育经验与困境探讨”。这一议题颇为宽泛，鉴于我们事先对参会嘉宾的具体情况了解不够全面，因此与会务组进行了多次沟通，并决定采用更为开放和灵活的讨论方式。前排就座的各位嘉宾将作为本场的主要发言人，每位发言人的时间将控制在大约 10 至 12 分钟之间。同时，我们也为其他参会人员预留了发言时间，希望通过这种互动和开放的方式，共同探讨融合教育过程中存在的问题、个案经验、面临的挑战以及解决策略。本次讨论将围绕六个方面进行，其中重点是个案经验的分享和问题的思考。我们鼓励参会者积极抛出问题，并期待其他有见解的参会者能够提出解决方案。此外，本分会场将聚焦于听障、视障以及自闭症儿童的融合教育支持，并设有综合性讨论环节，涉及普教与特教的融合教育经验分享。我们希望通过本次讨论能够达成共识，或至少为后续的交流建立更多平台。在此，我要对发言嘉宾及所有参与分会场讨论的嘉宾表示衷心的感谢。接下来，我将按照前期沟通的结果，将讨论分为几个大类进行。

首先，我们将讨论有关听障融合教育，对于这一方面的讨论，我们安排了四位发言人。第一位发言人是华中师范大学本科在读学生杨雨盟同学，她将分享作为一名听障学生在普通学校 14 年融合教育的学习生活经历与感受。在家校合作过程中，家长和儿童的声音是我们更好地开展融合教育的基础和根本。因此，我们首先应该去聆听他们的声音，相信这将为其他研究者带来新的思考和更多的实践经验总结。下面，请杨雨盟同学为我们做首场分享，谢谢。

报告 1：听障学生个人案例分享

主讲人：杨雨盟（华中师范大学学生）

感谢熊老师的介绍，大家好，我叫杨雨盟，目前就读于华中师范大学特殊教育专业。虽然我是一名听力障碍患者，但我从小接受的是融合教育，在普通学校度过了 14 年的学习、生活，包括学龄前的幼儿园阶段，这段经历给我带来了许多深刻的启示与思考。今天，我和妈妈一起来分享我们的故事，所以在讲述过程中可能会有部分内容重叠。我将侧重于分享我个人感悟较深的一些事件，而妈妈则会讲述我从小学到高中的成长历程。

首先，我想分享的第一个事件与今天上午郭元祥教授提出的观点紧密相关，那就是融合教育或特殊教育课程调整的走向应从构造成功生活转向构造美好社会。在教育课程中，我们特殊儿童群体不仅需要接受理论层面上的知识教育，还需要生活层面上的社会适应技能教育，以及对整个社会的认同感教育。对我而言，小学阶段学习播音主持的经历在这方面尤为深刻。起初，播音主持老师给我的印象非常严厉，但他后来对我产生了巨大的影响。他告诉我："杨雨盟，虽然你有听力障碍，但这并不意味着我要特殊对待你。"在此之前，我一直被告知，因为听力障碍，老师和同学们会自然而然地关心和帮助我。比如，在普通学校时，我会提前和老师沟通，希望座位能靠前一些，以便更好地听课。然而，这需要我自己主动沟通，让别人了解我的需求，如适当的语速放慢或关键部分的声音放大。有一次，播音主持老师批评了我，但事后她说："我这次批评你，并不是因为你表现差，而是希望你不要因为听力障碍而降低对自己的要求。你应该基于自己的成长环境，设定合理的目标，不要把自己当作特殊人群。"这句话对我产生了很大的冲击，因为在普通学校就读的我，也可以和其他人一样拥有相同的目标，通过相同的学习方法去完成相同的学习要求。结合郭元祥教授的发言，这位老师的话让我意识到，我们不仅要被特殊地看见，也需要被普通地对待。在相同的活动中，尽管存在多样化的差异性教育，但整体目标是培养我们成为社会的一员。

接下来，我想分享的是来到华中师范大学后的学习与生活经历，这些经历与我之前所了解的听障大学生在普通高校就读的情况有所不同。在英语学习方面，根据国家相关规定，我们的四六级英语考试可以申请听力免考。但在高校中，英语必修课程仍包括英语听力期末考试。由于我的听力障碍，在英语听力考试方面存在困难，尤其是听力考试需要通过广播播放，这对我来说更加艰难。我曾向学校申请并咨询是否有相关的合理便利措施，但学校当时回复说，因为英语听力期末考试涉及全体同学的期末成绩，与国家级考试英语四六级不同，所以建议我自行克服困难完成考试。然而，到了大二，我与一位学姐谈论此事时，她对我的英语听力没有免考表示震惊。这让我产生了一些疑惑：类似的融合性支持政策应该是约定俗成的，还是有明确的规章制度可循？我咨询了学校领导、教务处以及我们学院负责教育的领导，但得到的答复都模棱两可。因此，我认为对于这类融合教育的政策性支持，应从口头约定向更明确的制度性方面转变。

我的分享就到这里，谢谢大家。

熊絮茸（主持人）：

非常感谢刚才雨盟的分享，她分享的案例看似非常普通，但我想在她的成长过程中应该是非常印象深刻的。所以作为一个普通人，我们要如何去对待特殊，今天上午其实很多的专家也都在讲这样的问题，我觉得他们做了一个非常好的总结，叫“特殊看见，普通对待”。事实上，这八个字看似很简单，但在我们的融合教育实践中，在孩子特殊教育的实现过程中，难度是非常大的。而今天上午有很多专家也提到在核心课程如何看见，如何对待？而针对这一问题，大家也都有各自的一些思考，包括我们几位专家的意见也是有不太一样的地方。但这里面也涉及雨盟提出的问题，就是关于政策制度的完善问题，它需要进一步地与时俱进。融合教育作为一个专业才刚刚起步，我想未来国家在相关政策支持上，包括融合教育进一步的发展，都会有更加完善的政策。我们现在是把它当作一个问题来讲，而之后我们也会通过专家的语言进一步扩大到政策层面，完善的政策对于这些学生来讲就有了更多的支持。再次谢谢雨盟的发言，接下来我们有请雨盟的妈妈，张朝辉女士发言。在此之前，我想各位发言人可以先简单介绍一下自己，这样我们对于分享的内容会有一个更深的了解。下面让我们欢迎张朝辉女士。

报告 2：听障学生家长分享——成长中的爱

主讲人：张朝辉（杨雨盟妈妈）

尊敬的各位领导、嘉宾、老师、同学们，大家下午好。我是坐在我旁边杨雨盟同学的母亲，刚才聆听了我女儿的分享，我内心充满了感动，但更多的是感激。首先，我要衷心感谢华中师范大学为我们提供了这样一个宝贵的分享平台，同时，我也代表所有特殊儿童的家长，向在座的每一位对融合教育给予特别关注和大力支持的您表示最深的感谢。是您的关爱与支持，让像雨盟这样的特殊孩子能够幸福快乐地成长；更是您的大爱，改变了我们特殊儿童家庭的命运。在此，我诚挚地向大家道一声：谢谢，谢谢你们的无私奉献与付出。

爱，如同温暖的阳光，照亮并温暖着每一个孩子的心灵。对于特殊儿童而言，爱更是一种不可或缺的力量，它能够驱散他们心中的阴霾，引领他们在黑暗中找到光明，在困境中看到希望。在这个过程中，自信、自主、自立、自强成为孩子们成长道路上的四大支柱，它们与爱紧密相连，共同编织出孩子们精彩纷呈的成长篇章。接下来，我将站在家长的立场，以“成长中的爱”为主题，与大家分享我女儿在幼儿园、小学、中学、大学阶段的成长历程。

首先，自信是孩子成长的基石。在幼儿时期，为了培养孩子的自信，我们首要解决的是孩子的听说问题。当医生告知我的孩子可能面临生活自理的困难时，这个消息如同晴天霹雳，给我们家庭带来了巨大的打击。但我们很快调整心态，平静地接纳了这个现实。经过深思熟虑，我毅然辞去了工作，卖掉了投资，全心全意带着女儿进行康复治疗。2008 年，当雨盟三岁半时，我们在北京同仁医院成功为她植入了人工耳蜗，并在一个月后顺利开机，让她重新回到了有声的世界。从此，我们开始了艰难的语音康复训练。经过日复一日的努力，她终于能够一字一句清晰表达。半年后，我就亲自带着孩子进行自然情景教学，凭借她课后的不懈努力，她逐渐赶上了同龄的小朋友。至今我还记得，她喜欢看中央电视台的《智慧树》节目，还让我帮忙写了一封信给小咕咚。信寄出后不久，我们就接到了小咕咚的回复电话，热情地欢迎雨盟参加节目。那一刻，女儿开心地抱着我，觉得自己无比幸运。之后，我带着女儿去北京，和后海附近的一家实验幼儿园的小朋友一起参与排练录制。当时主持人小咕咚的一句话，至今仍然激励着我："大姐，你千万别把孩子当残疾人看，要给她创造各种舞台锻炼，只要有参与的机会就不要错过。"这句话成为我行动的指南，我抓住每一次可以让女儿展示自我的机会。后来，我又带着雨盟参加了全国"未来之星"才艺大赛，当时的主持人是鞠萍姐姐。在几千人的参赛者中，当鞠萍姐姐问谁愿意在开幕式上发言时，我的女儿毫不犹豫地站了起来，落落大方地赢得了热烈的掌声。因此，对于特殊的孩子来说，真正的融合就是让他们参与其中，找到自己的自信。

其次，自主是孩子前行的动力。在小学阶段，我开始着重培养孩子的自主能力，希望她能在德智体美劳各方面都得到全面发展。记得女儿小学一年级时，有一天放学回来兴奋地告诉我："妈妈，我报名参加春晚主持人的海选了!"经过层层选拔，她顺利地当上了节目主持人。然而，工作人员告知我们，正式参加少儿春晚的小主持人需要交纳一万块钱的培训费和服装费。这对于当时已经卖掉房子，还需要带着女儿去北京进行手术和康复训练的我们来说，无疑是一笔巨款。但看着女儿那双充满渴望的眼睛，我不忍心让她失望。于是，我找到导演，向他说明了我们家的实际情况。幸运的是，爱心公益大使邹校长当场表示愿意公益支持，圆了孩子的梦想。之后，我与周校长进一步沟通，他带着一群公益人士帮助了我们岳阳很多像雨盟这样的孩子。2012 年，我们正式登上了央视春晚的舞台。后来，邹校长又询问雨盟还有什么梦想，她说想成立一个艺术团，帮助像她一样的弟弟妹妹们登上舞台。周校长再次满足了她的愿望，我们就这样成立了一个正式的艺术团。周校长一直带着这些爱心企业家和孩子们参加各种公益演出，其中"我是一只白色的鸟"就是由我们的听障同学演出的。他们通过艺术团的培训学习，前不久还参加了央视的文艺节目，并赢得了观众的热烈掌声。这些公益演出点燃了孩子们的梦想，激励着他们自主学习、超越自我。

再次，自立是孩子行动的目标。在中学阶段，我更加注重培养孩子的自立能力。在 2010 年母亲节时，有一个活动的主题是"30 年后的我"。当时我们都在思考 30 年后的自己会是什么样子，而我的女儿却分享了一段让我特别感动的话。她说："30年后，我就是妈妈这个年龄，那个时候我也上有老下有小，我会像妈妈一样无微不至地关心照顾我的公公婆婆，也会像妈妈一样用爱陪伴着我的孩子成长。"这些话让我听后非常感动。也是从那时起，她每次在重大节日时都会给我们制造惊喜。有一次在我们结婚纪念日时，她趁着周末的时间，清早起来买菜做饭，给了我们一个意外的惊喜。因此，我认为孩子一定要在温馨友爱的家庭环境中自立成长。还有一个让我印象深刻的例子是，在女儿高考结束的第二天，她用高中时获得的奖金购买了一套剪纸材料，为她班上的全体师生剪了一幅剪纸作品，并送上了最美好的祝福。通过这些事情，我真正意识到我的孩子已经长大，开始自立了。

最后，自强是孩子进步的力量。拥有了自信、自主、自立的雨盟，在2022年以616分的优异成绩考入了华中师范大学，并首选了特殊教育专业。当时，华中师范大学的党委书记带着十几位领导和老师亲自将第一封录取通知书送到了女儿的母校——岳阳市一中，并且在市领导的陪同下进行了这一仪式。这让我们全家无比感动和自豪。在此，我特别感谢每一位领导和老师对融合教育的重视以及对雨盟的关爱与厚爱。这也激励着雨盟带着爱与责任自强不息、不断进步。

自信是孩子成长的根基，自主是孩子前行的动力，自立是孩子行动的目标，自强是孩子进步的力量。让我们共同为孩子们营造"四自"的氛围，让他们在奋斗中释放青春激情、追逐青春理想。愿他们在融合有爱的环境中勇敢寻梦、追梦、圆梦。

谢谢大家！

报告 3：如何在融合教育中分析与积极应对听障生的心理特质

主讲人：姬振红（武汉市第二聋哑学校）

各位专家、各位同仁、各位同学，大家下午好！我叫姬振红，是武汉市第二聋哑学校的一名高中语文教师，同时也是班主任。我在武汉市第二聋哑学校已经工作了 26 年。刚才听了杨雨盟同学的故事，我深受感动，她的融合之路走得如此顺畅，让我倍感欣慰。今天，我想分享的是在这 26 年的教学生涯中，我遇到的 11 名从随班就读最终回流到聋校的学生经历，探讨他们在融合教育中面临的挑战及回流的原因。

从这 11 名同学的经历来看，他们回流的主要原因在于学习困难和心理压力，回流的时间大多集中在初中或高中阶段，小学阶段则基本能够坚持到底。他们回流到特殊学校的原因，我归纳了以下几点：

第一，语言能力不足和听力障碍。尽管这些学生在儿童时期经历了语言康复，但他们的语言仍然存在缺陷，声音小且表达不清晰。在普通学校，这种沟通障碍导致他们难以与老师、同学有效交流，进而影响了他们的学习和心理状态。此外，他们还担心自己的声音不好听或发出怪叫，因此主观上尽量少说话，逐渐变得不爱说话。第二，助听设备问题。聋生主要依赖助听器和电子耳蜗来聆听声音。然而，这些设备在使用过程中存在诸多问题，如声音扩大后的音质不佳、延时等。这些问题导致他们在课堂上难以跟上老师的节奏，进而影响学习效果。第三，基础设施和环境的不适应。普通学校的环境相对嘈杂，这与聋校安静的教室环境形成鲜明对比。这种环境的不适应使得聋生在听课过程中容易受到干扰，进而影响他们的学习进度。第四，学习困难。随着知识难度的增加，聋生在学习上遇到的困难也越来越多。由于听力损失和语言表达不顺畅，他们在学习上往往力不从心。而家长在辅导方面也力不从心，这导致他们的学习成绩逐渐下滑。第五，交往障碍。普通孩子在与聋生交往时，由于沟通困难，往往缺乏耐心和爱心。这使得聋生在交往中感到被排斥和孤立，进而加剧了他们的自卑心理。第六，教育支持的不足。在普通学校，老师需要照顾整个班级的学生，难以对聋生提供足够的关注和支持。而家庭教育和辅导的缺失也使得聋生在学习上更加困难。第七，家长的意愿。部分家长认为聋生在普通学校难以获得良好的学习效果，因此更倾向于将他们送回聋校接受专业教育。尽管孩子可能并不愿意，但最终还是在家长的决定下回流到聋校。

针对以上原因，我结合了一些事例，分析了这些孩子回流到聋校后可能产生的心理行为。其中最明显的是自卑问题。他们往往因为口语和手语能力不佳而不敢主动与其他学生交流，长时间处于自卑状态。此外，他们的爱好相对单一，缺乏社交机会，这也加剧了他们的孤独感和自卑心理。为了改善融合教育的效果，我认为我们需要做到以下几点：一是要有同理心，换位思考，多了解聋生的需求和困难；二是要有亲切感，让他们感受到温暖和关怀；三是耐心倾听他们的心声，给予他们足够的支持和鼓励；四是促进同伴之间的支持和接纳；五是提供必要的心理辅导和帮助。最后，值得一提的是，尽管这些学生在聋校发展良好，但他们仍然对融合教育充满向往。这为我们提供了改进融合教育的方向和希望。我相信，在大家的共同努力下，我们一定能够为聋生创造一个更加宽松、自由、包容的学习环境。

我的发言完毕，谢谢大家！

报告 4：融合教育课堂中学前听障儿童言语支持特征及策略

主讲人：张　瑶　博士生（华东师范大学）

各位专家、老师大家好，我是张瑶，我现在是在华东师范大学教育学部特殊教育学系攻读博士学位。刚才姬老师从自己 26 年的教学经验中总结了一些听障儿童融合教育的困境，以及对一些原因的分析，从中我学习到了很多，其中很多关键的观点，我都非常认可。那我今天主要是从学前教育的这个角度进行一个分享，这也是因为在我读博士之前，我曾在一所融合幼儿园做过一段时间的老师。然后，我要分享的这些经验也是和幼儿园的老师一起总结的，请大家多多批评指正。我将从我为什么关注语言支持这个主题、结合文献和现状分析当前听障儿童在进行融合教育时其言语支持现状和特征是怎样的、在融合幼儿园中在言语支持方面我们可以有什么策略三个方面进行我的分享。

刚才姬老师也提到，虽然随着融合教育和现代康复科学的发展，使得听障儿童能够进入普通幼儿园就读，他们也会使用助听设备，但是在现实生活中，助听设备提供的支持是有限的，只能代表着听力得到了补偿。听障儿童能否学会说话、流畅表达，能否跟老师同伴进行交流，能否跟上课程的节奏，这个都是无法保证的。于是，他们就会产生自卑、孤独的心理，从而会产生这样的回流现象。刚才姬老师重点在讨论这个问题，那我们也就会发现提升听障儿童的言语沟通能力，给他一些言语支持，是他们能够顺利融入普通幼儿园的一个关键的切入点。我们都知道 3—6 岁是儿童语言的发展的关键期，如果在这个时候能够给儿童一些比较关键的支持，对他后续参与融合教育也会有很多关键的帮助。但是，一旦我们聚焦于现实，就会发现有以下的困境。首先，在言语支持方面，我们发现在群体上它是一种有条件的融合。虽然政策里面规定了要求应随尽随、应融尽融，但是在具体的实践中，我们会发现大量的听力障碍儿童，徘徊在融合教育环境之外。即使在已经接纳了听障儿童的幼儿园里，开展这种言语支持也是随机的。一般而言，我们应该在每天活动的各个方面给予听障儿童关注和支持，但是我们国家幼儿园的班额是比较大的，而且很多是以活动、游戏为主的。因此，教师无法在每个环节中都去关注到听障儿童，只能在教学活动中随机开展。幼儿园课程是分五大领域设置的，缺乏整体设计，也会影响言语支持，导致其既没有系统性也没有连贯性。比如，教师会在言语活动课程中对听障儿童进行言语提示。然而，在大组活动中，特别是区域活动或者小组活动中，听障儿童往往就被忽略了。在语言或健康领域，教师们会给予听障儿童一些言语支持。但是在艺术和科学领域，由于重视程度不够，整体上支持范围是受限的。第二，在知识理念方面，教师们很多是以独立式训练为主。我们知道在融合幼儿园中对听障儿童进行言语支持，最终目的不是训练他们说话，而是能让他们融入社会，跟大家进行自然的、生活化的沟通。但是当前融合幼儿园教师大多数是学前教育出身，掌握的特殊教育知识不够系统，他们的言语训练模式也因此会受自身限制，容易对一些理念产生僵化的理解。比如，有的教师会由于学校的一些要求，对听障儿童进行孤立式的一对一训练、某几个字或某几个字母的训练，但是这种训练由于脱离儿童日常生活环境而难以促进其自然地去参与融合。第三，在教师教学方面，教师大多以口语和传统教学为主。我国幼儿园教学活动，不论在实践中还是文献中，大多数鼓励这种口语式教学，手语发展空间因此被压缩。就像刚才姬老师提到人工耳蜗和助听器，即使他们作用被放大，他们真正能否达到相应效果其实是值得商榷的。这个过程也会导致教师教学以口语教学和传统教学为主。针对这一问题，首先可能是受到教师观念制约；其次，教师使用手语的能力也是关键制约因素之一。随着信息技术不断发展，可能会有新的教学形式可以为我们所用，但是就目前而言，因为融合教育发展比较缓慢，这种助力程度是不够的。

接下来，我要说的是对我们今天这个主题聚焦的教育主体，家园社协作不足的问题。因为大多数听障儿童家长无法像张女士这样，能够对孩子进行专业的、全面的支持，他们往往是缺乏这种专业的康复技能和知识。然而，往往家长会认为提供专业支持是学校的事情，是康复机构的事情，在家里面对孩子的康复关注是不足的。但是儿童生活最广的、最频繁的场域还是在家里，所以这些家长就没有和学校、社会形成一个紧密的共同体。我们曾经也和幼儿园的一些教师进行了一些讨论，初步地提出了一些建议，请大家批评指正。第一，扩大支持范围，加强专业保障。幼儿园如果接收听障儿童，不仅需要从名额上接纳，也应该从各方面做出一些调整，比如设备，还有环境上也需要进行一些调整，教师也应该进行一些培训。言语支持应该系统化和制度化，教师教研活动或平时课程，不应该只在大组活动或者是一些区域活动中零散地体现，这样对儿童的支持是远远不够的，难以完整地促进听障儿童的发展。第二，开展生活化教学，注重教康结合。听障儿童最终也要融入生活和融入社会，所以对他们进行一些康复训练时，应该要最大限度地从他们的生活中选取素材。素材要是他们生活中会经常使用的，这样他们能够经常地去训练和练习。除此之外，还可以实施主题教学，围绕某个主题，比如某个食物、某个活动等进行设计，能够让儿童获得完整、系统的语言经验。因为在幼儿园没有学业要求，所以这个阶段的融合教育发展还是相对更容易一些。因此，教师更应该利用情景化教学和游戏化教学的优势，通过一些趣味的、深入的游戏环节，带动儿童去参与这种语言的训练。在关注言语发展的同时也要注重教康结合，引导听障儿童能够更多地和教师、同伴展开日常的沟通。第三，推广双语功能。不仅是用手语，体态语、口语等都应该综合起来使用，比如在音乐活动中，可以让听障儿童通过展示图谱、模仿节拍、做动作等方式去增加参与度。第四，构建家园社的共同体。幼儿园或康复机构、残联等，应该给家长提供专业化培训，让他们能够在家庭中有言语支持意识和言语支持能力。在幼儿园的 IEP 计划中，也应该有计划地去设置这些方案，通过家园社的合作共同体提高儿童言语支持，扫清障碍。

以上这些就是我的一些浅显的认识，请大家批评指正。

报告 5：视障个人案例分享

主讲人：黄　莺（武汉理工大学）

尊敬的各位专家、各位老师，亲爱的同学们，大家好，我是武汉理工大学管理科学与工程专业的在读博士二年级研究生黄莺。我从小学到高中一直都是就读于特殊教育学校，小学到初中是在我的家乡宁夏那边，是一所盲聋哑学校，高中是在青岛市盲校读。在我高三毕业的那一年，正好是 2015 年，也就是教育部出台可以在普通高考中为盲人学生提供盲文试卷政策的第 2 年，因而，我比较幸运地参加了普通高考。我算是第一批应届使用盲文试卷参加普通高考的盲生，当时全国一共有 8 个视障学生参与了这个高考，最后我被武汉理工大学的社会工作专业录取。但其实进入大学之前，我是有一些担心的，因为我没有在普通学校学习的生活经历，我不知道进入大学后会遇到什么样的困难和问题；同时，因为我是我们学校招收的第一个视障学生，学校也没有相关的经验和支持。但进入大学之后，我知道虽然我们学校没有招收过视障学生，但是接收过很多其他残疾的学生，同时还了解到我们学校有中国残障事业发展研究基地及校残联，这也代表着有很多老师其实是有残疾研究的经验。入学后我遇到了许多特别温暖的老师和同学，从那时起我才真的对融合教育的大学生活充满了期待和信心。在理工大生活的这 9 年里，我可以说是亲身经历了我们学校融合教育的改革和发展，可以算得上是学校融合教育的参与者、见证者，更是获益者，所以就想和大家分享一下我印象比较深刻的事情。

首先想给大家分享在我入学后，我的学校给予我的合理便利支持。在我入学初期，针对我的课程学习和考试阶段会面临的一些现实困难，学校曾经专门为我召开过一个教育教学工作协调会。在充分尊重我的合理诉求的基础上，调动全校的师资、物资为我提供合理的便利。专门为我出台了考试管理的办法，在没有降低学习要求的前提下，帮助我顺利地完成学业。我还记得在本科期间，由于我没有办法阅读纸质版教材，所以在我开学前，我的辅导员会提前向任课教师获取上课要用到的书单，再帮我把这些纸质版的书籍邮寄到北京生活残障服务中心，那边有一个制作无障碍图书的项目，可以帮我扫描校对，注册成电子版的 word 文档，这样我就可以借助电脑的屏幕朗读软件来进行学习。在每次考试时，监考老师也都会准备一份单独的电子版试卷，允许我使用电脑作答，并且为我延长一定的考试时间，设定单独的考场，保证我能够和大家一起参与考试。同时因为盲文资料相对比较缺少，我对一些精细的阅读没办法完成，学校因此为我购置了一台三万元的盲文点字显示器，帮助我实现电子资料和盲文资料之间的转换。大一时，我们要上一门高等数学课，因为读屏软件没有办法识别数学符号，到目前也没有盲文版的高等数学教材，所以我当时上高数课的情形就是我没有教材，也看不到板书，只能听老师在上面敲着黑板说这个加上这个等于这个，具体的我也不知道哪个是哪个。后面和学校沟通后，学校专门帮我请了一个研究生志愿者学姐用口述的方式帮我补习，我考试的时候也是采取口述作答的形式，以保证我能够和大家一样获得相应的学分，顺利地完成学业。就算是在平时的课堂上，老师也总能注意到我的特殊需求，他们会提前给我提供课堂上所需要用到的电子版材料。为了让我能够同步地和大家一起讨论在课堂上播放的视频或者是图片，老师也会特别细心地为我描述画面，让我能够和大家一起获取相应的信息。在体育课上，因为我没有办法和大家同步完成跑步，也看不到老师的动作，所以当老师就发现了这个情况之后，就和我沟通去申请保健体育课。保健体育课其实是面向全校学生开的，是针对那些运动受限的学生，保健体育课的形式不仅让我完成了学业，也让我找到了适合自己的锻炼方式。我之所以在这强调这个保健体育课，是因为我之前听到其他学校的视障学生，是只能申请体育免修，因为有的高校没有这种保健体育课。那在这样的申请免修的情况下，他们的体育分数就只有 60 分。但是这种情况就存在一个公平性的问题，就是明明不是我学不了，是你没有适应我的形式和课程，那这样就会在评优评先，包括之后的保送研究生，都会产生很大的影响。所以保健体育课的设置，能够同等地去打分，也可以完成考核，这些给予了我们比较合理的便利条件。

在生活上我遇到的比较大的困难是独立出行。因为我从小在盲校生活，而且是比较封闭式的这种管理，家长建议尽量不出门，所以来到大学之后，学校里车多人多，高楼林立，还是开放式的，校园范围又特别大，上课的时候教学楼和教室都不固定，我也不可能每次都要求我的同学都带着我一起，他们也不可能每学期都跟我选同样的课程。最后我发现我一个人是没有办法完成独立出行这件事情的，所以就和学校的老师沟通，他们后来帮我请了北京市残障服务中心的老师，他们也有一些视障的老师，专门带着我去熟悉了校园环境，教我怎么去使用盲杖，怎么去给环境做一些路标和线索，以更好地在校园里面独立出行。包括后来他们也开了帮助视障学生独立出行的培训班。在他们整个社会组织的介入下，我接受使用盲杖，也可以在校园里面独立行走。在参加了他们的训练营之后，我还可以在室外，就是车子满大街的路上或者实习上下班的路上都拿着盲杖自己走，甚至还可以拿着盲杖来一场说走就走的旅行。这个其实是我在本科 4 年中遇到的一些问题和解决办法，我本科毕业之后就保送了我们学校的硕士研究生，后又考取了博士研究生。学校还是为我提供了很多学习和生活上的合理便利条件，让我能够平等地融入高校的学习、生活与研究。

同时这些也不仅仅是针对我一个人，我们学校也为其他视障学生提供了相应的支持，让他们也能够更好地去实现自己的梦想。我记得在我本科快毕业的时候，我们学校材料学院有一个学弟，他是上了大学之后中途失明，后面我们学校不仅为他调整了专业，还让我和他分享一些学习和生活的技巧，让他能够尽快地适应身份的这种过渡和生活方式的转变。后面到我读研时，有我的视障伙伴听说我们学校能够教这种视障学生，所以他后面就申请了我们学校计算机专业的研究生考试，我们学校也是为了保证他的那个考试，完全配合为他提供了相应的合理便利支持，还在考试之前来询问我是否需要给这种视障考生提供额外的辅助或者支持。

在后来的学习、生活中，我就在思考我能够做什么，或者是我在普通高校中是否存在一些优势。因此我发现了残障的身份或者残障的属性，其实会在课题研究或者写论文时给我提供更多的思路。我记得特别清楚我在本科时有一门选修课，我们的老师让我们自己想一个社会问题去解决。当时也是有很多视障伙伴会跟我抱怨说找不到对象，然后问我有没有什么办法，因为说我在大城市读书，我说这我也没办法。后来我就想能不能把它作为一个研究选题，所以我就写了一篇关于残障的婚姻观的论文。当时其实有点担心，怕老师不认可这个选题，最后会给我一个低分。但那个老师对这个话题还是感兴趣的，后面我还帮他去做访谈，最后我们共同撰写的论文发表在了残疾人研究的期刊上，之后从本科到现在的博士我写的所有论文都是与残障相关。本科是关于社会组织介入和融合教育的问题研究，研究生的时候是做残疾人参政的相关研究，现在是在做突发事件下残疾人的应激响应。因而我认为就是我的这种残障属性或者是身份，能够让我更好地发现我们这个群体真正存在的问题，也希望自己能够通过所学来帮助大家解决，哪怕是一点点的问题。现在我会参加一些校内外的社团活动，会参与一些演讲活动，也会去尝试到比如说残联、团委这样的单位去实习，还创办了自己的微信公众号，最近也在和我室友一起运营自己的短视频账号，就是希望能够用各种形式向大家展示我们的真实生活、真实感受，希望能够减轻大家心中对残障群体的一个刻板印象，以上就是我的一个经历的分享。

最后想跟大家分享我关于融合教育的思考。第一，我觉得从我参加高考到现在读博的整个过程中，很多事情其实是政策先行，理念滞后的。今天是 6 月 23 日，我是 2015 年 6 月 23 日查到自己的成绩的，刚好 9 年，我至今都记得特别清楚。在我参加普通高考报名时，就已经有政策而且已经向全国推行了，但我当时要报名的时候，我们当地的教育局还有残联找了很多人劝我，劝我和我爸妈，让我不要参加，浪费国家资源之类的，诸如普通高考压力大，我们可以参加单考单招，普通学生想参加自主招生都没机会之类的。所有的听起来都很奇怪，就像今天邓老师讲的“以爱为名”的这种关心，其实真的很残忍。当时我整个人的状态非常不好，我实际上已经复习了很长时间，最后仅剩报名这一步，到最后我自己都快放弃。但是因为父母认为我已经努力了这么久，那就得去试一下，最后在爸妈的支持下还是坚持报名了。但是在我参加高考之后等成绩的那段时间，我压力其实特别大，我并不是说怕我自己考不上，我是怕对不起大家。所以我觉得其实政策已经很好了，已经给了我们很大的支持，如果理念和观念上能够更进一步，大家对我们参加高考这件事情的接纳度能够更高，那我觉得我们的整个的心态、整个的执行进度也会更为顺利。第二，我在想能不能给我们更多的机会。我是 2015 年参加的高考，刚刚也说过我是第一批，所以当时单考单招的学校没有太多的应对措施，他们好像不太清楚我们的情况。我当时是普通高考和单考单招都参加了，就是说如果普通高考我失利了，我还有机会，这个其实是我能够一直坚持下来的一个很大的原因。但是从 2015 年政策推行到现在全国一共才只有八十多个视障考生，今年最多，全国有 15 个视障考生参加了普通高考，但是全国的考生有 1372 万人，这样对比这个比例相当少。之前我们也有讨论过，为什么大家不敢去参与？或许大家会觉得我从小学到高中，都是在特殊学校，可能我们现场也会有很多特殊学校的老师，但是我们不得不承认我们学的知识或者是那个强度，确实是没有普通学校那么高，所以大家就觉得我还是单考单招，我就一定能有学上，我们要参加普通高考，可能就没有机会，或者是最后高考考上的那个学校还不如单考单招。因此，如果能够在现在这样的一个过渡期给大家更多的选择，可能会有更多的视障学生能够走入高等融合教育当中，去实现自己的梦想。包括我们现在的基础教育更多还是其他障碍的学生在普通学校里面随班就读的情况比较多，视障真的很少。因为大部分普通学校没有办法给盲文材料，读下去做什么都可能跟不上，所以我们只能在特殊教育学校里学。但是我们连基础教育的要求都没有达到，怎么要求我们去跟其他的学生公平地去竞争同样的资源，所以能不能在这个过渡的阶段有一个过渡的政策，让我们有更多的机会去实现我们自己的目标。第三，在视障高等融合教育中能否有一个通用的、普适化的知识体系，或者是可参考的模板。我这整个九年高等教育的经历是我和学校，包括我刚刚提到的社会组织，以及和身边的一些人在不断地探索和沟通的过程中慢慢摸索出来的一个可能是适合我们用到的方式方法。但是这些方法用到另外一个人身上，可能又不一定行，或者他可能找不到正确的资源。所以如果能有一个普适化的模板，或者是整个的知识体系，就像是我们一直提到的资源中心、资源教室能够给我们提供各种各样的支持，那作为学生我们是不是可以用更多的时间去学习，而不是当我要考英语四、六级的时候，别人都在复习，我还要去争取我的合理便利。就像雨盟刚刚说的，我就是可以直接就能免考听力的，但是我竟然都不知道，你们还要我靠自己的努力，但我确实是存在缺陷我怎么努力。这样就是会出现各种各样的情况，就像我考英语四、六级，我好不容易能考四级了，但是发现计算机考试、普通话考试可能还是没有相应的合理便利机制。那这个时候如果有一个资源中心，如果有相应的支持，是不是学生的压力就能小很多，我们就只需要做我们自己该做的事情去学习、去复习就好了，而不是把更多的时间浪费在本不应该我们说的事情上。最后，就是学校支持方面，这已经比前些年好很多，被拒绝的这种情况也不是很多，基本上的问题也都能解决，但就是配套的支持是不是也能跟得上，之前我没有太大的感受。我读书到现在，将来毕业之后找个工作应该是没有什么问题的，我之前也找过一些实习，虽然遇到了一些问题，但是最后还是去到了那个单位工作。但我前段时间跟其他在普通高校里学习的视障伙伴聊天，他真的很优秀，他是来自“985 工程”高校，拿到了双学位，先学了数学，又学了英语，但是现在毕业已经一年多了，依然在家里待业，出去找工作唯一被拒的原因就是说你看不见，然后相同条件会选择招别人。包括之前武汉的一个小伙伴，他学的是计算机专业，现在已经毕业可能四五年的时间了，还是在家里待业。所以就是在前期的这种教育支持，如果在非常规范的情况下，配套的这种就业支持是否也能跟得上，这样才能够让我们学到的这些知识有用武之地，让我们这么多年的学习和努力没有白费。

以上就是我的分享和一些感受，谢谢大家！

报告 6：家长、老师为视障融合提供的身心帮助

主讲人：尹宝玄（华中师范大学）

尊敬的各位专家、老师、同学们，大家好！我是华中师范大学 2023 级的本科生尹宝玄。我从小患有眼球震颤，视力比较低下，但是一直在普通学校就读，虽然在生活中遇到不少困难，但最终也通过自己不懈的努力以 639 分考入了华中师范大学。今天我想站在一个视障学生的视角，根据自己在普通学校的具体生活经历和切实的感受，来谈一谈家长、老师能够为视障融合提供的身心帮助和一些我认为比较有效的具体做法。

首先是家长方面。第一，家长可以提前与学校进行沟通，了解学校对融合教育的支持和资源，告诉老师孩子的真实情况，包括视力障碍的程度以及可能会需要的特殊帮助，例如需要坐在教室前排，或者是需要印发盲文试卷。但是这里可能会出现一个问题，就是有个别老师可能不太能理解视障儿童的这些特殊需要，会认为这样是搞特殊，依旧坚持原有所谓公平公正的态度，不给予特殊照顾。而对于这个问题的话，我就是希望家长可以与老师耐心地沟通解释，或者说国家是否可以出台一些相关的政策文件支持。第二，家校合作，要及时发现问题。家长可以积极地参与学校组织的家长会以及各种的亲子活动，了解孩子在学校的情况。家长一定要与老师反馈孩子在家里的表现，并与老师保持密切联系，及时沟通孩子在学校学习生活中遇到的问题并相互配合，共同提出解决方案。第三，家长可以发现并培养孩子的兴趣爱好特长。上天给特殊儿童关上一扇门，就一定会给孩子打开一扇窗。视障儿童虽然视力低于普通儿童，但这并不代表着视障儿童在其他方面就低人一等。家长可以在视障儿童早期的教育活动中发现孩子的兴趣爱好，并及时发展、培养，使之成为孩子的一项特长。这样做不但可以让视障儿童拥有一技之长，更重要的是可以提高视障儿童自信心，让视障儿童认识到自己并非低人一等，自己虽然视力不佳，但也有自己擅长的领域，也有闪光的地方，这种信心可以更好地促进视障儿童后续的学习。以我自己为例，在幼儿园的时候我的家长就发现我对数学比较感

兴趣，总是问一些关于数字方面的问题，我的家长就及时给我补充了一些相关数学知识，这也是我在后续的数学学习中能够战胜视力不佳带来的困难的重要原因，我的数学成绩因此也一直是名列前茅，我自己也因此对学习有了更大的信心。第四点，培养孩子的社交能力。很多视障儿童由于视力的缺陷很容易产生一些胆怯自卑的心理，社交能力不足。家长可以积极鼓励孩子与同龄的孩子进行互动交往，培养他们的社交技能。就比如可以从孩子的兴趣爱好入手，让孩子多参加一些集体活动，尤其是户外运动类的集体活动，让孩子有机会接触更多的人和事，就可以战胜胆怯的心理，大胆与人社交。还是以我自己的亲身经历为例，在我成长的过程中，从胆怯不敢与人交流到敢于大胆与人社交的转折点是小学时期。那时家长给我报了一个篮球兴趣班，在此之前我一直都是一个胆怯喜欢独处的孩子，但是在篮球兴趣班里经过一段和其他小伙伴一起相处的时光后，我开始慢慢地享受与他们在球场上玩耍的过程，最后还敢于邀请其他陌生的小伙伴一起参与玩耍。而我也逐渐变成了一个敢于发言、敢于社交的孩子。第五，引导孩子正确看待视力缺陷。视障儿童往往无法正确看待自己的视力缺陷，且往往表现出焦虑的情绪。而家长可以引导孩子正确看待自己的视力缺陷，让孩子认识接纳自己视力缺陷的同时，更要让孩子知道自己虽然视力不佳，但其他方面并不比别的孩子差，也有属于自己的闪光点。第六，是提供情绪情感支持。家长应适当给予孩子足够的关爱与鼓励，让孩子感受到家庭的温暖与支持，帮助孩子建立自信心，鼓励孩子勇敢地面对挑战和困难，让孩子意识到无论在外面遇到多大的困难，家庭永远是自己坚持的后盾。这样做能够让视障儿童出门在外，不会因为自己视力的缺陷而感到不自信，不敢尝试他们想做的事，甚至不敢维护自己的正当权益。第七，营造轻松温暖的家庭氛围。当一个家庭中有特殊儿童出现，以及家庭在遇到有关特殊儿童所面临的问题时，往往会产生一些负面的情绪，比如焦虑，家长应该尽量地去控制自己的负面情绪，不抱怨、不气馁，营造出一个轻松、温暖的家庭环境，让特殊儿童能在一个轻松的家庭环境中，心情平和地去解决生活中遇到的各种问题。

在教师方面，第一是正确看待和理解视障儿童。教师应该尊重视障儿童的独特性、个别差异，避免对视障儿童的能力进行一个刻板印象的判断，要认识到每个儿童都是独一无二的存在。视障儿童在视觉方面确实存在差异，但并不意味着他们在其他地方就有所不足，要深入了解视障儿童在学习、生活、社交等方面的特殊需求，倾听他们的声音，了解他们的想法和感受，以便更好地理解满足他们的需求。第二是营造包容和支持的学习环境。教师可以通过班会或者专题讲座、教育讲座等方式，鼓励全班同学尊重和理解视障儿童，创造一个包容和支持的学习环境，并鼓励视障儿童积极参与课堂讨论和活动，让视障儿童感受到自己是班集体的一分子。第三是与家长要保持密切的沟通。及时与家长沟通，了解视障儿童在家中的学习和生活情况，分享在学校中的进步和困难，及时发现视障儿童在学校和家庭中遇到困难，并与家长共同讨论解决这些问题，以帮助视障儿童更好地融入学校。第四是提供有益而非刻意的帮助。这一点和今天上午邓猛教授所说的“以爱的名义提供了帮助是很残忍的”这个概念是差不多的，因为视障儿童由于身体缺陷的原因会产生自卑的心理，而内心也会比较敏感，这就需要教师在为视障儿童提供帮助的时候，要考虑到视障儿童的心理感受，在不让视障儿童特殊化与普通儿童的基础上，给予特殊儿童背后的支持和援助，提供一种有益而非刻意的帮助。针对这一点我目前并没有特别具体、明确的做法或者说建议，但是今天上午邓猛教授讲了一个具体的事例，就是对学校提供这种有益而非刻意帮助的评判，就是学校往往会安排高年级的学生在高楼层上课，但是对于肢体残疾的学生来说，这样并不方便，这时学校正确的做法应该是建立一个电梯来帮助特殊儿童到高楼层上课，而不是让全班同学为了帮助特殊儿童而集体去一楼层上课。第五是把特殊儿童当作普通儿童，不放任并严格要求他们。视障儿童虽然在视力方面存在缺陷，但是他们其他方面的能力却不输于普通儿童。教师在视障儿童可能因为视力问题存在困难的领域，包容、理解他们的同时，也要严格要求视障儿童的各项学习，不能过度放任。这样做一方面能够通过外部的推动力促进视障儿童更加努力地学习；另一方面也能够使视障儿童感受到大家对自己的期望，从而在内部产生积极向上、严格要求自己的内部推动力。我的初中班主任就是在理解帮助我的同时，一直对我进行严格的要求，并多次找我进行谈话，表达出对我的期待。也正是他对我的严格要求和期待，让我觉得我自己一定能行，甚至觉得自己就是一名普通儿童，而且还要比普通儿童做得更好。

以上便是我站在一个视障儿童的视角，根据自己在普通学校的学习生活经历和切实感受，对家长和老师能够为视障儿童提供身心帮助的一些观点和建议，谢谢大家。

报告 7：“渠”成盼“水”来

——视障融合教育的案例分享与困惑

主讲人：刘　飞（武汉市盲童学校）

尊敬的各位领导、专家同仁以及家长，还有各位同学们，大家下午好。我是武汉市盲童学校的老师，我主要从事数学以及视觉康复方面的教育工作。今天我给大家分享的题目是“渠”成盼“水”来，这个题目的由来我会在后面的案例中进行解释。我会从项目形式的案例分享、盲校以及盲校老师在融合教育中可以做些什么、自发形式的案例分享以及我自己的一点思考与困惑四个方面来与大家进行一个融合教育的分享。

第一个部分，我要讲的一个融合教育案例是我们学校参加的中德视障融合教育合作项目，这个合作项目的第三期就是有关融合教育，而在那之前我们参加过两期长达 6 年的关于融合教育的培训。参加合作项目的单位当时有 19 个，基本上是那些大城市在开展这项工作。我国的融合教育 2009 年才算真正开始，那我们的项目主旨就是要做有质量的融合教育，具体来说就是要改善目前国内“融合模式单一”“巡回咨询指导不力”“特教技术支持不足”“相关人员和机构协调机制缺失”等问题。我们就是要通过这样一个项目来为我们的教育行政部门提供相应的依据，促进中国视障融合教育的发展。但我们当时觉得在 2009 年这个融合教育的发展条件不是太成熟，因为确实存在很多的不足，特别是在政策层面，我们当时的项目主任就说，我们现在做的工作就是在挖渠，把水渠挖好，待时机成熟以后，我们再等水来，所以题目是这么一个意思。我们当时具体的工作，第一个方面是请德国专家给我们进行相应的培训，有特教的技术方面的培训，也有观念理念方面的培训，比如全纳教育。此外，还有视障教学辅具制作的原则和要点、资源、媒体中心与全纳教育的结合、盲文和触摸图片制作、器具配置与应用等这些方面的培训。我们依次把这个培训的内容也传达到我们学校中，转变我们老师的观念。第二个方面是我们从法律法规文件方面，进行了项目学习，比如这个联合国发布的《残疾人权利公约》

《萨拉曼卡宣言》《特殊需要教育行动纲领》。当时我们还收集了全国关于融合教育这样的一些文件、法律或者是地方性法律规定。第三个方面是我们联系了一个随班就读的对象，这个随班就读的对象在2009年快开学时就读于江夏特校（以前叫江夏聋校）。当时在张校长以及王凤梅书记（王凤梅当时是书记）的引荐下，我们联系到了江夏的一所普通初中，叫五里界中学，有一个视障孩子。后来我们在具体的过程中，发现这应该是一个多重障碍的孩子，他不仅是视障而且还是智障。那我们从武汉市这个大城市来说，我们为什么舍近求远联系江夏？这个说来也实属无奈，因为我们当时通过的项目属于一个民营项目在做。确定了研究的对象之后，三所学校的领导非常重视这样一些工作，制定了详细的工作方案。我们的工作目标就是要深入到这个孩子的课堂，改革课堂教学的模式，增加这个残疾孩子和健全孩子之间的交流接触，增强残疾孩子的自信心，建立一个相互理解、尊重、相互支持帮助、和谐共处的环境，为残疾孩子最终被社会所接纳创设必要的先决条件，为此我们制定了详细的工作措施。当时我们每两周就要前往江夏五里界中学，进行相应的这个具体工作的实施。我们为了扎实地开展融合教育工作，我们建立了学生的档案，并且和任课老师以及班主任取得了联系，建立了相应的QQ群，便于进行一个临时的沟通联系。第四个方面是我们对这个学生进行了一个视力检测，包括功能性视力的评估，并且选择了适配的助视器，赠送了单筒望远镜、放大镜、台灯、阅读板等工具，并对其进行了相关训练。我们还经常和学生以及家长进行沟通和交流，进行访谈和问卷时也得到了家长的支持和配合，这一点是非常重要的。我们在开展这个工作前，还与班主任、任课老师、学生本人进行过访谈，了解到他们真实的想法以及实际的困难，这对于我们后期实施帮助时会有一定的针对性。其中包含一项具体的工作：由于这个孩子是一个低视力的孩子，所以我们还安排了学校负责定向行走的老师到五里界中学进行了一个专项定向行走的指导。还有一项工作就是对这个学校的班主任以及所有的老师进行了相应的专业培训。培训的内容包括视觉康复的知识、全纳教育的理念、视觉康复教育理念如何在各学科教学中渗透、如何合理布置低视力学生的学习和生活环境、视功能训练及游戏方法、单筒望远镜的使用方法与技巧以及定向行走的技巧。之后我们还到孩子家里进行家访，了解孩子的家庭情况，孩子的家庭情况对于我们后面进一步进行相应的融合教育指导是非常有帮助的。因为我们考虑到后续这个孩子的职业教育情况，我们当时的想法是想让他通过这个培训学习，在随班就读以后到我们学校来读这个办公终端，所以我们邀请了这位随班就读的学生及家长在班主任的陪同下来盲校体验生活。那三年的研究生活实际过得很快，当时可以说项目组提供了我们需要的所有帮助和支持，到项目的最后有专家也来到五里界中学，进行相应的指导以及集体工作。取得了一些成绩，但是也存在一些问题，尤其是当时第一次做经验不足，还有地方政府的支持力度不够，以及相互协作这样一个网络并没有完全形成。

第二个部分，我们作为老师或者盲校，我们能够为视障融合教育做些什么？首先，我们可以进行筛查评估。这个评估我们学校做好准备之后是能够做的，就是能够做一些项目的评估，我们开发了一些相应的评估量表，比如眼睛运动能力以及各方面的评估。我们还开发了相应的评估工具箱，还有我个人也在进行阅读评估方面的研究，就是对于低视力的孩子要怎么样进行阅读，后来我们还针对这个评估开发了相应的软件，所以现在我们能够用相应的软件来做评估。此外我们还和深圳残疾人综合服务中心共同开发了视障儿童身心发展的另一种评估量表。但是评估并不是我们的目的，我们还需要进行相应的康复训练，我们作为一个专业盲校，这些都是能够完成的，因此我们还开发了相应的资源，比如开发相应的课程、进行阅读训练要使用的助视器、进行书写训练等，这些都是要通过相应的训练才能达到比较好的效果。我们学校现在还有相应的辅助器具，比如放大镜、能够辅助学习的电子助视器、单筒望远镜。我们作为盲校现在成立了洪山区视障教育康复资源中心，这一块也能够提供相应的专业支持以及相应的设备支持。

第三个部分是一个自发形式的案例分享。因为我们经常会临时接到一些家长咨询，他们对于视障孩子存在一些困惑，或者是孩子在普通学校会出现一些困惑以及他们自己存在的一些困难。这个具体的案例是洪山区东湖高新的一个孩子，在一次偶然的机会中，从我们的助学教育资源中心获得的辅助信息，我以个人的名义给他做咨询指导，以及做相应的检测评估。这个孩子来过我们学校几次，后来我们和资源中心一起做过联合的咨询指导。如今，那个孩子已经读到幼儿园的小班，我们与家长仍在联系，但是现在还没有联系到幼儿园，因为现在没有从这个行政部门或者是两个学校之间的行动层面来做这个事情，还只是家长和我这样的一个单线联系。

最后说一下开展视障融合工作教育，我们到底还缺什么。这个普通学校到底有没有这个视障学生，是否需要专业的知识和需求。我们作为湖北省唯一的一所单纯性的盲校，我们现在能够讲到的，除了案例以外，我们确实现在还没有视障融合，但是我们现在作为我们的资源中心，确实能够做更多的事情，我们能够为一些包括刚才这个黄莺同学、尹同学这样的视障学生提供帮助。我们很多事情都能够做，有需求我们就要提供帮助，但现在我们的工作确实还需要进一步推进，这是我们的想法。此外，从理念方面、人员方面、资源方面、多方协作等方面来看，我们发展视障融合教育的条件是否成熟，成熟之后也涉及做不做和怎样做的问题，如果我们没有迈开第一步，那么我们如何进行第二步？最后回到我今天分享的题目，我们现在“水渠”到底“挖”好了没有？我自认为这个“水渠”最起码雏形应该是挖好了，我们已经能够提供力所能及的帮助，到现在只是“水”到了没有的问题。

以上就是我的一点点想法。千里之行，始于足下。我们很早其实就迈开了第一步，但感觉总在徘徊，愿“渠”成“水”自来，谢谢大家！

报告 8：系统论视域下视障学生融合教育支持的实践经验与改进

主讲人：王蒙蒙（邯郸学院）

各位老师好，先做一个简短的自我介绍。我叫王蒙蒙，本科和硕士读的都是特殊教育专业，之后在邯郸学院特殊教育学院工作几年后，又继续攻读了课程与教学论的博士，因为我感觉需要更多的视野，更好地去助力我们特殊教育的发展。

今天我将结合我在 2017 年的一些经历来分享。那时我正着手撰写硕士论文，其间我跟踪了一名盲生的成长过程，并亲身体验了幼小衔接的融合教育过程。在这几年间，我也一直与他保持联系，现在他已经是初二的学生了。因此，我今天要分享的案例就是我这几年与他的经历。为了更好地阐述这个案例，我将从理论视角出发，为大家提供一个更为广阔的视野。

就像是一个复杂的式子，融合教育同样是一个需要多方合力的系统性工程。对于视障学生而言，支持他成长的因素涉及多个方面，包括融合教育学校里的个别化教师、视障学生本身，以及社会层面的视障学生家庭、融合教育的支持政策，还有校外的视障教育支持性机构，无论是政府组织还是非政府组织，都在其中扮演着服务角色。此外，视障学生还需要参与到实际的社会环境和自然环境中去。所有这些要素之间必须有一个良好的沟通和协调机制。我们需要确保信息的完整传递，并积极参与其中。那么，如何激发各方的内动力呢？这就需要一些外来的力量支持。此时，环境就起到了关键作用。接下来，我将结合我所跟踪的案例，从四个阶段来探讨支持方法。

第一个阶段是幼小衔接阶段。这个阶段开始于 2017 年，当时正是第二期特殊教育提升计划刚开始实施的时候。虽然政策中提到了要关注特殊学生的衔接阶段，但执行力并不强。因此，在这个阶段，主要的外在推动力是来自家庭环境的支持，以及家庭咨询到的视障教育机构的支持，其次是论坛推动政策以及学校、区县教育行政部门之间发展的制度完善。特别是这个孩子的母亲的教育理念，以及经济基础的支持，都起到了关键作用。由于孩子在三岁时就视力下降，只有微弱的光感，他的家庭及时与市级的视障教育资源中心联系，使得孩子得到了很好的早期干预。正是因为长时间的干预作用，他才能在六岁时达到入学的水平。

第二个阶段是经过早期准备后的融合教育阶段。这个阶段主要受到政策对学校的教育培训以及教育支持机构，特别是资源中心的影响。在政策方面，我们当时记录了很多与融合教育相关的政策，但学校方面，尤其是全盲学生入学，面临着很大的挑战。学校管理人员从未接收过这样的案例，对全盲学生的接纳存在疑虑。因此，我们进行了多次沟通协调和思想工作，最终学校同意接收这个孩子。

在衔接阶段结束后，孩子面临的主要问题包括学习活动以及情感心理方面。随着年级的升高，学习任务越来越多，除了高年级的信息技术辅助介入外，孩子还需要适应班主任或其他学科教师的调整。这些都会对他的心理产生影响。因此，我们主要采取了家长直接反馈给教师，提供密切支持的方式来解决这些问题。同时，外部知识也发挥了良好的作用，促进了课堂内的协同作用。

小学初中阶段相对来说转衔比较顺利。到了 2023 年，孩子进入初中就读时，政策更加完善，执行力更强。“十四五”特殊教育方案提到了要健全残疾儿童招生入学联通工作机制，并加强进入教学班的工作责任。相较于 2017 年，这个方法更具执行力。在这个阶段，政策和行政部门之间的协调和转型工作起到了主要作用。而家长也在这个过程中付出了很多努力，他们不仅要关注孩子的学习和生活，还要积极参与各种教育活动，提升自己的教育能力。

基于这些经验分享，我有两个主要的思考。第一个是关于家庭环境支持程度的问题。我们知道，对于障碍群体来说，家长付出了很多努力，但他们的专业性可能并不强，因此我们需要提供更多的支持和帮助。政策方面应该强调教育部门的发展，并压实课程教学质量提升的责任。同时，我们也需要推进教研制度，提高教育质量。第二个问题是关于如何更好地提供支持的问题。我们不是说只是简单地给他们提供支持就可以了，而是需要找到更好的方式去反馈和解决问题。比如，可以先反馈给孩子的教师或者与学校一起讨论教学问题，然后提出解决策略。此外，我认为学校应该承担起发现和联合各方力量解决教育问题的主要责任。同时，我们也需要加强机构之间的交流合作，提高整体数量和质量。以高校或特校为重要联络处以此建立良好的沟通机制，助力支持系统的自主生产力提升。最后，我们还需要不断推动政策的落实和协调。虽然全国范围内的政策存在差异，但我们可以开展大区域的活动合作，共同推动融合教育的发展。

报告9:“理解与支持中成长”:普通寄宿制学校教师在融合教育课堂中对自闭症儿童性教育的观点与经验

主讲人:王　旭(哈尔滨师范大学)

尊敬的各位老师以及同学,还有家长下午好!我做的这个课题是我的老师一直在做的,我的老师的这个研究一般是自闭症以及智障儿童的日常生活教育。我的课题方向是根据我在一年多的这种田野调查的过程中形成的,今天我主要是对这个经历进行简要的介绍,以及分享在田野调查的过程中遇到的一些事情和感受。

性教育可能在我们日常的这种家庭中经常会出现这样的一个教育现象或现状,在我国文化背景下,在普通学校性教育的污名化是非常严重的。可能我们谈到这个性教育,大家会有羞涩感或者说不值得拿到桌面上去谈,但是对于自闭症儿童或者是智障儿童来说,性教育对于他们的成长是非常需要的,是家长以及教师极其需要关注的一个点。

我们在田野调查的过程中,深入县城或者农村中,我们发现在这些农村学校中,寄宿制学校特别多,而且东北地区相比较南方地区的经济条件或者教育理念有一定的落差,所以我们一般的农村学校的家长,他们没有经济实力或者是不像雨盟家长一样,对于孩子非常关心和爱护。有的一些家长可能一孩、二孩都是自闭症或者智力障碍的儿童,他们对于儿童的希望以及寄托就会有所减少,对于他们的教育以及家庭教育可能已经完全丧失了。在我们的田野调查中了解到,有一些儿童在寄宿学校中可能只有寒暑假才能回到家,并且在日常的假期,父母都不会去学校去看望和关心孩子。因此儿童性教育的责任,完全放到了我们老师的身上。我们当时在几所农村的合并学校发现,自闭症儿童或智障儿童在跟其他孩子在一起寄宿的时候就会出现很多问题。并且由于年龄较小,他们关于性的观念也非常少,加上我们很少有一个正式的课程或者教材来给儿童传授一些正确的生活习惯,或者是性教育方面的一些认识。所以当时在做一些调查研究或者是行动研究的时候，我们发现这些老师都是根据自己的一些经验积累去不断摸索如何教导或者是帮助这些自闭症儿童培养良好的生活习惯。

有一个农村小学给我的感触特别大，因为当时我们也是住在这个小学的宿舍里，我们晚上会跟小朋友一起聊天，有时候也会观察他们的一些行为。可能对于孩子来说，这些东西是没有概念的，但是我们成人或者监护人看来，他们之间会出现一些非常不恰当或是不正确的性行为，这就需要我们去帮助他们树立一个正确的观念，这一点让我们的感触特别深。我在想在教育过程中，可能更多地关注的是正式教育，或者说是我们课本上、教材上传递给大家的一些知识。但是在隐形的教育上，往往我们是不够关注的。尤其是在这样的一个特殊的环境下，我们可能忽略对自闭症儿童的隐性教育。所以我们尽可能地去找有相关经验丰富的一些老师进行一些访谈，了解他们是怎么样帮助这些儿童去建立一个正常的生活习惯。我们在了解沟通之后得出了一些结论，这个结论可能在不同的地区有一些不同的这样的一个试错项，但是不同地区有一些共同的规律。我们用了一些相关的方法得出了一些主题性的概念，在这些概念中可能会帮助目前在农村或者是县城中的一些自闭症儿童，尤其是在我们所谓的这种融合教育下，其实在这些地区它是不得不融。因为我刚才听见有几位老师，我们有盲校或者是聋校，其实在农村可能都没有这样的一个设施。我当时在去调研的时候有一个现场，它正常来说是一个培智学校，但是里面有几位是听障或者视障的学生，他们那里其实就没有相关专业或者是有经验的老师，所以他们在那里得到的专业性的教育也是不足的。这样的现实是非常多的，我们今天可能更多的是谈一些比较成功的案例，或者说一些政策性的相关的一些理解，但是我们如果真正地下到一线去看的话，其实这些非常现实的问题就摆在我们的眼前。

我觉得就像黄莺博士讲的一样，其实政策是有的，但是如何去实施，或者是说在没有师资的情况下去更好地贯彻这件事，这个是最重要的。我们在这个做的过程中，其实需要克服很多的问题，有一些问题可能是这个所谓的自闭症儿童。我说的所谓的自闭症儿童，它是没有医疗上的这些证据，只是我们根据我们的专业经验去判断他可能是一个自闭症儿童。这些没有医疗上、师资上的支持的情况在农村地区有很多，所以我觉得我们的融合教育还需要做很多功夫。

这是我想跟大家分享的个人经历，谢谢各位老师！

报告10：探索心智障碍者社区融合之路

主讲人：朱文沁（武汉蜗牛家园）

首先自我介绍一下，我是武汉蜗牛家园的创始人，同时我也是一名15岁心智障碍特殊孩子的妈妈，那么今天所讲的主题关系到我切身的经历和感受。我代表我的孩子、我的学生和我们所有的家长今天在这里做一个自我倡导——和谐社区从我做起。

蜗牛家园创办于2018年，正式注册于2020年的5月。在这些年的发展中，我们目前是全国融合中国心智障碍者组织网络的伙伴项目单位，也是深圳建辉基金会行善者项目的行善者人物。在行善者人物的评选中，认为所有为众人抱薪者能够避免天下最苦难的人群的人，他们是成为做善事的人，那么我就是一个行善人物。在今天的分享中，首先我要做的是社区现状的介绍，今天的分享可能有别于前面所有的嘉宾，因为我不是科班出身，我是一个家长出身，我可能更多呈现的是我们的图片和视频，从理论、从文字、从数字的角度，我可能偏少一点点，我能够给到大家更多的是视觉上的盛宴，请大家掌声欢迎一下。

首先我们有一个核心的使命，我们需要创建一个友好的接纳和支持的社区环境。在这样一个环境中，在力所能及的范围内，在我们一平方公里、两平方公里范围内，我们的孩子一日所行、一日所需，他的生活所涉及的层面都能够给到他一些支持，所以这样一个融合友好的社区的建设，对于我们来说尤为重要。那么社区融合的主要困境有哪些？对于特殊孩子而言，尤其是孤独症孩子，首先他们有社交和沟通的障碍，孤独症孩子需要特定的适应性的培训才能提高他们的社交能力和技巧。这使得孤独症孩子在社区中缺乏必要的支持和指导，他离开了专业的康复机构，离开了这个特教机构、特教学校，很难有效地融入社会。

其次是由于公众目前对孤独症的认识不足，许多人对孤独症存在误解和偏见，我们孤独症的孩子就像一个隐形人一样，他的家庭也像一个隐形家庭一样，存在于社区里面。社区里的很多人都说我不知道他家的孩子是这样的，不知道这个家庭是这样的，导致孤独症孩子在社区中受到排斥和歧视，难以得到支持和帮助，进而加剧了他们的困境。心智障碍群体是我们五大残障群体中最边缘的群体，因为他们不具备刑事责任能力、民事行为能力，他们无法替自己去伸张权利。

还有教育资源的不足。孤独症孩子的教育需求与普通孩子不同，今天上午许多的专家都讲到了特殊教育的课程的设置，这是理论前沿，也是国家政策前沿。有许多教授也提到了“十二五”国家教育计划，今天已经到了“十四五”阶段，那么在我们国家的“十二五”阶段就已经说了，每30万人口配备一所特殊学校，至少每一个区配备一所学校，今天在座的有我们武汉市的教育系统的领导，有特教学校的校长，也有我们知名的特教机构的校长，但是我们的特教资源确实是不足的。

我们武汉市有13个行政区，有6个功能区，那么在我们的中心城，在武汉的行政区域范围内，目前只有武汉第一聋校和第二聋校，那么能够接纳孤独症的孩子能有多少？目前医疗水平的提高，使得听障和视障的孩子的出生率降低了，反之由于基因的变异，社会生态环境的改变，孤独症的发病率提高了很多，所以现在武汉第一聋校和第二聋校都接收有孤独症的孩子。但目前来说接收的孤独症儿童数量不多，它非常受户籍的限制。我们有更多的孩子、更多的区域没有特校，很多孩子上不了特校，所以特校资源对于我们更多的家长和孩子而言是一“位”难求，真的是一“位”难求的。那么在此同时也孕育了像蜗牛家园这样的，由家长“揭竿而起”的民办机构和民办学校，由他们来补充公办资源的不足，但是民办机构的资源和能力有限，自身有优点也存在不足。

我们在孤独症孩子教育过程中面临着诸多的困难，难以获得良好的学习和发展能力，还有家庭支持的能力。我们每一个孤独症这样的孩子，他不是后天导致的，不是冰箱妈妈理论导致的，它是先天的，往往在一岁多的时候才开始发病。这个时候家长就会倾尽所有，然而孤独症的病理不是你越早干预就一定会得到有效的治疗，并不是他干预得越早就一定会“摘帽”。但凡任何一个家长，他如果有机会能离开这个圈子，我心想他一定是狂奔一万里不转弯，永远不想与这个群体打交道。这个群体他们面临的困难以及他们未来的黑暗，说实话是家长难以承受的，孤独症儿童的父母都是希望自己能够活到孩子走后的那一天。因为这些孩子都是心智不全的孩子，他们家庭面临着极大的压力，尤其是大龄阶段，九年义务教育高中结束之后他们该何去何从。所以目前国内关于大龄心智障碍群体的调研、讨论、政策研究和政策推动工作做得非常多。孤独症家庭面临着社会融合方面许多的困难，家长难以有效地帮助孩子融入社会，这就是我们所遇到的困境。

养育一个普通孩子都需要一个社区的人去帮助，那么心智障碍孩子在社区的生活包括哪些呢？出行、购物、就医、就餐、取快递、理发、休闲、去银行办事等，所以他需要整个生活圈的支持。那么他在这个生活圈，他和他邻里之间的沟通，他是否能够拿出手机去买个早餐，是否能够在走错路线的时候，邻居能够及时地帮助他找到回家的路，或者说当他自己跑丢时，附近派出所的警官能够认识他，能够把他送回来，一看就知道他是谁家的孩子。我们希望我们的孩子在社区内成为一个知名人物。在我们需要关注的情况下，我们希望我们的孩子就是被贴标签的孩子，因为我们更需要帮助。那么蜗牛家园在参与社区融合方面的法律政策和理念的倡导方面，我们又做了哪些呢？

只要有机会和大型节日，我们都会去做一些倡导。下面我请大家看一段视频，谢谢大家的观看。上面的视频是在国际自闭症日到来的时候，我们在市区做的一期随机的调查采访。后来被采访的孩子邀请孤独症的孩子去自己家里玩，我们可以看到他们在家里一起打篮球，一起听歌。在社区里面我们就建议做这种融合伙伴，同时我也在 4 月 2 日当天剪辑了这个视频，并把这个视频通过视频号发送到小区业主群里面，这样小区的业主就会对我们的孩子和我们的机构有更多的了解。同时我们也希望作为一个家长，能够多多参与社区的公共事务中，比方说人口普查，疫情期间的核酸检测。在社区的今年的大型六一儿童节活动期间，我们去为小区的孩子们做绘本故事分享，绘本故事所讲的内容也是提倡建立一个友好包容融合的社区，这些都是从相关的政策和孤独症知识领域去做一些传播和倡导。除此之外，我们是如何带着孩子一起建立友好和谐社区呢？请大家观看视频。视频里面我们邀请到市区的警官和我们的孩子一起来升国旗，其实我们想给到大家的是他们不仅仅局限于一群非常可怜的孩子，我希望的是更多人看到他们是一群怒放的生命和一群努力的家长。

我们也带着孩子们一起服务社区，为社区里面做环保，力所能及地去为社区做一些事情。社区的阿姨、奶奶们走进我们，跟我们一起过端午包粽子。大家可以看到穿蓝色马甲的就是我们教育学院的志愿者们，今天我也看到他们在我们的这个论坛做服务。我们从视频中可以看到孩子们和邻居们相处得十分和谐，但实际上哪来那么多岁月的静好，这所有的都是他们的老师们和家长们做了很多的铺垫。所以我觉得在为孩子们做社区融合铺垫的过程中是这样的一条路，它是满天星光，它是一路的歌唱。就如同我这些日子里经常是住在办公室的，比如一个礼拜内会有三个晚上是休息在办公室里面，在这里面是否如我们的孩子们那样地去灿烂。所有的岁月静好，都是有人在后面默默地付出。

我们希望孩子们能够住在一个可及可得可持续的社区生活环境里面，这是每一个心智障碍的家长和每个心智障碍家庭的美好的向往。但是谁无暴风骤雨时，守得云开见月明，所以当你认定了一件事情，一件正确的初衷的时候，你去努力地去坚持去做它。我们人生活的这个价值是什么？为了我们所爱的人，为了我们更多这种不能忍受的苦难而为此去努力的人。所以说所有的美好，所有的友好融合社区都在于无数的政策环境的改善，无数的家长、老师、无数的社区友好爱心人士共同的推动下才能够去建立起来。我们希望这样一个越来越美好的社区环境能够呈现在更多的孩子们面前，能够呈现在更多的心智障碍家庭面前。

最后，谢谢大家！

报告11：优化“资源”改革课程，探索“书成”融合教育

主讲人：杜　珺（武汉市书城路小学）

今天很荣幸参加这样的一个探讨，我收获了很多。我们学校今天一共来了4位老师。在上午和下午的学习和交流当中有很多收获，那么我们学校的“优化资源、改革课程”，我想是为融合做得最大的一个尝试。

融合教育是当今国际特殊教育发展的必然趋势，是现代文明社会的体现，承载着实现教育公平公正的时代重任。我国融合教育正处于从解决助学数量向保障教育质量转变的重要历史时期，那么政策性的事情这个理论我就不念了，因为上午的理念很多，我今天主要讲讲我们的实践。我们学校是武汉市区属义务教育的普通小学，目前正不断优化资源，结合学校的书成文化，构建融合环境，精心设计融合课程，开展融合课题研究，进行融合的探索和实践。今天我们重点讲一讲这个优化资源，结合文化，构建环境设计融合课程。

首先我们来介绍一下所在学校。我们是一所有特色的普校，“书以至成”是我们学校的发展理念。我们的学校于2018年9月成立到今年正好6年，那么坐落在书城路的文秀街上，紧邻洪山区政府，环抱于大学之城中。校园以书城文化为背景，布局合理，绿树掩映，花开四季，幽静雅致，书香浓郁，我们给自己雅称文秀书院。虽然我们是一所普校，但是我们特色发展，我们学校的教师队伍平均年龄为35岁，行政团队的平均年龄接近40岁。刚刚我们中午在探讨的时候说我们两位教师都是1995年出生的，我们也有2003年出生的老师，从这一点来说也是一所很年轻的学校。校园从景到人，一派朝气蓬勃，一群奋斗中的青年朝着“以学而时习、知行合一”的校训这一目标而努力前行。我们整合开发了活力书成、科创书成、艺韵书成、轻简书成、生态书成五大全域课程，也对应的是五育，营造了浓厚的“书成”文化氛围。

我们崇尚像呼吸一样自由的阅读方式，那么我们有四大书节：成书

节、展书节、送书节和创书节，按一年四季来就有四大书节。一年两次跨学科整合课，上学期是向国旗敬礼，下学期是生态游。那么在这个视频里面大家可以看到的是向国旗敬礼的，这是一个抖音的截屏，是我们一个孩子的叔叔送他上学的时候在门口拍的，我们看到的时候已经有几十万的点赞量了，这是几年前的一个抖音视频。那么在这样一个红色基因工程的引领下，我们学校花了一个学期做了一个跨学科整合课，而这个课程的设立比2022年新的课标发布还要早三年。我们应该是2018年就开始创建这个课程体系的。那么历经了几年之后，学校办学行为抓铁有痕。今年是建校第6年，我们学校被评为全国资源节约型优质学校、湖北省科普教育学校、湖北省传统文化教育示范校、武汉市素质教育特色校，武汉市义务教育现代化学校、武汉市教育管理标准化学校等。我们学校每年都是我们区的教育教学立功单位，这么说简单一点，我们是一所追求高质量办学的普通学校。那么在这样的基础上，我们怎样融合学校的特色来做融合教育呢？

我们先说一下背景。我们之所以能够在这样的背景下能做好特殊学生融合教育，第一个是政府主导，洪山区政府高度重视融合教育工作。以上大家看到的是我们政府支持下的历任区政府的领导、教育局领导到学校，关心我们的特殊教育的一个现状所做的工作，这个我就不赘述了。第二个是学校融合教育资源不断建设。

第一个大的资源就是建设了我们的医教结合资源中心，有效地保障了融合质量提升。当年由于学校是新建校，建校时教室的资源比较充裕，所以教育局在2018年下半年开始筹建国家特殊教育改革实验区——洪山区随班就读资源教室的时候，就选到我们学校。资源教室内配备有专业的心理诊断测量工具，游戏调试工具，有帮助肢体进行复健的器械及游戏用具，有办公用桌椅电脑和文件整理柜等设备。目前我们学校又新建了一个宣泄室，开发了学校的冷静角。

第二个资源是建设专业教师队伍，保证融合教育的有效实施。目前我们是一所新校，学校的教师专业化程度比较高，年轻教师100%都具有大学本科学历，其中35%以上是硕士研究生学历，有教育学、心理学的基础，学习能力很强。此外成立了学校融合教育专项工作小组，分管融合教育中层干部一名、特教专业教师一名，今天他们也来到我们现场。我们还成立了一个教研组，保证了他们进行融合教育的工作量和专项工作待遇。

就在今年2月学校出台了《随班就读教师工作指南（试行版）》，并且得到了全校的教师大会通过。在今年暑假之前，我们还将把这个随班就读教师的工作量纳入职称评聘这个考量的制度当中来，这也是我们目前发现的一个最大的问题，等会儿也要再继续说。

第三个是依托“书成”文化开发特色的课程资源。我们学校有专门的书成教师发展课程，邀请我们华师大教授和专家对教师做融合教育培训。在培训方面，我刚才和周所长说我们还是需要更多的教师的专业培训。课程开发的“书成”课程体系中，开发了适合各种特殊儿童的项目活动课程。那么这一点呢，我想跟大家介绍一下，我们学校的这种融合课程正是基于今天邓教授所讲的学生的多样性。学校建校的第一年就在顶层设计上，基于学生的多样性开发了几十门项目课程，100多个项目课程班，就是让各种不同天赋、兴趣爱好不同的孩子组成不同的团队来进行项目式的活动课程学习。我们考察了全国许多先进学校，在这方面分享过经验的学校，很多学校在一、二年级没有把这个课程纳入体系内，而我们学校是从一年级到六年级，一个学生不落的全部都设置到这个课程当中。而我们学校的特殊儿童的一个融合课程的发展能够大胆地实施，能够取得一点点经验，全部基于我们有这样的定制化的课程。在这个基础上每周都有专家诊疗和康复训练课程，课堂的教学要求也是专门针对特殊学生设计了特殊教学。今天我们看南京的王教授在分享的时候，他有一个教学设计上的一个特殊学生的教育目标，那么我们学校在教师的备课过程当中，也有这个特殊学生的教育目标，包括对他的作业的布置也是特殊的。和刚才分享的几位专家不一样是什么呢？我们普通学校里面特殊的学生的类型比较多，虽然我们做得比较坎坷，也觉得很多的东西得不到有效保障，但是今天我们在听雨盟和黄莺两位学生的分享之后，我们觉得这件事做得还是值得的，价值很大，而且特别有希望，给了我们前进的动力。那么在我们学校的四季书节的课程展示活动中呢，也精心为特殊儿童设计了展示平台和表演的方式。大家可以观看一下这个视频。在这个视频里面也是隐藏着很多的特殊学生，包括一个脑瘫儿童，他的四肢尤其是下肢的活动是很不便利的，但是在这个视频里面跟刚才大家看到的这个现场一样，基本上是看不出来的，只有一个肢体残障孩子看得到。第一年这个设计是坐在地上的，因为一年级的孩子刚刚从幼儿园升到一年级，参与这个活动时，一年级一个班的学生全部坐在地上活动，大家都看不出来什么特殊化。但是当他升到高年级以后，我们就没有这样设计了。总之，这样的孩子在我们学校的各种活动平台里能够充分地融合。

第四个是甄选特殊学生资源，学校课程教师团队根据参考文献及工作实际，制定了特殊学生观察和记录表格，在教育教学活动中学校所有任课老师进行观察记录。这个所有指的是这个班，如果有一名特殊孩子，那么所有给他任教的学科老师都要填写观察记录表反馈给家长，跟家长一起共同协商制定解决方案。在医教结合的背景下，由资源中心的医生来给出后期的训练方案。目前建档的特殊学生中有些已经有了医学诊断结果，有的家长并未提供医学诊断结果证明，目前我们确定了特殊学生名单，有智力发育迟缓的，有严重自闭症患者，有脑瘫患者，有多动症患者，有严重的情绪障碍等等，这个数据大于持证的特殊学生。

结合我们的资源和“书成”特色，我们开展了融合教育。我粗略地讲一下，如果大家有兴趣可以和我们联系，之后我们再细致地分享。第一个要讲的是以资源教室为中心，辐射洪山区。那么我们的资源教室是服务于全区的，采取预约制。第二个是专家预约一对一建档跟踪干预。我们在疫情前请了一位教授，是湖北省中医院儿科主任医师，专门从事儿科的临床工作有 30 多年，疫情之后这个资源比较匮乏了。当时跟着这位专家学习的特殊教育的老师也在现场，他现在就专门负责这项工作，只不过这个工作里面就缺少了“医”的这个环节，它代替的就是帮助孩子进行肢体以及小班化的个性化的资源教师的一个课程。第三个是开发融合课程渗透特殊关爱。刚才我们和老师探讨了一下，这个主要的观念是特殊看待、普通对待。我们学校的“书成”校本课程融合里面，第一个特色是“书成”阅读课程，以“书成”教育为大背景，给全校学生构建了一个自由阅读的环境，在学校的走廊转角设置了阅读角。这些阅读角也是孩子们的冷静角，那么在刚才讲到的四大书节里面，有情绪障碍为主的特殊学生以及学生中有类似心理问题时，在阅读角中安静阅读，特别能够舒缓情绪，进入冷静状态，并且通过阅读的方式给他进行一定程度的心理调适情绪管理，而阅读又能帮助他们在学习和人际交往中获得欣赏和接纳，形成一个良性的循环。在这个课程当中受益的一个小龙，烦躁、易怒、躁狂发作起来可以掀翻两个乒乓球台、推翻两组桌子，这种情况下，他参加了我们学校的一个阅读课程之后，多次投稿给校刊，而且自己绘制了一个绘本，最后以一个优异的成绩毕业升到了我们的中学。他曾经是扬言要从楼上跳下去的。那么我们还发现了一批像这样的孩子，在阅读当中获得了学习的乐趣，也增长了自信。第二个课程是“书成”的绘本课程，我们把一批需要的这样课程的孩子，偷偷地和其他普通的孩子编在了同样一个绘本班那里，孩子们互相都不知道，因为这些孩子据教师们观察，在这个课程里面表现得特别安静，特别配合。最后一个课程是书法课程，锻炼孩子们的小肌肉，也是我们在实践当中发现的。那么我的经验分享就到这里，其实今天我很想跟大家多学习一些，但是时间有限，期待以后多多的交流，谢谢！

报告 12：特殊教育学校中融合教育的探索与实践

主讲人：樊　芸（武汉市江岸区辅读学校）

各位专家、同学，大家下午好！我是来自武汉市江岸区辅读学校的校长樊芸，我今天分享的主题是特殊教育学校中融合教育的探索与实践。

刚才杜校长讲了她是普校的校长，说的主要是特殊儿童在她们学校的实践，那么我们学校作为一个特殊教育学校，我们的孩子都是这个智力障碍的学生以及这个脑瘫和孤独症的学生。我们学校是一所十二年制的这个培训类的特殊教育学校，现在有学生 171 名，从一年级到中职班一共有 15 个教学班。学校是从 1989 年成立，虽然三十几年时间，我们的校址已经更换了两个，目前即将更换到第三个校址。但是学校始终秉承这个“为学生生存奠基，为社会和谐尽力”的办学宗旨。我们以尊重包容、自立自强的校训精神，努力培养善良纯真、快乐自信、勇敢自强的少年。现在我们学校是华中师范大学特教研究实验基地、湖北省特殊教育江北片牵头学校、湖北省特奥训练基地、湖北省教育工作先进集体。特奥运动是我们学校的一个品牌，我们从 2006 年开始接触这个特奥运动，在 17 年的时间里，我们学校学生一共获得了 200 多枚奖牌，为国家、地区和学校争得了荣誉。学校也先后获得全国残疾人工作先进单位、全国特奥活动先进单位等荣誉称号。多年来学校也一直受到各级政府和残联的关心支持，这张图片是在去年六一前夕，我们的市委书记郭云强书记到我们学校来看望慰问师生的图片。在 2019 年这个疫情之前，我们前任的市委书记马国强书记也到访我们学校，在教师节前夕到学校来看望师生。像这样一些领导是很关心我们特殊教育的，那么领导关心支持也更加坚定了我们特教人办好特殊教育的决心。同时呢，学校也受到各爱心单位、爱心个人的爱心帮扶，很多单位包括我们很多大专院校的这个志愿者，也是经常到学校开展活动。我们也是整合这样各方的力量，遵循特殊学生的教育规律，创设了多途径融合的教育方法，使孩子们从小课堂走向大社会，为他们更好更快地融入社会大家庭打好基础。

我们的融合教育，主要是从运动融合和课程融合这两个方面来开展的。首先是运动融合，我刚才也提到了我们学校的这个特奥运动是从2006年开始。不仅仅是我们的孩子们收获了一些奖牌，特奥运动更多的是促进了学生的身心发展，帮助每一个学生在快乐中培养了自尊自信和乐观进取、积极向上的精神风貌，给残疾家庭带来了希望。大家可以想到这些孩子，实际上就像刚才朱园长提到的，她的孩子应该也是我们学校的学生，他们是很少有机会能够走出去的，特别是一些很严重的自闭症的孩子，孤独症的孩子。那么通过特奥运动，它可以使这些孩子走出去，跟更多的人群接触。图片上都是我们学校近几年在世界特奥会以及全国特奥会上取得的一些成绩。这是2019年世界特奥会上，在阿联酋的阿布扎比，我们学校的两名运动员获得了四金、一银、一铜的好成绩。这是在第10届全国残运会以及第七届特奥会上，我们学校队员获得的好成绩。关于特奥运动这一块，我也撰写过一篇关于特奥运动对学生的心理品质的培养一篇论文，也是在2017年的时候在全国大会上做了一次交流发言。

下面我想分享这个叫刘义成的学生，他是我们学校八年级的一个孤独症的孩子，他是从六年级的时候从武汉一聋学校转到我们学校来的，实际上他不是聋哑生，他是一个自闭症孩子。因为一聋学校除了是有聋生，他们学校也有智力障碍的孩子。因为这个孩子他是一个孤独症的孩子，他们学校当时是不收孤独症的孩子的，只收一般性智障孩子，就是相对来说各方面发育还是比较好一点的孩子。但是大家知道孤独症的孩子是很难教的，所以他们当时就推荐到我们学校来。他当时来的时候情况是非常不好，没有什么话语，也不跟人交流，情绪问题也很大，一直都是他的奶奶在陪读。到我们学校来之后呢，我们也是有一个很好的一个契机，就是当时2021年的时候，我们正好要选拔去参加全国特奥会的选手，后来就发现他是会游泳的，因为我们学校现在特奥运动主要是田径和游泳，而且呢他不怕水，他很喜欢游泳，而很多智力有问题的孩子是很怕水的，不敢下水去。所以经过我们教练的体能训练，帮他进行训练，家长也很配合，经过一段时间的训练之后，他在2021年参加全国特奥会的时候，在200米蛙泳和500米比赛两项比赛当中获得了一枚金牌和一枚铜牌。通过这样一个特奥运动，他的各方面也得到了很大的锻炼。原来他不爱说话，现在慢慢地也能够跟人交流；原来让他学什么，他老是说我不会，不想学，那么现在慢慢地培养了他的自信，他也能够愿意学，而且自己会说没事，我慢慢地做，我可以的。在 2022 年的时候，他还被我们学校推荐，当选为武汉市的新时代好少年。这是一个通过特奥运动发展非常好的一个个案。

第二个融合主要是课程融合。我们学校从 2017 年开始进行课程教学改革，打破了原有的教学形式，实行适合学生发展、灵活多样的走班上课制。也就是在每天上午的时候，我们主要是落实国家课程，上生活语文、生活数学这样一些国家课程。那么在每天下午的时候呢，我们就是打破了班级的局限，根据学生的兴趣特长和潜能，我们开设了一些趣味课程。在这个融合课程里，我们主要是四大块，一个是趣味课程，一个是生活化的课程，一个是普特融合特色，还有一个社会融合课程。这个是趣味课程，我们学生参与课程的图片，主要是一些家政、舞蹈、生活技能的一些培训。生活化的课程，我们主要是带领学生走向社区等场馆，让学生亲身地去体验生活中的事情。

第三个课程是普特融合。我们是经常把我们的孩子带到江岸区以及其他一些区的兄弟学校去做一些融合活动，让孩子们“走出去”。这个是在育才小学行知小学开展的这个学做粽子和做月饼的活动，跟普通的小伙伴在一起，孩子们都特别高兴。包括我们的家长每一次走出去之后，家长都跟我们说，他说真的是很难得有这样的机会。因为到我们学校的孩子，一般来说都是很难在普通学校随班就读的孩子，程度都是偏中重度的孩子。稍微轻度的孩子一般都去随班就读了，我们那里也有很多几进几出的孩子。就是有的孩子他刚开始到普通学校就读，读一段时间不适应，又要求转到我们特殊教育学校。来读一段时间，家长又觉得特殊学校的孩子程度太差了，会不会使他自己的孩子程度变差，又想回到普通学校，家长实际上也是有很多的顾虑。这些图片都是普通学校的一些图片，还是组织了非常多的活动。因为有很多学校有一些特殊的场馆，我们去的育才小学行知小学就有一个安全教育的场馆。我把学生带过去。也有些志愿者到学校来，有些学校也把学生带到我们学校来。

社会融合，我们常常带领孩子到社区、公园等去当小小志愿者。这里我特别要讲的就是我们走进武汉市青少年宫。青少年宫从 2014 年开始开办这个爱心课堂，我们学校的孩子就到青少年宫各个培训点，那里有很多培训的课堂，比如音乐、美术、乒乓球等，那里有很多这样的专业老师，我们学校的专业老师是不足的，所以孩子们很乐意到爱心课堂去学习。通过这样的培养，我们的孩子们在艺术方面也取得了很大的成绩。这是我们孩子参加文艺汇演的一些图片，我们的非洲鼓表演获得过全国特殊教育学校表演的一等奖。这是孩子们的美术作品。这里也有一个个案，就是我们有一个吴成浩同学，他现在已经20岁了，在我们的中职班。他刚到学校来的时候是一个孤独症儿童，而且是一个比较重度的，严重的时候是情绪问题非常大，经常做一些典型的自闭症的行为，比如说尖叫或者是不停地旋转，那么如果你要制止他，他就会更加发狂到用头去撞墙。教师发现他对声音很敏感，后来就教他学乐器。学乐器首先是学这个非洲鼓，后来就发展到学钢琴和萨克斯，这是我们最近一次在武汉举行的全市文艺汇演，这个抱着萨克斯的就是吴成浩。这张图是他参加我们区里面中小学生文艺汇演，他和我们学校另外一个孤独症的孩子四手联弹，钢琴演奏得非常好。在2018年他被评为武汉市首批新时代好少年。通过这样一些孩子的这个个案，我们发现两个规律，第一个就是教师要善于发现学生身上的潜能，这些孩子他不是一无是处的，他还是有很多潜在的特长，就是需要我们善于发现。第二个就是家长的陪伴与坚持尤为重要，特别是像刚才说的这个吴成浩同学，他的妈妈当初是一个陪读的家长，后来他的妈妈也很努力，我们慢慢把她发展成我们学校的聘用老师，那么她最后也是获得了很多荣誉，这个家庭也很和谐。

最后就是我们的融合教育之路远且长，为了每一个特殊孩子的明天，我们一起努力。谢谢大家！

报告 13：普特融合之困惑与对策思考

主讲人：杨建明（武汉市第一聋哑学校）

尊敬的熊教授、周所长以及各位教育同仁，大家下午好！我叫杨建明，是武汉市第一聋哑学校的校长。武汉市第一聋哑学校是我们华中师大教育学院的实习基地，每年都有华中师大的特教专业的学生到我们那去实习。在座的可能有这个专业的学生，欢迎你们来我们学校实习。

武汉市第一聋哑学校建校于 1946 年，是武汉市最早的特殊教育学校之一。我们学校是一所集九年义务教育、中等职业教育、普通高中教育，以及培智教育于一体的综合性全日制技术制的特殊教育学校。学校现有 19 个教学班，在校学生 240 人，其中智障生有三个班共 40 人，聋生从小学一年级到高三年级有 12 个年级 16 个班，共 200 人。学校有教职工 64 人，特级教师一人，副高级职称的老师有 19 人。其中党的十九大代表、全国道德模范杨晓玲，武汉市道德模范、荆楚好老师、中国好人甘云山就是我校优秀教师的代表。我们学校非常重视教育教学质量。我们有高三的学生要参加全国特殊高等院校的单考单招，每年我们都有 80％以上的学生被高校录取。今年我们有 61 个学生报考，其中有 51 个学生被录取，升学率达到 83.6％，这个比例在全国同类的学校当中是靠前的。其中有一名学生考到了重庆师范大学，每年都有学生到长春大学、天津理工学院，北京联合大学等院校求学。学校的教学质量好，全国各地都有学生慕名而来到我们学校读高中。今天上午我们学校在进行高一的招生考试，有来自湖南、河南、江西、广西、福建以及湖北各地市的考生参加考试。

我们学校有两大特色，第一个是舞蹈艺术特色。这个照片大家一看就知道的，这名演员叫邰丽华，是《千手观音》的领舞者，是我们学校优秀的学生代表之一。2005 年《千手观音》在春节联欢晚会上演出，这个节目就是从我们学校走出的，那么现在这个节目还是我们的保留节目，在全国各地巡演的过程当中，这个节目我们还是偶尔地把它拿出来。我们学校的群舞也好，独舞也好，在全国各级各类比赛当中，获得金奖、一等奖比较多，在省内是妥妥的一等奖。在上个月我们到湖北十堰巡演，赢得了社会上的一致好评。再一个就是我们的美术教学，也是我们传统的特色。我们学校高中毕业生走进大学的校门，我们每个学生都会美术、素描、色彩，最好的作品也在全国比赛中获得一等奖。这是学校的一个基本概况。那么我是去年 9 月 28 日走马上任的，到今天还不到 9 个月，在此之前我是在普教学校的初高中担任副校长、书记将近 30 年，今天我是作为一名普教 30 年工龄的老同志和特教工龄未满周岁的新兵来谈一谈我眼中看到的普特融合。

第一个我想说一下普教中融合教育的状况，我所谈的仅是我看到的学校和我区的一些情况。今天也有很多年轻人在这里，你们看到的是希望，我们看到的是问题。像残障的学生到普通教育学校随班就读，面临着两个矛盾，最现实的两个矛盾。

首先是升学的需求与融合的矛盾。普通教育的学校，尤其是初中和高中，社会和教育局对它的评价指标就是升学率，升学率唯一的或者说最重要的评价指标是什么？就是分数。不管是谁当校长，这个现实是离不开的。所以现在这个普教学校要追求分数，追求升学率，这个现实还依然存在。但是我们融入的这些学生往往是学习成绩较差的学生。这些学生在学校因为分数比较低，学习能力、接受能力比较慢，所以慢慢地就成了对于学业的无所谓的一个状态，这个孩子坐不坐得住无所谓，他上不上学也无所谓，只要你履行了请假手续，你什么时候来什么时候走，老师也好，班主任也好，都不是很关注，甚至他考不考试也无所谓。我不知道大家知不知道这个中考里面有一个叫三字头的考生，就是绿色通道，正常的中考生是考 8 门，语文、数学、外语、物理、化学、政治、历史、体育。残障的学生，只要你提出了申请，只考两门，即语文、数学，而且这个是不报道的，所以他的这个成绩学得怎么样不受关注。这是从分数的追求方面。再从人数的比例来说，我们区现在义务段的是 5.5 万人左右，每个年级大概是 6000 人。残障学生有 201 个人，其中的 102 个学生在我们学校就读，还有 99 个人在普通学校随班就读，也就是说这个比例在城区来看是 600：1，在一个班级来说它是 40：1 或者 50：1，从这个人数的比例来看孰重孰轻？班主任也好，科任教师也好，校长也好，会更加重视谁？大家可想而知，这就是一个矛盾。

第二个矛盾是交流障碍和融合的矛盾。刚才我们有同志也谈到了融入的学生，这 30 年来，我见得比较多的一般的是轻度的智障或者轻度的听障的学生，或者是肢残的学生到普教随班就读。那么盲生或者重度智障的学生，一般的都不能随班就读的。那么这些孩子他去了普校以后，他存在着语言交流的障碍、情感互动的障碍、活动参与的障碍。正因为有这些障碍，他们很难融入健全的学生，他就没有玩伴，没有朋友，渐渐地就被边缘化，成了孤独者、独行侠。在这里，我也用一个回流的现象来说明这个问题。我们今年春季学期就有三个学生从普教转入我们学校，今年马上到来的秋季学期已经有 4 个学生登记要到我们学校来读，就是普教的学生要到特教来读。为什么有这种回流的现象？可想而知，他们的家长是在无可奈何的情况下选择回流的。家长是不愿意承认自己的孩子是残障，他也希望他的孩子跟普通的学生一样能够融入他们的学习、生活的环境，但是最后无可奈何又回流。回流以后，比如说手语不规范，这也是个矛盾。那么这个矛盾该怎么解决呢？我想这就是我要谈的普教中开展融合教育的思考。

最重要的，我认为是校长要认同融合教育理念。校长的理念绝对是一个学校办学治校的关键，他首先要认同教育融合。校长抓质量抓分数这是现实，但是我想他还要有一种一个不能少、一个不能丢的教育理念，这也是教育的责任、格局和情怀。尤其是初高中的校长，那么初中升学是整体对口，小学生中的整体对口，不管你是成绩好的成绩差的都会收，你没得选。那么成绩好的成绩差的，身体健全的不健全的你都得收，来了以后你就要接纳他，你就要对他负责。因此我建议以后像这种类似的培训交流要覆盖到普校的校长和骨干老师。看我们今天来的从事普教工作有多少？特教的我知道的，所以我建议覆盖的面要做大。第二个是要构建和精心打造热心融合教育的团队。第三个就是要制定普校融合教育的管理制度，比如班主任和科任教师工作量的核定，绩效工资如何发放，以及班主任和科任教师的评优评先、岗位晋级的倾斜政策，这些是最基本的。

由于时间关系，我们要交流的已经谈了，谢谢大家！

交流与讨论环节

点评人：周斌英　副所长（武汉市教育科学研究院）

各位领导和专家，各位同学、同仁以及同志和家长，非常感谢今天有机会在这和大家做一些汇报。其实今天我完全谈不上点评，之所以华中师范大学安排我做这个点评，是因为今天这个会议的分论坛有一半以上是武汉市的介绍，而我是一个总管家、总服务人，所以好与坏我全部担着，所以有这个目的，但是我深切地感受到华中师范大学的这种安排对我是一种培养。其实我是一个 57 岁的老人，从教了 30 多年。我的角色是教育局下面的教育科学研究院，它代表教育局。我曾经在一次全国会议上介绍说，我有三连，第一连着学术，就是这项事业的所有的学术方面的东西和跟高校之间学术的对应。第二连的是实践，就是各级各类学校，无论市级管理的还是区级管理的学校。第三连，我还得负责跟外围，也就是教育系统之外，包括医疗卫生乃至于社会民众、家长、社区、残联等。好像我这里是一个交通枢纽，实际上也是这样。学术项目中的理念，我要把它转化为政策，起草文件，出台政策，还要把它变成可以操作的，比方说落实到学校的教师的培训、校长的培训。从理念到评价体系，管理的研发包括经费还得去落实。另外从教师的教育教学以及操作，落实到课堂，落实到学生评价，这一套东西都是我们的项目。所以我就成了这么一个交通枢纽的纽带。

我刚才在想其实不尽然，我们还是一个理想与现实之间的纽带，又是理论、政策、法规和现实问题的一个矛盾的汇集点。刚才听到各位无论从什么角色，从学生的角色、家长的角色等，你所反映的东西在我这儿来，是要把它变成一类或者一系列的问题。而融合教育这一块，无论涉及残障类型，涉及要管理的东西，要配套的系统非常之多，所以完全无法点评。要说点评，我觉得我们熊教授对每一个发言者的概括提炼乃至回应都做得非常精准，非常到位。另外我这里就是联系教育系统、民政系统、财政系统，乃至于这个社会系统、卫生系统等等一个纽带。那么我用几个关键字或者关键词来概括我们各位所表述的，或者说我很认同的。

第一个关键词是“真”。各位从不同的角度，真情实感地把自己的真实经历都表达出来。而且这也是对于我们国家、我们政府、我们社会真爱的写照，一种集中的反映。其中有真的这个困惑，真的痛苦，真的这个困难，也是研究了真问题，真的进行了思考。包括基础学校也是真的做了一些探索，这是第一个关键词“真”。

第二个关键词我想说的是“诚”。这个“诚”体现在大家都是非常认真、诚心诚意的，而且是非常感人，来自一线的，来自实际生活，来自我们的客观，来自我们内心，丝毫没有任何的掩饰，没有那种一意孤行的，而且真的是把自己的所欲所想、所愿所呼都表达出来。

第三个关键词是“感”，感动的“感”。每一个故事，每一个观点，每一个想法或者说每一种情感都是非常感人的，这种感动我几乎无法用言语表达。同时我们也要感觉到其中就是站在每一个角色，他有一种感恩，就是对这个事业对这个社会问题或者对这一方面的政策，它的一种情怀的表达。而且我们也确实感觉到我们应该感恩，我们有这样一个时代，我们感恩有这样一些政策，感恩有这么一拨人，感恩有一个共同的道路让我们走到一起。当然也感恩我们华中师范大学提供了这么好的平台，让我们在这儿汇聚在一起交流思想和观点，我也希望我们能把这种感动传播出去，传播到每一个特殊的孩子，每一个有需要的孩子。

第四个关键词是“难”。我想谈一点我自己的感受，这个“难”，是融合教育确实是一件很难的事，我分管的这个特殊教育、融合教育已经 15 年，我接触到很多特殊孩子和特殊家庭。15 年来，从武汉市最早随班就读的探索到现在一些学校融合教育的发展，融合教育一直在探索，但是推进得确实很难。我几乎每年都会在风口浪尖，在一些冲突当中斡旋。比方说今年 4 月份就发生过 66 个家长联名上书所在区域内的一个残障孩子，因为他有一定的暴力倾向，这一类问题涉及特校、普校之间残障儿童该怎么安置的问题。

但是我也想说融合教育是很有希望的。在这里我举一个例子，在 2020 年我在每个区建立的一个兼职教育团队。2020 年开始仿照我们的 9 所特校，我就设了 10 所普通学校的融合教育项目，2021 年就已经发展到 30 所，2022 年就推到了 52 所，2024 年数量达到了 100 多所。而且 100 多所是建立在我们一些基础工作的基础上，比方说我们每年对全市特需孩子都有全方位的摸底，包括他的这个残障的类型等一系列问题，也就是说这是建立在所有的调查研究之下，并且为此建立了一些机制，比如我们把特校按照学科相近的办法，以教研的形式按特色进行分类。

总体趋势上，国家是越来越重视融合教育和特殊教育，包括我们武汉市的特殊教育学校，虽然有 9 所都是一九八几年建的，但是在“十四五”期间我们建立了第 10 所、第 11 所特校，并且第 12 所特校已经纳入了规划。这足以说明政府是越来越重视，社会需求量越来越大。最后我想说我们融合教育需要走联合之路。融合教育从一开始它就不是一件很容易的事，无论你是哪一个残障类型或者施行中遇到的困难，它都涉及方方面面，怎么样来让它走得顺利呢？大家都在谈知识系统和机制，它涉及理念、政策、师资和管理等方面。而且不仅仅关系到教育系统，还关系到教育系统之外的协助，比方残联和民政系统。

我相信这一条路是融合教育成功的必然之路。我们全省全行业的教育者联合起来，才能够把我们融合教育落到实处。我们的融合教育进行到底就是要坚持不懈，无论是哪一个门类、哪一个短板、哪一个问题、哪一个局部，无论是行政的、学校的还是学术的，必须坚持不懈地把融合教育进行到底。谢谢大家！